Groupe des Dombes

„Nur einer ist euer Meister“

I0876795

Groupe des Dombes

„Nur einer ist euer Meister“

Die Lehrautorität in der Kirche

EVANGELISCHE VERLAGSANSTALT
Leipzig

BONIFATIUS

Bibliografische Information der Deutschen Nationalbibliothek
Die deutsche Nationalbibliothek verzeichnet diese Publikation in der Deutschen Nationalbibliografie; detaillierte bibliografische Daten sind im Internet über http://dnb.ddb.de abrufbar.

FSC
www.fsc.org
MIX
Papier aus verantwortungsvollen Quellen
FSC® C011558

ClimatePartner
klimaneutral gedruckt
Die CO_2-Emissionen dieses Produkts wurden durch CO_2-Emissionszertifikate ausgeglichen.
Zertifikatsnummer: 53323-1704-1015
www.climatepartner.com

Umschlagfoto: Skulptur an der Primatskapelle am Ufer des Sees Gennesaret, © KNA-Bild (Foto: Wolfgang Radtke)
Umschlaggrafik: Karin Cordes, Paderborn

Aus dem Französischen übersetzt von Beate Bengard

© 2017 by Bonifatius GmbH Druck · Buch · Verlag Paderborn
und Evangelische Verlagsanstalt GmbH, Leipzig

ISBN 978-3-89710-652-9 (Bonifatius)
ISBN 978-3-374-04321-7 (Evangelische Verlagsanstalt)

Alle Rechte vorbehalten. Das Werk einschließlich seiner Teile ist urheberrechtlich geschützt. Jede Verwertung außerhalb der engen Grenzen des Urheberrechtsgesetzes ist ohne Zustimmung des Verlages unzulässig und strafbar. Das gilt insbesondere für Vervielfältigungen, Übersetzungen, Mikroverfilmungen und die Einspeicherung in elektronische Systeme.

Gesamtherstellung: Bonifatius GmbH Druck · Buch · Verlag Paderborn

Inhalt

Kapitel II
Reformation und Neuzeit

Kapitel IV
Vorschläge für die Lehre

Kapitel V
Für die Umkehr der Kirchen

Jesus sagte zu seinen Jüngern:

„Ihr aber sollt euch nicht Rabbi nennen lassen; denn nur einer ist euer Meister, ihr alle aber seid Brüder. Auch sollt ihr niemand auf Erden euren Vater nennen; denn nur einer ist euer Vater, der im Himmel. Auch sollt ihr euch nicht Lehrer nennen lassen; denn nur einer ist euer Lehrer, Christus. Der Größte von euch soll euer Diener sein. Denn wer sich selbst erhöht, wird erniedrigt, und wer sich selbst erniedrigt, wird erhöht werden."
(Mt 23,8-11, Einheitsübersetzung)

In Erinnerung an
Pastor Alain Blancy
und Pater Bruno Chenu,
die Ko-Präsidenten der Groupe des Dombes,
heimgegangen in den Frieden Gottes

Vorwort

Seit dem Erscheinen ihres Textes über *Maria* im Jahr 1999 hat die Groupe des Dombes geschwiegen. Sie hat seitdem eine zweifache Prüfung erlebt. Ihre beiden Ko-Präsidenten sind nacheinander aufgrund derselben Krankheit vorzeitig zu Gott abberufen worden; Pastor Alain Blancy im September 2000 und Pater Bruno Chenu im Mai 2003. Als Zeichen der Dankbarkeit für ihr ökumenisches Engagement und für den treuen Dienst, den sie der Groupe des Dombes durch ihre langjährige Teilnahme an unserer Arbeit und die verantwortungsvolle Leitung der Gruppe erwiesen haben, widmen wir ihnen diesen Text. Wir haben nicht gewagt, sie in der Liste der Unterzeichner aufzunehmen, aber beide haben entscheidend dazu beigetragen, dass dieses Projekt Gestalt annehmen konnte und wir sind sicher, dass sie es unterzeichnet hätten, wenn sie noch unter uns wären.

In den vergangenen Jahren hat unsere Gruppe sich verändert und ist jünger geworden. Der Weggang der Zisterziensermönche aus der Abtei von Dombes hat die Gruppe zu einem Umzug in die Benediktinerabtei von Pradines bewogen, wo sie herzlich empfangen wurde und von der Gemeinschaft im Gebet tatkräftig unterstützt wird. Die ungeschriebene Regel – fast alle ‚Gesetze' unserer kleinen Gruppe sind ungeschriebene Gesetze –, mit 75 Jahren bzw. am Ende eines Projekts auszuscheiden, ist eingehalten worden und erlaubte die Ernennung neuer, aktiver Mitglieder per Kooptation. Die Gruppe hat sich endlich für die Teilnahme von fünf Frauen entschieden und hofft, dass diese Zahl in Zukunft noch steigen wird. Auch zukünftig werden wir eine Gruppe von Katholiken und Protestanten, d. h. von westlich geprägten Christen bleiben. Gleichwohl bleiben wir offen für die östliche Perspektive und sind, wie schon in der Vergangenheit, gern dazu bereit, orthodoxe Experten einzuladen, damit sie ihre Sicht der Dinge zu Gehör bringen. In den vergangenen Jahren ist das Interesse am interreligiösen Dialog deutlich gewachsen. Wir sind der Überzeugung, dass die Notwendigkeit des ökumenischen Dialogs dadurch keinesfalls geschmälert

wird, wobei wir uns dazu angehalten fühlen, die Verbindung zwischen beiden wahrzunehmen und gleichzeitig die Spezifik jedes einzelnen zu respektieren.
Wieso haben wir uns entschieden, ein so schwieriges und so sensibles Thema wie die Lehrautorität in der Kirche zu bearbeiten? Weil es uns als entscheidender Punkt im Dialog zwischen unseren Kirchen erscheint. Der geduldige Weg hin zur sichtbaren Einheit kann keine Fortschritte machen, solange diese Frage, die grundlegend für die mögliche Lösung einzelner Punkte ist, nicht in ihrer ganzen Tragweite ausgelotet wurde. Wir verhehlen nicht, dass wir bei diesem Thema „mit dem Rücken zur Wand" stehen, um einen Ausdruck aufzugreifen, der auf den folgenden Seiten immer wieder zu finden sein wird. Bei der Wahl des Themas haben zudem zwei Gründe eine Rolle gespielt, die mit der aktuellen ökumenischen Situation zu tun haben: Zum einen die kürzlich aufgetretenen Spannungen angesichts der Art und des Tonfalls, in dem die katholische Seite zu lehramtlichen Fragen Stellung bezogen hat und dabei jegliche Form der Lehrautorität in den reformatorischen Kirchen in Frage stellte; zum anderen die großen Hoffnungen, die mit der offiziellen Unterzeichnung der *Gemeinsamen Erklärung zur Rechtfertigungslehre* zwischen Lutheranern und Katholiken verbunden sind. Es ist daher nicht verwunderlich, wenn auf die *Gemeinsame Erklärung* in den folgenden Kapiteln häufig Bezug genommen werden wird. Unser neuer Text fügt sich nahtlos in die Reihe der vorangegangenen Dokumente ein, in denen wir ebenfalls ekklesiologische Themen behandelt haben: die Eucharistie und das Amt, die Sakramente, das Einheitsamt und die universelle Kirche sowie die Umkehr der Kirchen.
Unsere Arbeitsmethode ist sich selbst treu geblieben, ohne dabei Neuerungen auszuschließen. Ausgehend von mehreren Einstiegsreferaten haben wir eine Gliederung erstellt und über die Jahre ausgebaut, um sie schließlich in sieben aufeinander folgenden Projekten zu bearbeiten. Wir haben an der Entscheidung festgehalten, zuerst die Geschichte zu untersuchen und uns anschließend dem biblischen Befund zuzuwenden. Tatsächlich ist die Bearbeitung dieser beiden Aspekte dann gleichzeitig erfolgt, wobei sie einander sehr bereichert haben. An dieser Stelle möchten wir auch betonen, dass wir dem gemeinsamen Gebet

einen bedeutenden Platz einräumen und dass unser gemeinschaftliches Leben während der Arbeitstreffen ebenso Anteil an unserer Methode hat wie unsere jahrelange Freundschaft. Obwohl es für die Leser schwierig sein dürfte, diese Faktoren in unseren Texten zu entdecken, so sind sie doch ganz wesentlich für unsere Arbeit und eine Voraussetzung für ihr Gelingen. Die Groupe des Dombes ist ein Ort der ökumenischen Transparenz, wo man sich alles sagen kann. Man hätte denken können, dass das Thema der Lehrautorität Anlass zu Auseinandersetzungen oder gegenseitigen Vorwürfen geben würde, wobei sich die Partner gegenseitig auf die Schwächen im Funktionieren ihrer Kirchen hinweisen und nicht zögern, ihre Darstellung bis zur Karikatur hin zuzuspitzen. Aber nichts dergleichen ist geschehen. Stattdessen hat jeder versucht, den Standpunkt des Anderen einzunehmen, um diesen besser in seinem Zusammenhang zu verstehen und darin eine Bereicherung für sich selbst zu finden. Jedem ist dadurch die Notwendigkeit einer *Umkehr aller Kirchen* in dieser Frage bewusst geworden.
Der relativ technische Charakter eines solchen Dokuments, der allein schon von seiner Länge herrührt, kann gewiss nicht verborgen bleiben. Aufgrund der Komplexität des Themas war er aber nicht zu vermeiden. Beschränkte sie sich auf ein paar freundliche Banalitäten, so würde sich die Darstellung eines derart anspruchsvollen Gegenstandes selbst zur Bedeutungslosigkeit verdammen. Das Thema ist deswegen so komplex, weil Katholiken und Protestanten sich über die grundlegenden Bezugspunkte der Lehrautorität (in Form von Texten, Personen, Gemeinschaften etc.) zwar einig sind, sie diese gemeinsamen Referenzen aber höchst unterschiedlich untereinander in Beziehung setzen. Der Ort des Konsenses ist gleichzeitig der Ort der Diskrepanz. Dieser Umstand hat den Impuls zu den Kapiteln 4 und 5 gegeben. Gleichzeitig verweisen wir konsequent auf die drei ekklesiologischen Dimensionen – personale, kollegiale und gemeinschaftliche Dimension –, die im Bericht der *Weltkonferenz für Glaube und Kirchenverfassung* von Lausanne 1927 festgehalten sind und auf die wir in unseren Dokumenten häufig zurückgreifen. Sie werden deutlich erkennbar in der gemeinsamen Geschichte vor der Trennung im 16. Jahrhundert und sind vollständig begründet im Zeugnis der Heiligen Schrift.

Unseren Text richten wir an eine möglichst breite Leserschaft. Wie immer wenden wir uns an alle Getauften unserer Kirchen, die in erster Linie daran interessiert sind, etwas über die Lehrautorität zu erfahren. Zugleich möchten wir eine theologisch glaubwürdige und historisch fundierte Darstellung liefern. Schließlich wünschen wir uns, dass auch die kirchlichen Autoritäten unseren Text wahrnehmen, seine Relevanz erkennen und in ihrer Praxis davon inspiriert werden, vor allem im Rahmen der offiziellen ökumenischen Dialoge. Aus diesem Grund haben wir in den beiden historischen Kapiteln zwei verschiedene Darstellungsarten verwendet. Der Leser wird der Argumentation mühelos folgen und unsere Schlüsse nachvollziehen können, wenn er ausschließlich die auf die volle Breite des Satzspiegels gesetzten Absätze liest. Wer sich für die präzisen historischen Angaben interessiert, auf die unsere Argumentation sich stützt, ist eingeladen, auch die etwas eingerückten Textteile zu lesen.
Wir hoffen, dass dieses Dokument und sein Inhalt in unseren Kirchen wohlwollend aufgenommen wird und dass wir damit der paulinischen Überzeugung treu geblieben sind: „Alles aber tue ich um des Evangeliums willen“ (1 Kor 9,23).

Pater Bernard Sesboüé *Pastor Jean Tartier*

Einleitung

Warum die Autorität?

1. In unserer Gesellschaft ist die Autorität ein Problem. Dies ist die Konsequenz von tiefgreifenden kulturellen Veränderungen, in deren Folge einige der Fundamente verschwunden sind, auf die sich die Ausübung der Autorität traditionell stützte. Parallel dazu gibt es einen Aufschwung des Individualismus als letztem bleibendem Wert. Blickt man auf den kulturellen Pluralismus, so verschärft sich dieses Problem noch. Nachdem die Autorität in der westlichen Welt seit den 1960er Jahren gewaltsam in Frage gestellt wurde, verharren viele Menschen in einer Haltung der Indifferenz und der Relativierung gegenüber den Autoritäten, seien sie ziviler, politischer, spiritueller oder moralischer Natur. Die politische Klasse gerät häufig in Misskredit und echtes Engagement (von Gewerkschaften, Verbänden oder Religionsgemeinschaften) findet sich immer seltener. Kurz gesagt befindet sich die Autorität in unserer Welt in der Krise.

2. Als unausweichliche Konsequenz ist die Autorität auch ein Problem in unseren Kirchen. Früher haben die Kirchen nicht nur eine allgemein akzeptierte Autorität über die Glaubenden ausgeübt, sondern sie verfügten auch über einen gewissen moralischen Einfluss auf die Gesellschaft. Das ist nicht mehr so. Auf katholischer Seite praktizieren die Glaubenden eine Kultur des liberalen und kritischen Umgangs, auch wenn sie – mehr oder weniger mehrheitlich – eine Haltung des Gehorsams und des Vertrauens gegenüber der Autorität einnehmen. Der evangelischen Kultur entspricht vielmehr die offene Relativierung der Autorität. Allerdings ist hier die Pluralität so groß, dass sich ein Mangel an Autorität breit macht, der ein Hindernis für das Zeugnis der christlichen Gemeinschaften darstellt. Deshalb lässt sich sagen, dass die Autorität in unseren Kirchen ebenfalls in der Krise ist.

3. Die großen Schwierigkeiten in der Gegenwart verweisen uns auf die Geschichte und sogar auf die ursprünglichen Quellen unseres kirchlichen Lebens. Bereits das Neue Testament be-

richtet von zahlreichen Krisen, welche die Kirche der Apostel zu überwinden hatte und legt damit ein beredtes Zeugnis ab. Offenbar verschärfen sich die Probleme mit der Autorität immer dann, wenn die Gesellschaft in der Krise steckt. Dies zeigt sich im Verlauf der Geschichte auf besonders schwerwiegende Weise im 16. Jahrhundert. Der Missbrauch von Autorität und Macht in der mittelalterlichen Kirche war damals einer der Gründe für die nicht aufzuhaltende Entwicklung, die zur Reformation und zum Zerbrechen der kirchlichen Einheit führte. Die Ausübung der Autorität ist deshalb auch ein ganz eigenes Thema der ökumenischen Reflexion.

4. Die Autorität ist aber nicht nur ein funktionales Problem der Kirche. Sie wird vor allem und in erster Linie als ein Geschenk verstanden, welches Christus seiner Kirche gemacht hat: „Mir ist alle Macht gegeben im Himmel und auf der Erde. Darum geht zu allen Völkern und macht alle Menschen zu meinen Jüngern; tauft sie auf den Namen des Vaters und des Sohnes und des Heiligen Geistes, und lehrt sie, alles zu befolgen, was ich euch geboten habe." (Mt 28,18-20). In diesem Sinn ist die Autorität von Interesse für den Glauben. Ihre Gabe ist dem Heil zugeordnet; das bedeutet: sie steht im Dienst des höchsten Gutes, das Gott für Männer und Frauen auf dieser Erde vorgesehen hat.

5. Wir haben nicht die Absicht, sämtliche Probleme, welche die Frage der Autorität an das Leben in unseren Kirchen stellt, in den Blick zu nehmen, denn das wäre ein zu umfangreiches Unternehmen. Wir beschränken uns auf die *Autorität in der Lehre*, d. h. auf den Auftrag, das zu verkündigen und zu lehren, was die Kirche von Christus empfangen hat.

6. Im Grunde sind wir auf das Thema der Autorität in der Vergangenheit bereits eingegangen, als wir die Frage der Ämter[1] behandelt haben, auf die wir nun nicht noch einmal als solche zurückkommen werden. Wir sind der Meinung, dass sich heutzutage die Frage der Umsetzung der *Lehrautorität* in besonders

---

1 *Pour une réconciliation des ministères*, Presses de Taizé, 1973 (= *Teilkonsens über das kirchliche Amt*, in Herder Korrespondenz, 27 (1973), S. 36-39); *Le ministère épiscopal*, Presse de Taizé, 1976; *Le ministère de communion dans l'Église universelle*, Centurion, 1986; Vgl. *Pour la communion des Églises. L'apport du Groupe des Dombes, 1937-1987, Centurion, Paris, 1988.*

dringender Weise stellt. Sie verpflichtet zur Glaubwürdigkeit bei der Predigt und bei der Weitergabe des Glaubens. Bereits die Korinther haben Paulus vorgeworfen, dass „seine Worte armselig“ seien (2 Kor 10,10). Die Kirchen werden heute mit einer ähnlichen Erfahrung konfrontiert wie auch mit schwerwiegenden Widersprüchen.

7. Diese Schwierigkeit ist teilweise eine sprachliche Erscheinung. Der kirchliche Diskurs scheint sich an die Ränder unserer Kultur zurückgezogen zu haben und die Kirchen haben zunehmend Schwierigkeiten damit, sich verständlich zu machen. Aber diese Schwierigkeit hängt auch mit dem Funktionieren ihrer Institutionen zusammen, das ebenfalls eine Art Sprache darstellt. Hinzu kommt außerdem, dass nicht alle Arten und Ebenen, auf denen die Kirche sich ausdrückt, dieselbe Autorität genießen. Und schließlich sind wir mit dem Problem der „Hierarchie der Wahrheiten“ konfrontiert.[2]

8. Auf dem Gebiet der Autorität haben die Katholische Kirche und die Evangelischen Kirchen sehr verschiedene, um nicht zu sagen gegensätzliche Wege eingeschlagen. Darum scheint es uns notwendig zu sein, den Kern des Problems zu erfassen, indem wir den Grund für das Geschenk der Autorität überprüfen, indem wir ihre Rolle für das Geheimnis der Kirche und für die konkrete Struktur der Kirche untersuchen und auch, indem wir ihre Funktionsweisen studieren. Auch eine vollkommen legitimierte und begründete Autorität kann durch die Art, wie sie ausgeübt wird, entgleisen und so ihrer eigentlichen Grundlage im Zeugnis des Evangeliums widersprechen.

9. Kurzum, wie weit reichen unsere Meinungsverschiedenheiten beim Konzept der Autorität? Wir möchten Mut fassen, um bis zum Grund dieser Schwierigkeiten vorzudringen und uns in gewisser Weise gegenseitig mit dem Rücken zur Wand stellen. Gleichzeitig hoffen wir, einige Voraussetzungen zu schaffen, um den Weg der kirchlichen Versöhnung einzuschlagen.

---

2 Zweites Vatikanisches Konzil, *UR* 11: Die Theologen sollen sich daran erinnern, „dass es eine Rangordnung oder „Hierarchie“ der Wahrheiten innerhalb der katholischen Lehre gibt, je nach der verschiedenen Art ihres Zusammenhangs mit dem Fundament des christlichen Glaubens.“ Vgl. Groupe des Dombes, *Maria in Gottes Heilsplan und in der Gemeinschaft der Heiligen*, Lembeck, Frankfurt am Main, 1999, Nr. 242, Fußnote 1.

Autorität und Macht

10. Bevor wir den Plan unserer Arbeit vorstellen, ist es sinnvoll, einige Bemerkungen über die Unterscheidung von Autorität und Macht in der Kirche und in der Gesellschaft zu machen.

11. Was die *Autorität* betrifft, so kann sowohl der Begriff, als auch die Sache selbst, auf unterschiedliche Weise verstanden werden. Insofern sie über Personen ausgeübt wird, die sowohl die etablierten „Autoritäten", als auch die ausgeübte „Autorität" anerkennen, schließt die Autorität (von lateinisch *auctor*, Gründer, Urheber) den Einsatz von physischem Zwang grundsätzlich aus. Davon ausgehend werden gewöhnlich zwei Arten von Autorität unterschieden: die übertragene und bedingte Autorität einerseits und die charismatische und uneingeschränkte, persönliche Autorität andererseits. Das Ideal besteht darin, eine Autorität zu sein, die Autorität hat. Denn „Sein ohne Haben" läuft auf eine Art von Macht hinaus, die als totalitäre Macht definiert ist, während „Haben ohne Sein" sich als Schwäche ausdrückt, die zur Machtlosigkeit führt.

12. Was die *Macht* betrifft, so ist sie definiert als die Fähigkeit, wirksame Handlungen auszuführen. Sie ist als solche legitim und gut, birgt aber stets die Gefahr des Machtmissbrauchs. Während die Autorität es erlaubt, zu überzeugen, erzwingt der Machtmissbrauch Überzeugungen. Die dienende Autorität wird in diesem Fall ersetzt durch eine dominante Machtausübung. In einer Demokratie bemüht man sich deshalb darum, soziale Beziehungen und Lebensgemeinschaften zu entwickeln und zu schützen und man vertraut die Macht und ihre gesetzlich legitimierten Instrumente denjenigen an, die für die Ausübung der politischen Autorität gewählt worden sind.[3] Durch die wach-

3 Jedes System von Gewalten beinhaltet eine unüberwindliche Spannung, wobei der Versuch, diese auf einen ihrer Pole hin aufzulösen ihr Ende bedeuten würde.

Paul Ricœur hat diese Spannung treffend beschrieben: „Ich war stets zwischen der gewaltfreien Utopie und dem Gefühl hin- und hergerissen, dass in der Beziehung des Befehlens oder des Regierens etwas nicht Reduzierbares vorhanden ist; [...] die Schwierigkeit, eine asymmetrische Beziehung mit einer Beziehung der Gegenseitigkeit zu verbinden. Wenn man die Machtposition in einer vertikalen Beziehung einnimmt, sucht man ohne Unterlass nach einer Legitimität, die von der horizontalen Beziehung herrührt; diese Legitimität ist

sende Komplexität der Bedingungen, unter denen diese Auswahl stattfindet, gewinnt jedoch das Kriterium der Kompetenz an Bedeutung und damit auch die „Autorität der Kompetenz", die manchmal mit der etablierten Autorität in Eins gesetzt wird. Aus diesem Grund sprechen manche Beobachter in der aktuellen Situation von einem „Verfall der Demokratie" und von einem Übergang in das Stadium der „Oligarchie", in der man den Experten vertraut und so in eine neo-klerikale Technokratie verfällt, welche wiederum durch die Macht derjenigen aufrechterhalten wird, denen man Glauben schenkt.

13. Auch in der Institution Kirche tauchen Autorität und Macht zwangsläufig als Realitäten auf und müssen berücksichtigt werden. Offenbar haben die Kirchen weder ein Problem mit dem ersten Artikel des Credos *„Ich glaube an Gott"*, noch mit den Artikeln, in denen die Christologie einschließlich der Inkarnation und der Erlösung entfaltet wird oder das Handeln des Heiligen Geistes, sondern mit dem Bekenntnis zu der *„einen, heiligen, katholischen und apostolischen Kirche"*. Obwohl sie ein Gegenstand des Glaubens ist, ist der Begriff der Kirche am häufigsten zu einem Gegenstand des Streits bzw. der Auseinandersetzung geworden, bei der sich verschiedene Konzepte der Lehrautorität sowie der kirchlichen Macht und ihrer Ausübung gegenüberstehen. Von daher ist es schwierig zu entscheiden, welche Dinge mit dem gemeinsamen Glauben im Einklang stehen und bei welchen es Reformbedarf gibt. Dennoch muss diese Unterscheidung getroffen werden und es ist dringend notwendig, sie zu treffen.

14. Drei Arten der Ausübung von Autorität wirken im Leben der Kirchen und der Christen stets zusammen:

---

erst zu einem Zeitpunkt authentisch, wenn sie es ermöglicht, die Asymmetrie vollständig verschwinden zu lassen, die mit der vertikalen, institutionellen Beziehung verknüpft ist; diese vertikale Beziehung kann nun aber nicht völlig verschwinden, da sie irreduzibel ist: Die Entscheidungsinstanz kann niemals vollkommen der idealen Repräsentation einer direkten Demokratie entsprechen, in der alle und jeder Einzelne tatsächlich an jeder Entscheidungsfindung teilnehmen würde." *Kritik und Glaube. Ein Gespräch mit François Azouvi und Marc de Launay*, Alber, Freiburg im Breisgau, 2009, S. 61f.

- Die höchste Autorität von Gott selbst, die im individuellen Bewusstsein, in seiner intimen und letztgültigen Entscheidung wirksam ist.
- Die Autorität der Schrift, die als Offenbarung empfangen und durch die Tradition interpretiert wird.
- Schließlich die Autorität der Institutionen, die im Dienst am Glauben und am christlichen Leben stehen und zu seiner Regulierung beitragen wollen. Sie sind in Form des kirchlichen Lehramts (Katholizismus) oder durch die Autorität der Synoden (Protestantismus) präsent.

15. Im Zusammenspiel dieser drei Arten der Autoritätsausübung bzw. des Gebrauchs der kirchlichen Macht liegt die Herausforderung für die gegenwärtige Ausübung der Autorität in der Lehre. Die Berücksichtigung der oben genannten Risiken und Schwierigkeiten sollte uns stets dazu anhalten, unsere Arbeit in der Überzeugung zu betreiben, dass die Lehrautorität in der Kirche immer als die der gesamten Kirche in ihrem Glauben und in ihrem Leben zu verstehen ist.

16. Beim Nachdenken über die Autorität von Jesus – einer Fragestellung, die für die Kirche, die ihm dient, nach wie vor aktuell ist – stellte man fest, dass seine Autorität zugleich von der Freiheit der Rede herrührte und von der wirksamen Dynamik, mit der er das Reich Gottes verkündigte und das Heil für die Menschen sichtbar machte (Predigten und Wunder, Reden und Heilungen). So betrachtet ist das Problem der Lehrautorität nicht nur eine Frage von richtigen und legitimen Definition, sondern auch von Zeugnissen, die deshalb Autorität erlangen, weil in ihnen Worte und Taten übereinstimmen.

*

Unserem bereits bewährten Vorgehen gemäß, umfasst die Gliederung fünf Kapitel:

17. *In den ersten beiden Kapiteln* folgen wir einem kirchengeschichtlichen Ansatz. Wir möchten feststellen, welche Lektionen uns die Geschichte erteilt über verschiedene Arten, die Lehrautorität auszuüben und zu rechtfertigen. Dabei gehen wir zurück bis zur Epoche der Kirchenväter, die sich als besonders auf-

schlussreich erweist und wenden uns dann dem Mittelalter zu. Anschließend möchten wir zeigen, welchen Sinn die Krise der Reformation in dieser Entwicklung hat und welchen Platz sie mit all ihren Konsequenzen für die daraus hervorgegangenen evangelischen Kirchen einnimmt. Ebenso untersuchen wir die Entwicklung des sogenannten *lebendigen Lehramts* in der Katholischen Kirche im Verlauf der letzten Jahrhunderte.[4]

18. *In einem dritten Kapitel* beschäftigen wir uns mit dem biblischen Zeugnis. Wir konsultieren darin die Heilige Schrift als *Richterin* über die Tradition. In welchem Sinn „autorisiert" die Schrift die Lehrautorität in der Kirche? Und welche Modelle schlägt sie für deren Ausübung vor? Wir werden die großen literarischen Einheiten des Neuen Testaments studieren, um ihren Beitrag zu unserer Fragestellung zu ermitteln.

19. *Im vierten Kapitel* wollen wir das breite Spektrum an gemeinsamen Referenzen zum Thema der Lehrautorität aufzeigen. Anschließend werden wir feststellen, dass die Divergenzen zwischen uns aus der Art entstehen, wie wir uns auf diese gemeinsamen Referenzen beziehen. Der Ort unserer Übereinstimmung ist somit zugleich der Ort unserer Schwierigkeiten. Zu den sensibelsten Punkten hinsichtlich des Lehramts und der Ökumene werden wir schließlich einige Vorschläge wagen und dadurch hoffentlich einen „differenzierten Konsens" erzielen.[5]

---

4 Diese Untersuchung ist länger, aber auch ergebnisreicher ausgefallen, als wir es vorgesehen hatten. Unsere Darstellung räumt den historischen Ereignissen, die eingehender untersucht werden mussten, den ihnen gebührenden Raum ein. In den beiden folgenden Kapiteln werden dazu zwei verschiedene Schriftarten verwendet: Die Paragraphen in Normaldruck geben dem Leser die wesentlichen Auskünfte an die Hand; die eingerückten Paragraphen enthalten notwendige historische Erläuterungen.

5 Dieser Ausdruck ist oft verwendet worden, um den Inhalt der *Gemeinsamen Erklärung zur Rechtfertigungslehre* (vgl. Nr. 14 und 43 in unserem Text) zu bewerten, die 1999 von den Autoritäten der Katholischen Kirche und den Kirchen des Lutherischen Weltbundes unterzeichnet wurde (Publikation: Lutherischer Weltbund, *Die Gemeinsame Erklärung zur Rechtfertigungslehre*, Lutherisches Kirchenamt der VELKD, Hannover, 1999). Sie besagt, dass ein grundsätzlicher Konsens über die zentrale Frage des Heils in Jesus Christus, eine gewisse Anzahl von Unterschieden akzeptieren kann, ohne dass der Gemeinschaft ein Abbruch getan wird, und dass sie dazu führen kann, dass die trennenden Divergenzen in einander ergänzende Unterschiede umgewandelt werden.

20. Weil wir von der notwendigen Übereinstimmung zwischen dem, was man sagt und dem, was man tut, überzeugt sind, wollen wir *in einem fünften und letzten Kapitel* unsere Kirchen dazu einladen, auf ihre je eigene Art konkrete Schritte der Umkehr zu vollziehen, um so zu der von Christus gewollten Einheit zu gelangen. Die Sorge, zum Evangelium umzukehren und der Wunsch, von dem jeweiligen Partner als Kirche anerkannt zu werden, sollten es ermöglichen, die bestehenden Divergenzen unter einem ganz neuen Blickwinkel zu sehen.

Kapitel I
Die Lektionen der Geschichte – Die alte und die mittelalterliche Kirche

21. Unser Ziel ist es nicht, die Ausübung der Lehrautorität in der Kirche in ihrer gesamten geschichtlichen Abfolge zu beschreiben. Es geht uns eher darum, bestimmte typische Erscheinungsformen zu skizzieren, die einander bei der Ausübung dieser Autorität abwechselten. Auf bestimmte entscheidende Ereignisse aus verschiedenen Epochen der zweitausendjährigen Geschichte des Christentums möchten wir dabei besonders aufmerksam machen. Außerdem möchten wir darlegen, welche Bedeutung jeder dieser historischen Abschnitte für unsere Untersuchung hat.

22. Wir gliedern unsere Untersuchung in zwei Teile. Zuerst beschäftigen wir uns mit der Zeit der Kirchenväter und mit dem Mittelalter. Dadurch rufen wir die Erinnerung an eine Vergangenheit wach, die unsere gemeinsame ist. Im zweiten Teil widmen wir uns zum einen den reformatorischen Tendenzen in den evangelischen Kirchen und zum anderen der Herausbildung des Zentralismus, den die Katholische Kirche in modernerer Zeit erlebt hat.

Teil I
Die Zeit der Kirchenväter

23. In patristischer Zeit ereignete sich eine Zäsur durch die Konstantinische Wende (318) wie auch durch die Einführung der Ökumenischen Konzilien. Während der ersten drei Jahrhunderte hatte die Lehrautorität vor allem das Ziel, den biblischen Kanon festzulegen und eine Glaubensregel zu erarbeiten.[1] Ihren konkreten Ausdruck fand sie hauptsächlich in der

---

1 Der Ausdruck „Wahrheitsregel" oder Glaubensregel wird mit Vorliebe von Irenäus verwendet, um den Inhalt dessen zusammenzufassen, was die Norm des christlichen Glaubens ist, insbesondere die Schriften und das Glaubensbekenntnis oder Credo.

Lehre von einflussreichen Zeugen des Glaubens innerhalb der Kirchen, denen schon bald die Bischöfe vorstanden. Im Folgenden werden wir uns mit den Glaubensbekenntnissen und dem biblischen Kanon befassen sowie mit den Zeugnissen des Clemens von Rom und der drei großen Gestalten Irenäus, Tertullian und Origenes. Es ist anzumerken, dass nur der erste von diesen Dreien ein „Episkopus" war.

24. Nachdem sich das Römische Reich dem Christentum angeschlossen hatte, wurde die Lehrautorität hauptsächlich durch die ersten sieben ökumenischen Konzilien ausgeübt, deren Lehren bis heute eine übereinstimmende Basis für die Kirchen des Ostens und des Westens darstellen.[2] Die ersten vier dieser Konzilien – Nizäa (325), das Erste Konzil von Konstantinopel (381), Ephesos (431) und Chalzedon (451) – genießen bis heute eine besondere Autorität und sind deshalb sogar mit den vier Evangelien verglichen worden. Wir werden uns mit einigen entscheidenden Aspekten der Lehrbildung befassen, die uns diese Konzilien durch ihren Platz im Leben der Kirche und durch ihre Rezeption an die Hand geben.

I. Die ersten drei Jahrhunderte

1. Das Zeugnis des Clemens von Rom über die Forderungen des kirchlichen Lebens

25. Gegen Ende des 1. Jahrhunderts gibt es in der Kirche von Korinth schwere Unstimmigkeiten. Man versagt den Kirchenleitern den Respekt. Das Zerwürfnis ist so tief, dass Clemens, der Bischof von Rom, sich zu einer Intervention veranlasst sieht. Aber er tut dies nicht im Namen einer Jurisdiktionsautorität, sondern er schreibt als Bruder an seine Mitbrüder, um diesen den Weg des Friedens zu zeigen, welcher zugleich der Weg des Glaubens ist. In seinem Brief an die Christen von Korinth unterstreicht er, dass die Einhaltung der im Evangelium gelehrten

2 Uns ist bewusst, dass in dem kulturellen und theologischen Kontext dieser Zeit die Konzilien von Ephesos und von Chalzedon nicht von allen Kirchen angenommen werden konnten (im Folgenden wird von der Assyrischen Kirche des Ostens sowie von den Orientalisch-Orthodoxen Kirchen häufiger die Rede sein).

Tugenden – der Demut und der Eintracht sowie der Buße und des Gehorsams – ein Zeichen ist, dass sie der Güte Gottes würdig sind, der sie erwählt hat. Ebenso erklärt er, dass notwendigerweise ein jeder für den anderen nützlich ist. Wie in dem von ihm gebrauchten Bild einer Armee sind manche in der Kirche dazu berufen, zu befehlen und zu lehren, während andere den Anweisungen Folge leisten sollen, die ihnen gegeben werden. Deshalb ist es nicht statthaft, gegen die Regierenden aufzubegehren, wobei Letztere sich auch nicht anmaßen dürfen, sich über die Herde Christi zu erheben, deren Diener sie ja sind.

26. Für die Glaubenden in der Kirche verwendet Clemens die biblischen Ausdrücke[3] des „erwählten Teils" und es „heiligen Gebiets", die sonst dem Volk Israel vorbehalten sind und die auf die eschatologische Dimension der Kirche verweisen. Dennoch lebt diese Kirche noch ganz in der Erwartung der Aufrichtung von Gottes Reich, wie Jesus Christus es versprochen hat und wie es ihnen von den Aposteln überliefert wurde. Zwar sind die Apostel jetzt nicht mehr da, um die gute Nachricht zu verkündigen. Doch sie haben vor ihrem Tod nicht nur vom Geist erwählte Männer eingesetzt, um als Priester, Bischöfe und Diakone zu wirken, sondern auch die Regel erlassen, dass andere ihnen in ihrem Amt nachfolgen sollen. Dies geschah, so fügt Clemens hinzu, mit der Einwilligung der gesamten Kirche.[4] Die kirchlichen Aufgaben, ganz besondere die Aufgabe der Lehre, mit der die Bischöfe beauftragt sind, und zu der sich die Aufgabe der Diakonie gesellt, sind deshalb für die Kirche konstitutiv.

27. Wenn Bischof Clemens an die Korinther schreibt, um sie über die ethischen Prinzipien des Lebens in der christlichen Gemeinschaft sowie über das Wesen der Kirche aufzuklären, tut er dies dann in seinem eigenen Namen oder im Namen der

---

3 Am Ende des 1. Jahrhunderts war die Zusammenstellung des Neuen Testaments noch längst nicht erfolgt. Es waren noch nicht einmal alle seine Bücher verfasst worden. Clemens stützt sich daher auf die jüdische Schrift, unser heutiges Altes Testament.

4 Vgl. Clemens von Rom, *Brief an die Korinther*, 42 und 44; *SC* 167, S. 169 und 173.

Gemeinschaft, die ihn zur Ausübung des Aufsichtsamtes bestimmt hat? Mehr als ein Jahrhundert später wird Dionysius, Bischof von Korinth, im letzten Viertel des zweiten Jahrhunderts an den Bischof Soter von Rom schreiben, dass der einst aus Rom eingetroffene Clemensbrief noch immer in der Kirche von Korinth verlesen wird.[5] Bedeutet das, dass Clemens der alleinige Autor des Briefes gewesen ist oder war er vielleicht nur als beauftragter Redakteur für die römische Kirche tätig? Es ist schwierig, diese Frage zu entscheiden, aber die letztgenannte Möglichkeit zeigt an, wie sehr die belehrte Kirche selbst eine lehrende Kirche war.

2. *Die Autorität der Kirche in Fragen des Glaubensbekenntnisses und des biblischen Kanons*

28. Die urchristliche Gemeinschaft übernimmt den Namen Kirche, *ekklesia*, der zuvor in der Septuaginta – der ersten griechischen Übersetzung des Alten Testaments[6] – verwendet wurde, um Israel als das für den wahren Gottesdienst versammelte Volk zu bezeichnen. Auf diese Weise bringt sie das Bewusstsein zum Ausdruck, nicht nur die Versammlung derjenigen zu sein, die an Gott glauben und ihn im Geist und in der Wahrheit verehren, sondern auch derjenigen, die erwählt worden sind, um die Wiederkunft Christi zu erwarten. An ihren Anfängen zeigt sich die Kirche daher „enthusiastisch" und zwar im wortwörtlichen Sinn und das Christentum tritt weniger als eine klar definierte Theologie mit feststehenden Glaubensartikeln und notwendigen Pflichten in Erscheinung, sondern vielmehr als ein Ort, an dem die „gute Nachricht" verkündigt wird. Diese gute Nachricht – auch Evangelium – besteht darin, dass Jesus der Christus Gottes ist und dass er gestorben und auferstanden ist. Dies ist die Predigt der Kirche und dies ist das Zentrum ihres Glaubens – des „Glaubens, durch den geglaubt wird" *(fides qua creditur)*. Phillipus, dem er auf der Straße nach Gaza begegnet

---

5 Eusebius von Cäsarea, *HE*, IV, 23,11; *SC* 31, S. 205.

6 Die Septuaginta übersetzt den hebräischen Ausdruck *Kahal Jahwe*, „Volk Gottes", mit *ekklesia tou Theou*, „Kirche Gottes".

ist, antwortet der äthiopische Eunuch: „Ich glaube, dass Jesus Christus der Sohn Gottes ist." „Das, was geglaubt wird" – das Objekt des Glaubens *(fides quae creditur)* – wird mit Hilfe von Glaubensformeln ausgedrückt, die anfangs ganz kurz sind und später länger werden, in dem Maße wie es notwendig wird, die Glaubensinhalte zu präzisieren und das auszuschließen, was ihnen widerspricht.

29. Wie es scheint, ist das Glaubensbekenntnis genau so alt wie die Kirche, ist es doch Ausdruck dessen, was ihre Mitglieder glauben. Das Glaubensbekenntnis legitimiert ihre Teilnahme an der Taufe und an der Eucharistie. Gleichwohl ist das Glaubensbekenntnis nur eine Rede. Als Jesus seinen Jüngern aufträgt, dass sie ihn vor den Menschen bekennen, auf dass er sie vor seinem Vater bekenne (Mt 10,32), zeigt der Kontext, dass es sich dabei eher um eine Handlung, als um eine Formel handelt. Den christlichen Glauben zu bekennen, kann demzufolge nicht als eine Art verstanden werden, bestimmte Wahrheiten wiederzugeben, sondern als eine Lebensweise, bei der der Einzelne durch seine Handlungen beweist, dass er mit und für den lebt, der die Wahrheit und das Leben ist. Die Pilgerin Egeria berichtet beispielsweise, dass in Jerusalem gegen Ende des 4. Jahrhunderts der Bischof bei seinen Nachbarn Auskunft über den Lebenswandel eines Taufkandidaten einholte, bevor er ihn in die Liste der Katechumenen aufnahm.[7]

30. Wenn es aber darum geht, die Hoffnung zu beschreiben, in der sie leben, so legen die Christen dar, was Christus sie gelehrt hat, was die Apostel ihnen überliefert haben und was in der Kirche bewahrt wird. Die Übermittlung der Glaubensinhalte *(fides quae creditur)* geschieht vorrangig während der Katechese, der mündlichen Unterweisung der Katechumenen über das Glaubensbekenntnis, die als Weitergabe des Symbols (Glaubensbekenntnis) gilt *(traditio symboli)*. Wer es am Ende dieses Unterrichts, bevor er getauft wird, wiederholt, der gibt es seinerseits zurück *(redditio symboli)*.

7 „Führt er ein gutes Leben?, Ehrt er seine Eltern?, Ist er auch kein Trinker oder kein Dieb?", Egeria, *Reisebericht* 45, 3; *SC* 296, S. 307.

31. Die Katechese und die darauffolgende Taufe sind jedoch nicht der einzige Ort, wo die Christen ihren Glauben in Form eines Bekenntnisses ausdrücken. Schon in der antiken christlichen Literatur finden sich zahlreiche Glaubensbekenntnisse, angefangen bei solchen Texten, die Eingang in den Kanon des Neuen Testaments gefunden haben, bis hin zu manchen apokryphen und patristischen Schriften. Einige davon sind direkt von den kanonischen Schriften inspiriert, andere antworten eher auf aktuelle Fragestellungen. Theologische Konflikte werden seit dem 3. Jahrhundert zum Anlass genommen, Glaubensbekenntnisse zu verfassen. Das geschieht sowohl durch Privatpersonen, die auf diese Weise ihre theologische Position öffentlich machen, als auch durch die Konzilien, die sich an einzelnen Orten und Provinzen konstituieren. Das Zeitalter der Konzilien, das mit Nizäa seinen Anfang nimmt, sollte die Frage nach der Rolle der offiziellen Glaubensbekenntnisse aufwerfen, die in den Kirchen mit Macht durchgesetzt werden.[8]

32. Die Kirche ist sich stets bewusst, das Erbe der Apostel zu bewahren. Folglich erkennt sie ihren apostolischen Charakter. Ihr Einsatz für diesen Charakter erfolgt keineswegs um ihrer selbst willen. Vielmehr ist ihr bewusst, dass ihr Glaubensbekenntnis sich auf die Tradition der Apostel gründet, an deren erster Stelle für sie die Heilige Schrift steht. Doch auf diese Weise stellt sich nun ein zweifaches Problem: das der Apostolizität der Schrift und das ihrer Irrtumslosigkeit.[9]

33. Die Herausbildung eines *Kanons* von Heiligen Schriften bzw. einer dementsprechenden Regel, die festlegt, welche Bücher ihm angehören und welche davon ausgeschlossen sind, ist das Ergebnis eines langen Entwicklungsprozesses, bei dem die Initiative aller Glaubenden und die Regulierung durch die kirchlichen Instanzen (die Bischöfe und Konzilien) zusammengewirkt haben. Die kanonischen Listen des 4. und 5. Jahrhunderts bezeugen quasi den Abschluss dieses Prozesses, der Irenäus zu-

8 Vgl. unten, Nr. 68.

9 Die Irrtumslosigkeit ist die Unfähigkeit, Fehler zu machen, welche der Schrift aufgrund ihrer göttlichen Inspiration zuerkannt wird.

folge bereits im 2. Jahrhundert begonnen hatte. Neben theologischen Gesichtspunkten, die auf den Inhalt der Texte (ihre Orthodoxie) verwiesen oder sich auf die Autorität ihrer Autoren (die Inspiration) beriefen, scheint die konkrete Praxis der Kirchen eine entscheidende Rolle gespielt zu haben. In der Tat ging es meistens um die „Rezeption", wobei Kriterien wie die Einstimmigkeit, die Bekanntheit und der liturgische Gebrauch der Schrifttexte angeführt wurden. Obwohl das Prinzip der Geschlossenheit des Kanons schon seit dem Ende des 2. Jahrhunderts zu gelten scheint, existierten doch zahlreiche Varianten bis hinein in das 4. und 5. Jahrhundert

34. Obwohl man sie als kanonisch auffasst, ist die Heilige Schrift von Menschen verfasst und weitergegeben worden. Die Vorstellung, diesen sei bei ihrer Arbeit niemals auch nur der kleinste Fehler unterlaufen, ist eine Illusion. Dennoch stellte schon Papias von Hierapolis fest,[10] dass dieses nicht auszuschließende Risiko gering einzuschätzen sei, insofern das Ziel ihrer Arbeit ja darin bestand, zu lehren und nicht, in die Irre zu führen. Weil sie aus der Tradition der Apostel stammt, ist die Schrift für die Kirche wie ihr täglich Brot, unterstreicht Irenäus und stützt sich dabei auf eine überraschende Interpretation von *Genesis*:

> „Wir müssen bei der Kirche Zuflucht nehmen, uns an ihrer Brust stillen und uns an den Schriften des Herrn laben. Denn die Kirche wurde wie ein Paradies in diese Welt gepflanzt. „Von den Früchten aller Bäume im Paradies sollst du essen", spricht der Geist Gottes. Das heißt: „Labe dich an der ganzen Schrift des Herrn, aber koste nicht vom Stolz und halte dich von den Zwistigkeiten der Häretiker fern."[11]

Für den Bischof von Lyon ist die Schrift also gleichzeitig eine Stärkung im Glauben für die Christen und eine Warnung vor den Verführungen und den Fehlern der Häretiker. Tertullian zufolge, der fast ein Zeitgenosse von Irenäus ist, sind die Heiligen Schriften Instrumente (*instrumenta*), deren die Christen sich bedienen sollen, um eine zusammenhängende Dogmatik

---

10 Vgl. Eusebius, *HE* III, 39, 15; *SC* 31, S. 157.

11 Irenäus, *CH* V, 20; 2: A. Rousseau, S. 628.

und eine solide Glaubenslehre zu entwickeln.[12] In diesem Sinne wird die Schrift sowohl als ein *Ausdruck* der Wahrheit, als auch als ein *Kriterium* der Wahrheit angesehen. Diesen Gedanken fasst Gregor von Nyssa folgendermaßen zusammen: „Wir machen die Heilige Schrift zur Regel und zum Maßstab unserer Glaubenssätze. Wir halten uns nur an das, was mit dem Anspruch ihrer Schriften im Einklang steht."[13]

3. *Drei Zeugen für die Lehrautorität: Irenäus, Tertullian und Origenes*

Irenäus (um 130-140 – um 202)

35. Irenäus ist mit dem Phänomen der Gnosis und des Gnostizismus14 konfrontiert, dessen Einfluss den christlichen Gemeinschaften gefährlich zu werden droht. Diesem Problem, das sich auf der Ebene der Lehre und der Seelsorge stellt, begegnet er auf höchst bemerkenswerte Weise. Zunächst appelliert er an die Vernunft und zeigt die philosophischen und theologischen Unstimmigkeiten des gnostischen Systems auf. Anschließend appelliert er an den Glauben und argumentiert mit dem zweifachen Zeugnis seitens der Schrift und seitens der Glaubensregel bzw. der Wahrheitsregel, die in der Kirche einhellig respektiert werden. Im Namen dieses zweifachen Zeugnisses begründet er eine Lehre der Glaubenstradition, die er der Tradition der Gnosis gegenüberstellt.

36. Irenäus Anstrengungen im Kampf gegen die Gnosis sind typisch für die Art, wie sich im 2. Jahrhundert eine Orthodoxie herausbildet. Zunächst einmal interveniert Irenäus als ein „Ex-

---

12 Vgl. Tertullian, *Vom prinzipiellen Einspruch gegen die Häretiker* 38, 2-3; *SC*46, S. 140.

13 Gregor von Nyssa, *Dialog über die Seele*; *PG* 46, 49 C.

14 Die Gnosis, oder der Gnostizismus, war eine weit verbreitete Lehre im jüdischen, griechischen und christlichen Milieu. Sie verkündete das Heil für eine Elite der Menschheit, dank des geistlichen Wissens derjenigen, die ihr angehörten. Die Gnosis war sehr pessimistisch über die Wirklichkeit der Welt und des Körpers.

perte in Glaubensfragen". Weitere Experten treten seine Nachfolge an, darunter besonders Origenes und Hippolit, die denselben Kampf wieder aufnehmen. Ihr Eingreifen wird in den Kirchen rezipiert und trägt ihnen Autorität ein.
Zusätzlich wird die Dialektik zwischen Häresie und Orthodoxie zementiert. Das Auftreten der Häresie bringt die Orthodoxie dazu, ihre Position zu präzisieren und zu erklären. Umgekehrt führt die Orthodoxie zu einer klaren Bestimmung der Häresie. Moderne Denker sehen darin einen Mechanismus der Ausschließung, für den sie die Orthodoxie verantwortlich machen. Das polemische Klima, in dem diese Konflikte ausgetragen werden ist gewiss bedauerlich. Dennoch handelt es sich um eine notwendige Klärung der Inhalte und Parameter des Glaubens selbst. Falls es einen Ausschluss gegeben hat, so beruhte dieser auf Gegenseitigkeit.

37. Während er im Streit mit den Gnostikern auf der Grundlage der Schrift argumentiert, beschäftigt Irenäus die große Frage, wo die Wahrheit des Evangeliums zu finden ist.
Für ihn ist die Antwort folgende: Die Wahrheit des Evangeliums findet sich in jenen Kirchen, welche die Tradition der Apostel bewahrt haben, dank der öffentlichen episkopalen oder presbyterialen Sukzession, mit der dieselben Apostel sie ursprünglich beauftragt haben. Diese Kirchen bewahren die Heiligen Schriften und interpretieren sie im Sinne der Glaubensregel.[15]
Der Bedeutung der Kirche von Petrus und Paulus in Rom verleiht dieser gleichwohl nicht das Monopol über die Wahrheit, weil Smyrna wie auch Ephesos ebenso als wahrhaftige Zeugen der apostolischen Tradition anzusehen sind.[16]

38. In diesem Punkt unterstreicht Irenäus gern die drei großen Kennzeichen der apostolischen Sukzession, welche durch die Bischöfe und Presbyter garantiert werden, auf deren Wort in den Kirchen gehört werden soll:

- die rechtmäßige Nachfolge im Bischofsamt seit den Aposteln;[17]

---

15 Irenäus, *CH*, III. 1-4.

16 *Ibid.*, III, 3,4.

17 *Ibid.*, IV, 26,2.4 und 5, 33.8. Die folgenden Zitate sind derselben Passage entnommen.

- aber auch: „das sichere Charisma der Wahrheit nach dem Wohlwollen des Vaters", ebenso wie „das aufrichtige Wort", oder „die unbestechliche Klarheit des Wortes", oder auch „die stete Bewahrung der Schriften, die drei Dinge einschließt: ihre vollständige Wahrnehmung, ohne Hinzufügungen oder Abstriche, eine unverfälschte Lesart und in Übereinstimmung mit der Schrift, eine rechtmäßige und angemessene Interpretation, ohne Gefahren und Blasphemien";
- und schließlich: „einen untadeligen Lebenswandel", „die unangreifbare Integrität der Lebensführung"; „die überragende Gabe der Liebe".

Diese drei Kennzeichen halten davon ab, dass kirchliche Amt als einen perfekten Mechanismus innerhalb der Institution zu verstehen und zeigen, dass es Anteil hat an der menschlichen Schwäche wie auch an der Treue zum Evangelium.[18]

39. Das bedeutet – und er betont dies in seiner langen Rede über die Heiligen Schriften von Anfang an als essentiell –, dass für Irenäus die gesamte Kirche das „Geschenk Gottes" erhalten hat. „In ihr wurde die Gemeinschaft mit Christus gegeben, d. h. der Heilige Geist, das Unterpfand der Unbestechlichkeit, Bestätigung unseres Glaubens und Leiter unseres Aufstiegs zu Gott. [...] Denn dort, wo die Kirche ist, dort ist auch der Geist Gottes und dort wo der Geist Gottes ist die Kirche und alle Gnade."[19]

40. Doch es ist nicht alles gesagt mit der apostolischen und der presbyterial-episkopalen Sukzession. In einer langen Passage wird die rechte Interpretation der Schriften dem geistlichen Jünger zugeschrieben, der im Duktus des Textes auf den geheimnisvollen „Presbyter" folgt. Diese Passage über den geistlichen Jünger, der über alles richten wird und selbst von niemandem gerichtet wird, zeigt, dass das kirchliche Amt im Herzen eines jeden Christen wohnt.[20]

---

18 Diese drei Kennzeichen wurden bereits aufgeführt im Dokument der Groupe des Dombes *Teilkonsens über das kirchliche Amt (= Pour une réconciliation des ministères)*, in Herder Korrespondenz, 27 (1973), Nr. 13.

19 Irenäus, *CH* III, 24,1. Dabei handelt es sich um einen Verweis auf 1 Ko 2,15.

20 *Ibid.*, IV, 33,1-8.

41. In gleicher Weise wie die Barbaren den Sinn der Schriften durch den Geist in ihren Herzen haben, obwohl sie nicht in der Lage sind, die Schriften zu lesen, besitzt der geistliche Jünger das Äquivalent des Charismas der Wahrheit, mit dem das episkopale Amt ausgestattet ist. Verleiht ihm nicht sein Taufbekenntnis in seiner Verbindung zum Heiligen Geist diese wahre Erkenntnis, diese Fähigkeit, den Sinn der Schriften zu erkennen, die ja ihrerseits ebenfalls rein geistlich sind?[21]
Ohne Irenäus Platonismus oder ein spirituelles Temperament im Sinne von Newman zuschreiben zu wollen, scheint es doch so, dass der Bischof von Lyon zu den Charismen des Taufbekenntnisses auch die Erkenntnis, d. h. die echte „Gnosis", zählt, die eine rechtmäßige Interpretation der Schriften erlaubt und dem Christen ermöglicht, sich Gott in Liebe anzunähern.[22]

42. Im Streit um den Termin für das Osterfest übernimmt Irenäus gegenüber Papst Viktor Verantwortung als bischöflicher Amtsbruder. Als der Papst die östlichen Kirchen exkommunizieren will, weil diese einem anderen Kalender folgen, erinnert er den zu autoritär agierenden Papst daran, dass die Kommunion Vorrang hat vor dem Anspruch einer Vereinheitlichung der Liturgie: „Der Unterschied beim Fasten bestätigt die Übereinstimmung im Glauben."[23]

Tertullian (um 155 – um 220)

43. Ganz am Ende des 2. Jahrhunderts stellt Tertullian in seiner Schrift *Vom prinzipiellen Einspruch gegen die Häretiker* die Frage, durch welche Vermittlung, wann und an wen jene Lehre übermittelt wurde, die uns zu Christen macht. Christus, so erklärt er, habe den Aposteln die Aufgabe anvertraut, das Evangelium zu predigen, welches er ihnen offenbart hat. Diese hätten sie erfüllt, indem sie Kirchen gründeten, denen sie

21 *Ibid.*, III, 4,2; II, 26,1.
22 *Ibid.*, IV, 33,8; II, 26,1.
23 In Eusebius von Caesarea, *HE* V, 24,13.

ihrerseits diese Aufgabe anvertrauten. Demzufolge ist die von den Kirchen verkündigte Wahrheit der Maßstab dafür, ob eine Lehre für wahr zu halten ist, oder im Gegenteil als Lüge erkannt werden kann. Die Kirchen sind ganz ursprünglich und apostolisch, weil sie alle eins sind, was sich sowohl an ihrer Verkündigung zeigt, die sich auf die gemeinsame Schriftlesung stützt, als auch in der Praxis der Brüderlichkeit und der Barmherzigkeit füreinander.

44. Im Gegensatz zu den apostolischen Kirchen, die ihre Glaubensregel den durch die Apostel überlieferten Schriften entnehmen, die in der Kirche gelesen und verstanden werden, gründen die Häretiker ihre Irrlehren auf die Verfälschung dieser Schriften. Tertullian beschimpft drei wichtige Anführer der häretischen Bewegung: „Mit welchem Recht, Markion, versuchst du meinen Wald zu roden? Was fällt dir ein, Valentinus, meine Quellen umzuleiten? Wer gibt dir die Macht, Apelles, meine Grenzen zu verrücken?“[24] So zeigt er an, wie die Schrift verfälscht wird und wie man eine Lehre verkündigt, welche nicht derjenigen der Kirche Christi entspricht. So wie Markion kann man die Schrift verkürzen und von ihr nur noch das übrig behalten, was einem gefällt. Wie Valentinus kann man das Evangelium der Mode anpassen bzw. dem, was man gern sagen möchte. Wie Apelles kann man neue Offenbarungen hinzufügen, welche die eigene Meinung bestätigen.

Origenes (um 183 – 253)

45. In den ersten Jahrzehnten des 3. Jahrhunderts ist Origenes sich darüber bewusst, dass zwischen vielen Christen keine Einigkeit besteht, manchmal sogar in bedeutenden Fragen. So schlägt er im Vorwort zu seiner Schrift *Über die Prinzipien* eine Unterscheidung vor, die eine Hilfe bei der Lösung von Konflikten in der Lehre sein kann.

46. Zunächst erinnert er daran, dass eine gewisse Zahl von Dingen durch die apostolische Verkündigung klar anerkannt

---

24 Tertullian, *Vom prinzipiellen Einspruch gegen die Häretiker* 37,3; *SC* 46, S. 139-140.

worden ist (z. B. die Annahme, dass Gott der Schöpfer des Universums ist oder dass sein Sohn Mensch geworden ist). Folglich ist es notwendig, dieser Verkündigung treu zu bleiben, „die seit den Aposteln durch die Sukzession weitergegeben worden ist und die in den Kirchen bis heute bewahrt wurde. Es ist nur die Wahrheit zu glauben, die mit der kirchlichen und der apostolischen Tradition im Einklang steht.“[25]

47. Dennoch, fährt Origenes fort, haben die Apostel nicht „die Gründe für ihre Behauptungen“ überliefert. „Die Aufgabe, diese zu erforschen haben sie denjenigen überlassen, welche die höchsten Gaben des Geistes verdienen und die vor allem von demselben Heiligen Geist die Gnade des Wortes, der Weisheit und des Wissens empfangen haben.“ So eröffnet die Festlegung dessen, was ein Glaubensgegenstand sein darf, paradoxerweise einen Raum für die theologische Forschung. Die Apostel haben nicht alles gesagt, „damit in ihrer Folge die Eifrigsten aus Liebe zur Weisheit etwas hätten, um sich zu üben“.[26] So muss das, was noch nicht entschieden wurde „von uns nach Kräften von der Heiligen Schrift ausgehend studiert und mit Scharfsinn erforscht werden“.[27] Schließlich geht es darum, „einen einzigen Lehrcorpus zu schaffen mit Hilfe von Vergleichen und Behauptungen, die in den Heiligen Schriften gefunden oder beim Studium ihrer logischen Konsequenzen entdeckt wurden, wobei man vernünftigen Überlegungen folgt.“[28]

48. Die Trennung zwischen dem, was zwingenderweise ein Glaubensgegenstand ist und dem, was dem freien Studium der Theologen überlassen bleibt, liefert ohne Zweifel ein Entscheidungskriterium für Debatten in Lehrfragen. Origenes selbst wendet dieses Prinzip in seiner Abhandlung an und zögert nicht, seine eigene Meinung zu jenen Punkten zu äußern, die von der Kirche noch nicht entschieden wurden. Freilich haben manche dieser Meinungen ihrem Autor später den Ruf eingetragen, ein Häretiker zu sein. Gerechterweise muss man aber darauf hin-

---

25 Origenes, *Über die Prinzipien*, Vorwort, 2; *SC* 252, S. 79.
26 *Ibid.*, Vorwort, 3, S. 79-81.
27 *Ibid.*, Vorwort, 4, S. 83.
28 *Ibid.*, Vorwort, 10, S. 89.

weisen, dass sich zu Origenes Lebzeiten die Kirche über die entsprechenden Punkte noch nicht geäußert hatte.

49. In seinem *Gespräch mit Herakleides* berichtet zudem Origenes auf sehr bemerkenswerte Weise, wie man in den Jahren 244-49 in einem Lehrkonflikt mit einem Bischof vorging, welcher der Häresie verdächtigt wurde. Jene Kontroverse war vermutlich in Arabien ausgebrochen, als es zu einer Auseinandersetzung über das Eucharistiegebet kam. Der Bischof Herakleides hatte in diesem Zusammenhang den Eindruck erweckt, die reale Unterscheidung zwischen Vater und Sohn nicht mit letzter Konsequenz zu vertreten. Deshalb versammelten sich die Bischöfe zu einer Konferenz. Die Bischöfe brachten ihre Standpunkte vor und Herakleides legte sein eigenes Glaubensbekenntnis ab, woraufhin Origenes, den man eingeladen hatte, die Diskussion mit Herakleides eröffnete. Hinsichtlich der Göttlichkeit des Sohnes stimmte er ihm vollkommen zu und versuchte darüber hinaus, ihn zu einem Bekenntnis zur Unterschiedenheit der Person des Sohnes von der des Vaters zu bewegen.[29]

50. Diese Episode war von großer Tragweite, zumal sie sich nicht nur in der Anwesenheit von Bischöfen, sondern auch von Priestern und Glaubenden zutrug und Origenes letztere zu einer feierlichen Annahme der getroffenen Entscheidungen aufforderte.[30] Sicher handelte es sich nur um eine regionale Versammlung, dennoch erklärte Origenes: „Die gesamte Kirche ist hier und hört zu. Zwischen den Kirchen sollte es keine Unterschiede in der Lehre geben."[31] Wenngleich auch die Bischöfe bei der Debatte eine Rolle spielten, so wurde das Lehramt doch zweifellos durch den einfachen Priester Origenes vertreten, der in der Versammlung als Experte auftrat. Ihn konsultierte man, er leitete die Diskussion mit Bescheidenheit und Selbstbeherrschung und legte schließlich die Lehre fest. Die Kirche, einschließlich der Bischöfe, fügte sich ihm.[32]

---

29 *Das Gespräch mit Herakleides*, 1 und 2; *SC* 67, S. 53-59. J. Scherer betont den „Geist der Verständigung, des Vertrauens und der christlichen Barmherzigkeit, der diese Debatten bestimmte.", *SC* 67, S. 23.

30 *Ibid.*, 4 und 5, S. 63 und 69.

31 *Ibid.*, 1, S. 55.

32 Im Leben des Origenes war diese Episode kein Einzelfall. Er führte in der-

51. Ganz unabhängig von den Zeugnissen, die Irenäus, Tertullian und Origenes gegeben haben, ist es wichtig, am Ende dieses Abschnitts zu unterstreichen, dass es seit dem 2. und 3. Jahrhundert eine gewisse Anzahl von Konsultationen zwischen den Bischöfen oder den christlichen Gemeinschaften gegeben hat.[33] Durch diese Konsultationen, die erst nur gelegentlich und später regelmäßig stattfanden, bemühten sich die Kirchen, jene Probleme zu überwinden, die sowohl auf die Vielfalt ihrer Traditionen, als auch auf die eigentlichen doktrinalen Unterschiede zurückzuführen waren. Von den lokalen Versammlungen bis zu den regionalen Synoden (Synoden, deren Autorität für jeden einzelnen Bischof bindend war), drückten sie das Anliegen aus, die Gemeinschaft im Glauben wiederherzustellen bzw. zu festigen. Diese Versammlungen waren die Wegbereiter der großen ostkirchlichen Konzilien, die ab dem 4. Jahrhundert eine dominante Rolle bei der Ausübung der Lehrautorität spielen sollten.

II. Die großen ostkirchlichen Konzilien und ihre Theologie

1. Das Konzil von Nizäa im Jahr 325

52. Die Versammlung des ersten ökumenischen Konzils von Nizäa im Jahr 325 auf Wunsch von Konstantin war eine große Neuerung im Leben der Kirche.[34] Die Väter, die sich in Nizäa versammelten, waren sich der Neuerung bewusst, die ihre Versammlung gegenüber früheren Konzilien oder Synoden darstellte. Diese Versammlung war durch den Kaiser einberufen worden. Sie versammelte die Bischöfe der Ost- und der Westkirche. Ihre Mitglieder bezeichneten sie mit dem neuen Ausdruck „Großes und Heiliges Konzil". Es wurden verbindliche

---

selben Weise auch andere Gespräche, insbesondere mit Bischof Beryll bei der Synode von Bostra. Dieser vertrat eine häretische Meinung und es gelang Origenes, ihn zu einer orthodoxeren Position zu bekehren (vgl. Eusebius, *HE*, VI, 33,1-3; *SC* 41, S. 135-136).

33 Vgl. Groupe des Dombes, *Le ministère de communion dans l'Église universelle*, Nr. 19.

34 Eine relative Neuerung freilich, insofern diesem Konzil die Tradition der genannten lokalen und regionalen Konzilien vorausging.

disziplinarische Entscheidungen getroffen, die ausgedehnte Regionen betrafen. Man verabschiedete Gesetze für die universale Kirche. Auf der Ebene der Lehre waren sich die Väter ebenfalls bewusst, dass ihre Entscheidungen, wo immer sie dem Glaubensbekenntnis neue Ausdrücke hinzufügten, definitiv und nicht reformierbar sein würden.

53. Die Theologie des ökumenischen Konzils hatte es vor der Versammlung des Konzils von Nizäa nicht gegeben. Den Beweis dafür liefern die fünfzig Jahre andauernden heftigen Debatten, die in der Ostkirche über seine Entscheidungen geführt wurden – teilweise von Konzilien, die den Anspruch hatten, ökumenisch zu sein. Äußerungen von Nizäa wurden in diesen Debatten verändert, teilweise wurde ihnen sogar widersprochen. Beendet wurden sie erst durch die Versöhnung auf dem Ersten Konzil von Konstantinopel im Jahr 381. Erst dort wurde das Konzil von Nizäa von den Kirchen „rezipiert" und seine Autorität anerkannt.

54. In diesem Rezeptionsprozess spielte Anthanasius von Alexandria (um 295-373) eine bedeutende Rolle. Seine Konzeption der konziliaren Autorität ist in ihrer Entwicklung interessant zu beobachten. Sie steigert sich bis hin zu Ausdrücken wie: „ewige Grenzsteine", „gravierte Steine, die für immer gegen die Häresie aufgerichtet worden sind", „Wort Gottes, das für immer bleibt".[35] Er äußerte ebenfalls: „Die ganze bewohnte Erde (*oikoumene*) hat dem Glauben von Nizäa seine Zustimmung gegeben."[36]

55. Die Entwicklung einer eigenen Theologie der ökumenischen Konzilien war demzufolge die Konsequenz einer Erfahrung, welche die Kirchen gemacht hatten. Ihre Anwendung fand sie in der endgültigen Rezeption der Lehre von Nizäa. Die *faktische Autorität* des Konzils führte schließlich zur Lehre von seiner *rechtlichen Autorität*. Die Autorität eines Konzils ergibt sich demnach nicht automatisch. Vielmehr müssen verschiedene Umstände zusammentreffen, damit eine konziliare Versammlung als legitim und rechtlich verbindlich angesehen wird. Das Phänomen der *Rezeption* erweist sich dabei als ausschlagge-

35 Athanasius, *Brief an die Afrikaner*; 26, 1032 A, 1048 A.

36 *Ibid.*, *PG* 26, 1029.

bend. Ein Konzil kann demzufolge niemals unabhängig von dem Rezeptionsprozess beurteilt werden, den es angestoßen hat, d. h. von der Tatsache, dass eine überzeugende Menge von kirchlichen Gemeinschaften und Bischöfen seine apostolische Glaubenslehre anerkannt hat.

56. Über die Autorität eines Konzils lässt sich zusammenfassend Folgendes sagen: Ein ökumenisches Konzil, das Bischöfe versammelt, die sich als Nachfolger der Apostel und als Kirchenleiter verstehen, trifft unter dem Beistand des Heiligen Geistes nur solche Entscheidungen, die mit dem Glauben der Apostel in Einklang stehen, weil sich die Einigkeit der Kirchen in ihm ausdrückt. Ein jedes Konzil tritt in diesem Sinne als „neues Jerusalemer Konzil" zusammen. In dieser Definition eines Konzils müssen die Etappen seines tatsächlichen Zusammentretens und das Phänomen seiner Rezeption als ein einziges Geschehen aufgefasst werden.

2. *Ephesos (431), die Unionsformel (433) und Chalzedon (451)*

57. Die den ökumenischen Konzilien zugesprochene Lehrautorität darf selbstverständlich niemals über die Wechselfälle des menschlichen Lebens hinwegtäuschen, die ihren Ablauf begleitet haben. Das erste Problem, welches das Konzil von Ephesos aufwirft, ist die Frage, wo das wahre Konzil sich eigentlich versammelte. Tatsächlich fanden im Juni des Jahres 431 gleich zwei rivalisierende Konzilien in Ephesos statt. Eines, das von Kyrill von Alexandria noch vor dem Eintreffen der antiochenischen Bischöfe eröffnet wurde, auf dem Nestorius verdammt sowie der erste *Brief* von Kyrill an Nestorius angenommen wurde. Daneben ein zweites, das gleich darauf, nach dem Eintreffen des Johannes von Antiochia stattfand und Kyrill exkommunizierte. Welche Seite konnte beanspruchen, die legitime Versammlung zu sein und den authentischen Glauben zu vertreten?

58. In dieser Konfliktsituation konnte die Autorität des Konzils von Ephesos sich nicht durchsetzen. Alle Seiten waren der Meinung, dass es dabei nicht bleiben konnte. Ein Wandel stellte sich mit der *Unionsakte* zwischen Johannes von Antiochia und

Kyrill von Alexandria von 433 ein, einem Ereignis, das ebenfalls noch dem Verlauf des Konzils zuzurechnen ist. Im Geiste der menschlichen und doktrinalen Versöhnung erkannte Kyrill von Antiochien die antiochenische Redeweise für die Christologie als legitim an und zwar mittels einer Einigungsformel, die das Vorbild für die später auf dem Konzil von Chalzedon gefundene Definition wurde. Unterdessen widerrief Johannes von Antiochia seine Verbindung mit Nestorius, indem er Maria als „Gottesgebärerin" (*theotokos*) bekannte. Die beiden christologischen Redeweisen von Alexandria und Antiochia hatten einander gegenseitig und im Respekt für die jeweiligen Differenzen anerkannt. Wenngleich auch keine Einstimmigkeit erreicht wurde, so hatte man doch zumindest den ökumenischen Charakter der Lehrentscheidungen wiedergefunden.

59. Dass ein Konzil öffentlich abgehalten wird und dass seine Einberufung rechtmäßig erfolgte, genügt noch nicht, um seine Lehrautorität zu begründen. Seine Versammlungen müssen nicht nur das Recht des Volkes respektieren, sondern darüber hinaus auch die Legitimität unterschiedlicher Standpunkte. Das 2. Konzil von Ephesos fand im Jahr 449 unter der energischen Leitung des Dioskoros von Alexandria statt und führte zu gewaltsamen Auseinandersetzungen und Handgreiflichkeiten gegen Flavian von Konstantinopel. Die Versammlung ergriff Partei für die monophysitische Richtung, was dazu führte, dass das *Lehrschreiben*, welches Flavian von Papst Leo mitgeschickt worden war, nicht einmal angehört wurde. Dieses Konzil wurde weder im Osten noch im Westen jemals rezipiert.

60. Papst Leon der Große sagte dazu: „Dies ist kein Konzil, sondern ein Raubzug (*non concilium, sed latrocinium*), der in Tumult und aus weltlichem Hass geführt wurde." Gemeinsam mit der römischen Synode lehnte er es ab, es überhaupt als Konzil anzuerkennen. Diesen Standpunkt teilte man im Osten. Gleichwohl wird dadurch ein heikles Problem sichtbar, nämlich die Frage nach der Beziehung zwischen Konzil und Papst. Es entwickelte sich der Brauch, anzunehmen, dass ein Konzil seine endgültige Autorität nur dadurch erhält, dass es vom Papst befürwortet oder bestätigt wird. In der Folge hielten die

Bischöfe von Rom strikt an diesem Vorrecht fest. Muss man daher in der Haltung von Papst Leon die juristische Ablehnung seiner „Bestätigung" sehen?

61. Wir wissen nichts von einer Bestätigung des Konzils von Nizäa durch Papst Sylvester, dessen Legaten es geleitet hatten. Die Frage nach einer Bestätigung des Ersten Konzils von Konstantinopel stellte sich gar nicht erst, weil sich dort nur die Bischöfe des Ostens versammelten und es daher nicht im gleichen Sinne ökumenisch war wie das Konzil von Nizäa. Sein Glaubensbekenntnis wurde von Chalzedon anerkannt, was ihm gewissermaßen im Nachhinein einen ökumenischen Status verlieh.

62. Zum ersten Mal stellt sich die Frage anlässlich des ersten Konzils von Ephesos. Die Legaten des Papstes lasen dort den Brief von Coelestin öffentlich vor, der daraufhin von den Vätern anerkannt und somit „rezipiert" wurde. Dennoch ist die Bedeutung dieser „Rezeption" höchst ambivalent. Die Legaten des Papstes schienen anzunehmen, dass sich das Konzil Coelestins Lehre gefügt hatte, was der Priester Philippe folgendermaßen ausdrückte: „Die Glieder haben sich dem Haupt angeschlossen." Die Konzilsväter aber meinten erkannt zu haben, dass der Papst mit den von ihnen getroffenen Entscheidungen einverstanden war. Hier kommt hinzu, dass man nicht von einer formellen „Bestätigung" des Konzils durch Coelestin sprechen kann, selbst wenn dieser im Nachhinein sein Einverständnis mit dessen Entscheidungen zum Ausdruck brachte. Für diese Epoche von einer Bestätigung im modernen Sinn des Begriffs zu sprechen, wäre ein Anachronismus.

63. Was die Haltung Leons nach dem Konzil von 449 betrifft, so kann sie nicht als Kassation im juristischen Sinn angesehen werden. Vielmehr handelte es sich um die schlichte Feststellung, dass der „Raubzug" deshalb nicht als Konzil gelten konnte, weil die Stimme des Westens dort nicht angehört worden war.

64. Die Folgen des Konzils von Ephesos stellen eine neue und zweifelhafte Frage. Dieses Konzil markiert den Ursprung des ersten dauerhaften Schismas zwischen den Kirchen. Einige östliche Bischöfe wiesen die *Unionsformel* zurück und näherten

sich der syrischen Kirche in Persien an, die im Jahr 486 die nestorianische Lehre offiziell annahm. Auf diese Weise bestand weiterhin eine nestorianische Kirche am Rande des byzantinischen Reiches. Bis heute existiert eine „Heilige Katholische Apostolische Assyrische Kirche des Ostens“. Ihr Katholikos-Patriarch Mar Dinkha IV. hat darum gebeten, dass man angesichts der abwertenden Bedeutung dieses Begriffs darauf verzichtet, seine Kirche als „nestorianisch“ zu bezeichnen.

65. Am 11. November 1994 unterzeichneten der Patriarch und Papst Johannes Paul II. eine „Gemeinsame christologische Erklärung“, einen Text, welcher mehr Ähnlichkeit mit der Unionsformel und der Definition von Chalzedon hat als mit der Ausdrucksweise von Ephesos. Dieses Dokument bringt klar zum Ausdruck, dass sich der Sohn Gottes im Leib der Jungfrau Maria inkarnierte. Die einst kontrovers diskutierte Formel „Gottesgebärerin“ *(theotokos)* lässt sich auf zwei Arten ausdrücken: „Maria, Mutter Christi unseres Gottes und Retters“ von assyrischer Seite und „Mutter Gottes und Mutter Christi“ von katholischer Seite.[37]

66. Diese Versöhnung in der Lehre von der Christologie aus unseren Tagen liefert eine wichtige Erkenntnis: die Streitigkeiten der Vergangenheit konzentrierten sich auf Fragen der Sprache. Die Einstimmigkeit in der Sprache des Glaubens schien notwendig zu sein für die Kommunion im Glauben. Der zeitliche Abstand erlaubt es heute im Verhältnis zwischen Sprache und Inhalt genauer zu unterscheiden. In der Übereinkunft von 1994 wird die Möglichkeit einer realen Übereinstimmung im Glauben in verschiedenen Ausdrucksweisen anerkannt. Diese Unterscheidung machte es möglich, über das hinauszugehen, was die früheren Konzilien anerkannt hatten.

67. Beim Konzil von Chalzedon (451) werden wir uns nicht lange aufhalten, denn hinsichtlich der Ausübung der Lehrautorität in der Kirche kann dieses Konzil nur die Erkenntnisse bestätigen, die sich aus der Entwicklung von Nizäa bis Ephesos ergeben haben. Festzuhalten ist, dass auf dem Konzil von Chalzedon das Glaubensbekenntnis des Ersten Konzils von Kon-

---

37 „Gemeinsame christologische Erklärung zwischen der Katholischen Kirche und der Assyrischen Kirche des Orients“, *DC* 2106 (1994), S. 1064-1070.

stantinopel „rezipiert" wurde, wodurch ihm ein wirklich ökumenischer Wert zuerkannt wurde. Wir haben es hier noch mit einem ganz eigenständigen Rezeptionsphänomen zu tun. Aber wenngleich Chalzedon das Erste Konzil von Konstantinopel „rezipierte", so gestaltete seine eigene Rezeption sich doch bedeutend schwieriger. Den Anhängern der „zwei Naturen Christi" standen die Anhänger der „einen einzigen Natur" (auch *Monophysiten* genannt) gegenüber. Wie sich bald zeigen wird, wurde diese schwierige Rezeption von Chalzedon zum Anlass für die Versammlung des Zweiten Konzils von Konstantinopel.

3. *Die Autorität des Glaubensbekenntnisses*

68. Die trinitarischen und christologischen Konflikte des 4. und 5. Jahrhunderts gaben den Anstoß für die Abfassung von Glaubensbekenntnissen durch die auf den ökumenischen Konzilien versammelten Bischöfe. Auf diese Weise veränderte sich der Status des Glaubensbekenntnisses allmählich und entwickelte sich weiter, fort von der freien und freudigen Verkündigung dessen, was das Herz des Evangeliums darstellt, hin zu einem Kriterium und einem Prüfstein für die Rechtgläubigkeit. Nur so lässt sich der erste Kanon des Ersten Konzils von Konstantinopel verstehen, in dem das Konzil die Aufhebung des Glaubensbekenntnisses von Nizäa verbietet, obwohl es doch selbst dieses Glaubensbekenntnis weiterentwickelt und verändert hat! Petrus Fullo, der monophysitische Bischof von Antiochia, hat in der zweiten Hälfte des 5. Jahrhunderts als erster das Credo in die Liturgie seiner Kirche eingeführt. Dadurch wollte er herausstellen, dass *dieses* Glaubensbekenntnis – nämlich das nizäo-konstantinopolitanische – das einzige wahre Credo der Kirche ist, während die von ihm bekämpfte Definition von Chalzedon dasselbe nicht für sich beanspruchen konnte.

4. *Das Zweite Konzil von Konstantinopel (553) und seine Krise*

69. Die Umstände im Vorfeld des Zweiten Konzils von Konstantinopel führen uns einen äußerst komplexen Konflikt vor

Augen, bei dem sich Kaiser Justinian, Papst Vigilius sowie die Bischöfe des Ostens und des Westens in Uneinigkeit gegenüberstanden. Justinian wollte eine Versöhnung erwirken zwischen den Monophysiten, welche die Anhänger des Severus von Antiochia waren und den Vertretern der „zwei Naturen", die sich auf Chalzedon beriefen. Im Hinblick darauf setzte er sich für die Verurteilung der Schriften von drei monophysitischen Autoren ein, die zu diesem Zeitpunkt bereits verstorben waren: Theodor von Mopsuestia, Theodoret von Kyrrhos und Ibas von Edessa. Dabei handelte es sich um einen Kompromiss, der die Autorität von Chalzedon retten und gleichzeitig ein Zugeständnis an die Anhänger der Formulierungen des Kyrill von Alexandria sein sollte. Diese Verurteilung ist unter dem Namen *Dreikapitelstreit* bekannt geworden. Von der Konferenz von 532 bis zur Versammlung des Zweiten Konzils von Konstantinopel im Jahr 533 sollte sie zu umfangreichen Debatten führen und auch für die Westkirche folgenreich sein. Obwohl es Justinian tatsächlich gelang, die Bischöfe im Osten von der Notwendigkeit dieser Verurteilung zu überzeugen, hatte er bei Papst Vigilius und den Bischöfen im Westen keinen Erfolg damit. Manche der Letzteren zögerten nicht, das Schisma zu vollziehen.

70. In diesem Konflikt standen sich drei lehramtliche Instanzen gegenüber, von denen keine ihre institutionelle Autorität ausdrücklich einforderte: der Kaiser, die untereinander zerstrittenen Bischöfe und der Papst. Besondere Unsicherheit bestand nach Meinung des Kaisers und der Bischöfe über die Autorität, die dem Bischof von Rom zuerkannt werden sollte. In diesem Konflikt wurde keine Autorität von vornherein als Garant für die Rechtgläubigkeit anerkannt. Vielmehr war es die Rechtgläubigkeit, die das Konzil oder den Papst als institutionelle Autoritäten einstufte, wobei sich jeder der Partner spontan mit dieser Rechtgläubigkeit identifizierte.[38]

71. Das Konzil wurde in einem Klima äußerster Anspannung und Gewalt zwischen Kaiser Justinian und Papst Vigilius ab-

---

38 Zu diesem äußerst komplexen Thema, vgl. Claire Sotinel, „Le concile, l'empereur, l'évêque. Les statuts d'autorité dans le débat sur les trois chapitres", in *Orthodoxie – Christianisme – Histoire*, hrsg. von S. Elm, E. Rebillard und A. Romano, École française de Rome, 2000, S. 275-299.

gehalten. Schließlich bestand das oberste Ziel des Kaiser darin, die Verurteilung der *Drei Kapitel* vom Konzil bestätigen zu lassen, während der Papst sich weigerte, das Andenken von Männern zu verurteilen, die im Frieden der Kirche verstorben waren. Die Gewalt des Kaisers gegenüber dem Papst sowie der kaiserliche Druck auf die Bischöfe führten zu einem Konflikt zwischen Papst und Konzil und ließen die Frage aufkommen, ob das Konzil überhaupt freiheitlich war und demzufolge als gültig anerkannt werden konnte.

72. Das Werk dieses Konzils erschöpft sich in zwei Dokumenten: einer langen und polemischen Verurteilung der *Drei Kapitel* und einer Serie von vierzehn lehramtlichen Kanones. Die ersten zehn davon sind eine Interpretation der Definition von Chalzedon und unterstreichen die Übereinstimmung dieses Konzils mit den Aussagen von Ephesos. Die letzten Kanones nehmen die Verurteilungen des Origenes und der Autoren der *Drei Kapitel* wieder auf.

73. Das erste Problem, das dieses Konzil bereitet, ist seine Verdammung von Papst Vigilius sowie der Umstand, dass es seine Sitzungen im Wesentlichen im Bruch mit ihm abhielt. Es hat sogar offen eine „konziliaristische" Position vertreten, d. h. die Überlegenheit der Autorität des Konzils gegenüber dem Papst herausgestellt. Das zweite Problem ergibt sich daraus, dass der Papst auf Druck von Justinian seinen Standpunkt änderte. Zuerst widersetze er sich durch eine Entscheidung (*Constitutum*), die er für unwiderruflich erklärte. Schließlich und endlich beugte sich aber doch und bestätigte die Beschlüsse des Konzils hinsichtlich der *Drei Kapitel*.

74. Das Paradoxe an diesem Konzil ist, dass es von drei aufeinanderfolgenden Päpsten bestätigt wurde, von Vigilius, Pelagius I. und Gregor dem Großen und zwar in Bezug auf die Frage der *Drei Kapitel*, aber nicht in Bezug auf die christologischen Kanones. Aus dem geschichtlichen Abstand heraus erscheint die Entscheidung im Dreikapitelstreit heute als vollständig überholt, während die christologischen Kanones als Interpretation der Definition von Chalzedon tatsächlich rezipiert wurden. Dieses

Paradox zeigt, wie sehr die spätere Bedeutung eines Konzils an das Phänomen seiner Rezeption gebunden ist und wie sehr sie von der ursprünglichen Absicht seiner Teilnehmer abweichen kann.

75. Was dieser Abschnitt enthüllt, bestätigt die Einsichten in Bezug auf das Konzil von Ephesos. Ein Konzil kann inmitten der unendlichen Wechselfälle des menschlichen Lebens stattfinden, die juristisch gesehen kein Urteil darüber zulassen, wer die letztgültige Instanz vertritt. Erst durch seine Bewährung und Bewertung in der Zeit und im Leben der Kirche, d. h. durch das Phänomen der Rezeption, wird es möglich, die schlussendliche Autorität eines Konzils festzustellen.

5. *Das Dritte Konzil von Konstantinopel (680-681) und der Fall des Honorius*

76. Das fünfte ökumenische Konzil hatte also auf Veranlassung von Kaiser Justinian die sogenannten *Drei Kapitel* verdammt. Trotz dieser Verdammungen waren die Monophysiten nicht zufrieden. Deshalb schlug der Patriarch Sergios von Konstantinopel einen Kompromiss vor. Um die Kontroverse über die Frage zu vermeiden, ob der inkarnierte Christus eine oder zwei Naturen besäße, sprach er von einer einzigen Aktivität (*energeia*) in Christus (*Monoenergismus*). Im Jahr 634 schrieb er darüber an Papst Honorius I. (625-638), der seine Darlegungen befürwortete. Allerdings bekannte noch im selben Jahr Sophronos, der neue Patriarch von Jerusalem, in einem Schreiben aus Anlass seiner Einsetzung zwei Aktivitäten in Jesus Christus. Der Aufruhr zwischen den Monophysiten, die Anhänger einer einzigen Natur waren, und den Chalzedonianern, die auf zwei Naturen bestanden, begann also von Neuem. Deshalb bat Kaiser Herakleios den Patriarchen Sergios erneut um eine Kompromissformel und dieser schlug vor, nur noch von einem einzigen Willen in Christus zu sprechen. Diese Position sollte von da an als *Monotheletismus* bezeichnet werden und Herakleios setzte sie im Jahr 638 per Dekret durch.

77. Der Widerstand gegen die kraft des Gesetzes aufgezwungene Christologie ließ nicht auf sich warten, wurde aber rasch

unterdrückt. So wurde Papst Martin I., dessen Synode sich in Rom versammelt und den Monotheletismus verdammt hatte, auf die Krim deportiert, wo er starb. Nicht besser erging es dem großen anti-monotheletischen Theologen, Maximus Confessor, der im Jahr 662 an den Folgen der Folter starb, der man ihn unterzogen hatte.

Um den Frieden wiederherzustellen, berief Konstantin IV. Pogonat ein Konzil ein, welches später als das sechste ökumenische gelten sollte. Papst Agathon gab sein Einverständnis. Das Konzil versammelte sich in Konstantinopel vom 7. November 680 bis zum 16. September des Folgejahres im Kuppelsaal (auf Griechisch *Troullos* genannt) des Heiligen Palais, weshalb es auch als das Konzil *in Trullo* bezeichnet wird. Die Definition (*horos*) des Dritten Konzils von Konstantinopel bekannte zwei Willen in Jesus Christus, den göttlichen und den menschlichen. Das Konzil verdammte unter anderem all diejenigen, die sich den nunmehr widerlegten Behauptungen des Patriarchen Sergios angeschlossen hatten. Unter ihnen war auch Papst Honorius I., der „aus der Heiligen Kirche verbannt" wurde.

78. Indem es einen Papst zum „Häretiker" erklärte, warf das Dritte Konzil von Konstantinopel ein neues Problem auf. Doch weder auf Seiten der römischen Gesandten noch bei Papst Leon II., der das Konzil als das sechste ökumenische bestätigte, rief diese Verdammung irgendeinen Protest hervor. Die Verdammung wurde 692 zurückgenommen durch das Konzil *Quinisext* von Konstantinopel sowie 787 durch das Zweite Konzil von Nizäa.

79. Das eigentliche Problem war jedoch ein anderes. Worin auch immer der tatsächliche Irrtum des Honorius bestanden haben mochte, jener wurde von mehreren Konzilien, mehreren Päpsten und der gesamten Christenheit als Häretiker angesehen. Welche Bedeutung hat ein solches Urteil für die Beziehung zwischen dem Papst und dem Konzil einerseits und für die Frage nach der Unfehlbarkeit des Papstes andererseits? Die ängstliche Frage nach dem häretischen Papst sollte am Ende des Mittelalters wieder auftauchen und eine Welle von literarischen Abhandlungen hervorbringen. Einige plädierten dafür, die Verur-

teilung des Dritten Konzils von Konstantinopel als einen Fehler anzusehen (A. Pighi). Eine mildere Interpretation des Falles betrachtete Honorius' Irrtum als einen persönlichen Fehler, der nicht auf den Heiligen Stuhl zurückfiel (Nikolaus von Kues). Die reformatorischen Theologen, die Gallikaner (z. B. Bossuet) und die Jansenisten nahmen jedoch im Gegenteil an, dass die Häresie des Papstes die Tat eines „öffentlichen Lehrers" war.

80. Dieser Meinungsaustausch wurde fortgesetzt bis zur Debatte, die das Erste Vatikanische Konzil 1869 zu dem Thema führte und dabei die Fälle von Papst Liberius[39] und Papst Vigilius diskutierte. Besonders haarig war der Fall von Vigilius, der von einem ökumenischen Konzil verdammt worden war, weshalb die Gegner der Unfehlbarkeit nicht zögerten, ihn zur Unterstützung ihrer eigenen These heranzuziehen. Honorius' Fall galt in der Geschichte als das eindrücklichste Beispiel für einen häretischen Papst.[40] Das Konzil setzte sich jedoch darüber hinweg, weil Honorius den Monoenergismus nicht *ex cathedra* gelehrt hatte, sondern nur in einem privaten Briefwechsel die Behauptungen des Patriarchen Sergios bekräftigte. Er hatte sich zwar persönlich eingesetzt, jedoch nicht im Namen der gesamten Kirche gesprochen.

6. *Die Herausbildung der päpstlichen Lehrautorität*

81. Die Epoche der sieben ersten Konzilien zeugt von einer spezifischen Beziehung zwischen Papst und Konzil: Obwohl es durch den Kaiser einberufen wurde, fand ein Konzil doch nicht ohne die Zustimmung des Papstes statt; es wurde in der Regel von seinen Legaten geleitet; es bedurfte zunehmend der Bestätigung durch den Papst, dem eine wesentliche Verantwortung im Prozess seiner Rezeption zukam. Manchmal kam es vor, dass der Papst den einen oder anderen Kanon von seiner Befürwor-

---

39 Papst Liberius (352-366) ist niemals verdammt worden, aber sein Fall wirft eine ähnliche Frage auf, weil er zu einem bestimmten Zeitpunkt dem Druck der Arianer nachgegeben und die sehr umstrittene Formel von Sirmium (357) akzeptiert hat.

40 Vgl. G. Kreuzer, *Die Honoriusfrage im Mittelalter und in der Neuzeit*, Hiersemann, Stuttgart 1975.

tung ausnahm, so wie etwa Papst Leon im Fall des 28. Kanons von Chalzedon. Das Konzil seinerseits hörte und rezipierte die Stimme des Papstes. All das zeugt von einer speziellen Autorität des Papstes gegenüber dem Konzil und von einer Autorität, die im Laufe der Zeit zunahm.

82. Dennoch wurde die Frage, ob die Autorität des Konzils der des Papstes übergeordnet war, oder ob umgekehrt die Autorität des Papstes der des Konzils übergeordnet war, nicht eindeutig geklärt. Bekanntlich unterschieden sich die Meinungen darüber im Osten, der gefühlsmäßig und spontan der ersten Interpretation zuneigte und im Westen, der ziemlich schnell die zweite Position einnahm, recht deutlich.

> 83. Das Konzil von Serdica von 343 ist ein interessantes Beispiel für die dem Papst von den Kirchen zuerkannte Rolle. War ein Bischof der Meinung, dass über seine Sache auf lokaler oder regionaler Ebene zu seinem Nachteil entschieden worden war, sollte er sich an den Bischof von Rom wenden. Dieser konnte, wenn es ihm notwendig erschien, das lokale Urteil aufheben, ohne jedoch selbst ein Urteil in dem Berufungsfall zu sprechen. Mit dem Urteilsspruch sollte er eine regionale juristische Instanz beauftragen, die jedoch nicht identisch war mit der, die das erste Urteil gefällt hatte. Die Rolle des römischen Bischofssitzes war demzufolge die eines „Kassationsgerichts“.

III. Die Lehrautorität im Westen nach Nizäa

1. Augustinus (354-430)

84. Für die lateinische Kirche ist das Werk von Augustinus ein Meilenstein für die Reflexion über die Lehrautorität in der Kirche. Ihm zufolge ist die Lehrautorität vor allem anderen der göttlichen Autorität untergeordnet, die sich in exemplarischer und einzigartiger Weise in der Autorität Christi zeigt. Die Autorität von Jesus Christus setzt sich in der Autorität der Heiligen Schrift fort, deren Vorrang gegenüber den Schriften späterer Autoren Augustinus ganz klar benennt. Die Autorität des Alten

und des Neuen Testaments „beglaubigt von der Zeit der Apostel an, über die Sukzession der Bischöfe und die Verkündigung der Kirche hin, ist gleichsam auf einen Thron gestellt, um die Unterwerfung jeder treuen und frommen Vernunft zu empfangen".[41] Augustinus Äußerungen zur Lehrautorität in der Kirche sind vor diesem Hintergrund zu sehen, insbesondere in seinen Kontroversen mit den Donatisten und den Pelagianern.

85. Den Donatisten, die sich auf die Autorität Cyprians beriefen, um die Gültigkeit der von Dissidenten durchgeführten Taufen zu widerlegen, antwortete Augustinus in der Schrift *De batismo* (um 400), indem er sich auf die Kontinuität des liturgischen Gebrauchs und auf die Entscheidung eines „vollständigen Konzils" berief, das seit der Zeit von Cyprian die Frage entschieden hatte: „Das, was stets im Brauch der Kirche beibehalten wurde [...], das, was ein universales Konzil festgelegt hat, das ist unsere Regel."[42] Im Grunde ist Augustinus der moralischen Autorität von Cyprian sehr zugetan. Dennoch kann in seinen Augen dessen Argumentation über die Taufe der Häretiker nicht denselben Wert haben wie das lehramtliche Urteil eines Konzils, das die universale Kirche vertritt. Obwohl Cyprian die Taufhandlungen der Häretiker als ungültig betrachtete, wollte er dennoch nicht die Gemeinschaft mit den Christen aufkündigen, die anders dachten als er. Da es sich um eine Frage handelte, die die Kirche noch nicht entschieden hatte, stellte er jedoch den Frieden dieser Kirche über seine persönliche Überzeugung. Augustinus ermahnte die Donatisten, genau diese Haltung Cyprians zu imitieren: „Haltet uns doch nicht die Autorität Cyprians vor, um die Taufe zu erneuern, sondern haltet euch wie wir an das Beispiel Cyprians, um die Einheit zu bewahren."[43]

86. Auch wenn Augustinus Cyprian in der Frage der Taufhandlungen der Häretiker nicht zustimmte, berief er sich gleichwohl auf dessen Autorität, um die Erbsündenlehre zu

---

41 Augustinus, *Contra Faustum*, XI, 5; éd. Vivès, XXV, S. 539; veränderte Übersetzung.

42 Augustinus, *De baptismo*, IV, 6,9; *BA* 29, S. 255. Bei dem genannten Konzil handelt es sich wahrscheinlich um das Konzil von Arles (314).

43 *Ibid.*, II, 7,12; *BA* 29, S. 153.

verteidigen. Seit seiner ersten Schrift gegen Pelagius (412) bezog er sich auf diese Autorität und vergaß nicht, darauf hinzuweisen, dass Cyprian selbst sich auf das „Dekret eines Konzils“[44] stützte. Ebenso verwies er auf die Autorität des Hieronymus, doch sein größter Appell galt einer einhelligen Übereinstimmung in der Erbsündenlehre – als einer Lehre, die sich vor allem auf das Zeugnis der Heiligen Schrift stützt.[45] Unter dem Vorwand, die Lobreden des Pelagius auf Ambrosius von Milan zu behandeln, zitierte er aus dessen Schriften, um seine eigene Theologie der Gnade zu untermauern. Dabei erinnerte er aber daran, dass selbst Ambrosius „wie groß auch immer seine Heiligkeit und seine Wissenschaft gewesen sein mögen, auf keinen Fall [...] auf eine Stufe gestellt werden darf, mit der Autorität der kanonischen Schrift“.[46] Der Bezug auf Cyprian und auf Ambrosius erschien noch einmal in seinen Schriften gegen Julianus von Eclanum. Auch hier legte Augustinus Wert darauf, die Grenzen dieses „patristischen Arguments“ aufzuzeigen. So real es auch sein mag, die Autorität derjenigen, welche die Heiligen Schriften kommentiert haben, kann niemals gleichgesetzt werden mit der Autorität der Schriften selbst.[47] Was im Übrigen zählt, ist weniger das Zeugnis einiger Autoren, als das ununterbrochene Zeugnis eines „wahren, wahrhaft christlichen und authentischen Glaubens, weitergegeben durch die Heiligen Schriften seit antiker Zeit, bewahrt und geschützt von unseren Vätern bis hinein in unsere Zeit, in der diese Leute versucht haben, ihn zu zerrütten“, dieses Glaubens, den „wir mit Gottes Hilfe auch in Zukunft [...] bewahren und schützen müssen“.[48]

---

44 Augustinus, *De peccatorum meritis et remissione*, III, 5,11; éd. Vivès, XXX, S. 112.

45 *Ibid.*, III, 6,12; S. 113.

46 Augustinus, *De gratia Christi et de peccato originali*, I, 43,47; *BA* 22, S. 141.

47 Dazu besonders: *Contra duas epistolas Pelagianorum*, IV, 8,21-IV, 12,34; *BA* 23, S. 601-657. Augustinus bezieht sich auch auf einen Text von Ambrosius, den er fälschlicherweise Hilarius zuschreibt, *ibid.*, IV, 4,7; S. 567.

48 Augustinus, *ibid.*, IV 12,32 (*loc. cit.*, S. 653). Ebenfalls dazu: *Contra Iulianum*, I, 3,5-I, 7,35 und II, 2,4-II, 10,37, wo sich Augustinus ausführlich auf die vorangegangenen Kirchenväter bezieht: Irenäus, Cyprian, Hilarius, Ambrosius, Gregor von Nazianz, Basilius, Johannes Chrysostomus und andere Bischöfe des Ostens und des Westens; mehr als das Zeugnis einzelner Kirchenväter, wird deren

87. Die Aufgabe eines solchen Zeugnisses obliegt ganz besonders den Bischöfen, deren gemeinsame Verantwortung in lehramtlichen Fragen Augustinus betonte. Dieser letzte Punkt ist umso bemerkenswerter, als die Gemeinschaft der Bischöfe während des pelagianischen Streits mehr als einmal erschüttert zu sein erschien. Auf dem Konzil von Diospolis (416) erklärten die Bischöfe von Palästina die Lehre des Pelagius für katholisch, worauf die afrikanischen Bischöfe, die ihrerseits im Konzil versammelt waren, mit einer Verdammung von Pelagius und seinem Schüler Celestius antworteten (416). Augustinus konnte jedoch nachweisen, dass die Bischöfe von Palästina aus Nächstenliebe gegenüber Pelagius gehandelt hatten, obwohl sie seine Lehre im Grunde ebenfalls ablehnten. Die beiden Bischofskollegien befanden sich also in vollkommener Übereinstimmung im Glauben. Im Jahr 417 zog eine neue Krise herauf, als Papst Zosimus Celestius und Pelagius zumindest vorläufig rehabilitierte. Noch einmal zeigte Augustinus an dieser Stelle, dass sich der Papst von einem rein seelsorgerlichen Motiv hatte leiten lassen – im guten Glauben, dass Celestius den Wunsch hege, sich wieder der Orthodoxie zu unterwerfen. Er trat für die Überzeugung ein, dass Papst Zosimus der Orthodoxie stets treu gewesen sei und dass die zeitweise Rehabilitierung der beiden Häretiker zu keiner Unstimmigkeit in der Lehre zwischen dem apostolischen Stuhl und den afrikanischen Bischöfen geführt hätte. Augustinus' Einsatz im pelagianischen Streit beweist seinen feinen Sinn für die Mitverantwortung der Bischöfe in Glaubensfragen und die spezielle Bedeutung, die er der Gemeinschaft dieser Bischöfe mit der römischen Kirche beilegte, der ihre Autorität wiederum dadurch zukam, dass der römische Bischofsstuhl der Stuhl Petri ist, in dem Teil der Welt, „wo es dem Herrn gefiel, den ersten der Apostel mit einem äußerst ruhmreichen Martyrium zu krönen“.[49]

Einstimmigkeit als Argument angeführt (éd. Vivès, XXX, S. 127-157 und 168-207).

49 *Contra Iulianum*, I, 4,13; éd. Vivès, XXXI, S. 132. Vgl. auch in *Contra duas epistolas Pelagianorum* die Widmung des Augustinus an Papst Bonifatius I.: „da [..] wir in der Ausübung des episkopalen Amts beide die pastorale Wachsamkeit inne haben – wobei du auf einer höheren Stufe stehst und uns alle beherrschst – tue ich nach dem kleinen Teil meiner Pflicht mein Bestes…“ I, 1,2; *BA* 23, S. 15.

2. *Vinzenz von Lérins († zwischen 435 und 450)*

88. Etwas später, um das Jahr 430, verfasste der Mönch Vinzenz von Lérins eine „Gedächtnisstütze" (*commonitorium*), in der er folgende Frage stellte: „Gibt es eine sichere, überall anwendbare, in gewisser Weise kanonische Regel, die es mir erlaubt, den wahren katholischen Glauben von den Irrlehren der Häresie zu unterscheiden?" Gewiss würde man einwenden: „Der Kanon der Schriften ist vollkommen und er genügt sich vollständig selbst. Warum also sollte man ihm die Interpretationen der Kirche hinzufügen?" Vinzenz' Antwort darauf lautete: „Der Sinn der Heiligen Schrift ist so tiefgründig, dass er weder von allen gleich, noch überall verstanden wird." Deshalb muss die Interpretation der heiligen Bücher einer Regel unterstellt werden, die Vinzenz folgendermaßen formulierte: „Es ist in der katholischen Kirche selbst entschieden dafür Sorge zu tragen, dass wir das festhalten, was überall, was immer und was von allen geglaubt wurde."[50]

89. Der „lerinische Kanon" setzt voraus, dass der Wert einer Lehre nicht nur von einer individuellen Meinung abhängt (selbst wenn es sich um die Meinung von Augustinus handelt, von dessen Thesen Vinzenz just einige ablehnte!). Die Autorität einer Lehre ist vielmehr an deren Universalität in Raum und Zeit gebunden, gemäß den drei Erfordernissen, die in der Regel formuliert werden: das Erfordernis der Allgemeinheit, denn „es gibt nur einen wahren Glauben und zwar den, den die gesamte Kirche bekennt"[51]; das Erfordernis des Altertums, denn „wir werden von den Anschauungen in keiner Weise abgehen, denen anerkanntermaßen unsere heiligen Vorfahren und Väter allgemein gehuldigt haben"[52]; das Erfordernis der Einstimmigkeit, denn „das, was alle oder fast alle in demselben Sinne klar, wiederholt und andauernd festgehalten haben, so wie eine Versammlung von Theologen in einem Geist uns das weitergibt,

50 Vinzenz von Lérins, *Commonitorium [Aide-mémoire]*, 2; übersetzt von M. Meslin, Éd. du Soleil Levant, Naumur, 1959, S. 37-38; andere Übersetzung in der Reihe „Les Pères dans la foi", DDB, Paris, 1978.

51 *Ibid.*, S. 39.

52 *Ibid.*, S. 39.

was sie zuvor von der Tradition erhalten hat, dies muss für unzweifelhaft, sicher und endgültig gehalten werden“[53].

90. Vinzenz von Lérins fügte der so formulierten Regel zwei weitere Kriterien hinzu. Zum einen das Kriterium des Fortschritts im Glauben: Das Dogma muss sich im Laufe der Zeit „festigen“ und sogar „weiterentwickeln“, aber „nur so, dass es unverfälscht bleibt, vollständig und perfekt in jedem seiner Teile“.[54] Zum anderen das Kriterium der Schriftlektüre im Einklang mit „der Tradition der universalen Kirche und den Regeln des katholischen Dogmas“, im Sinne des dreifachen Erfordernisses der Allgemeinheit, des Altertums und der Einstimmigkeit.[55]

91. In der Neuzeit ist der lerinische Kanon von Katholiken wie auch von Protestanten benutzt worden, um ihre jeweiligen Thesen zu untermauern. Die Katholiken warfen den Protestanten vor, bestimmte Glaubensartikel abzulehnen und die Protestanten warfen den Katholiken vor, dem traditionellen Glauben nicht gerechtfertigte Elemente hinzuzufügen. Daran wird deutlich, dass die Regel des Vinzenz von Lérins allein nicht ausreicht, um die Frage der Lehrautorität zu beantworten. Sie kommt dann an ihre Grenzen, wenn man versucht, sie in absoluter Weise auf solche Lehraussagen anzuwenden, deren Alter nicht ausdrücklich belegt ist, oder über die es zumindest zeitweise keine allgemeine Übereinstimmung gab. Dennoch stellt sie ein entscheidendes Prinzip auf, das sich zunächst ex negativo ausdrücken lässt: Es ist nicht möglich, das für wahr anzunehmen, was nur von einigen wenigen vertreten wird und über das es keinen kirchlichen Konsens gibt. Positiv ausgedrückt zeigt sich die Tragweite dieser Regel an ihrer Aussage über den Kern des Glaubensbekenntnisses. Auch wenn sie sich nicht immer wortwörtlich anwenden lässt, so liefert sie doch einige Kriterien, welche die Sorge um die Gemeinschaft im Glauben als oberstes Anliegen herausstellen

---

53 *Ibid.*, 28, S. 93. Der Ausdruck „was alle oder fast alle“ relativiert die in Kapitel 2 aufgestellte Regel, wo von einer „allgemeinen Übereinstimmung“ und einer „einhelligen Zustimmung“ die Rede war (S. 39).

54 *Ibid.*, 23; S. 103-104.

55 *Ibid.*, 27; S. 117.

und die dadurch auch Bezugspunkte für die Ausübung der Lehrautorität sind.

IV. Die Rolle des Primats der Patriarchen

92. Im Abschnitt über die ostkirchlichen Konzilien wurden bereits die Beziehungen angeführt, die in der zweiten Hälfte der Kirchenväterepoche zwischen gewissen Kirchen bestanden haben. Selbst wenn diese Beziehungen zuweilen konfliktreich waren, belegen sie doch die Etablierung regionaler Strukturen, die nicht nur über eine tatsächliche Autonomie verfügten, sondern gleichzeitig in Gemeinschaft mit der universalen Kirche standen. Es ist wichtig, sich der Organisation dieser Patriarchate in Ost und West zuzuwenden, welche nicht nur Auswirkungen auf die Ausübung der Lehrautorität hatten, sondern gleichzeitig das Verständnis über den Vorrang des Bischofs von Rom beeinflussten.[56]

93. Der Begriff „Pentarchie" bezeichnet die auf den fünf wichtigsten Bischofssitzen beruhende kirchliche Organisation, die sich in den letzten Jahrhunderten der Epoche der Kirchenväter herausgebildet hat. Dazu zählten zunächst die drei apostolischen Sitze von Jerusalem, Antiochia und Alexandria, zu denen noch Konstantinopel aufgrund seiner politischen Bedeutung hinzukam. Diese vier Patriarchate des Ostens übten die Gesetzgebung über die Kirchen in ihren verschiedenen Regionen aus. Daneben bildete der Bischofssitz in Rom das Patriarchat des Westens. Aufgrund seines Ehrenprimats wurde er zwar stets als der erste unter diesen fünf Bischofssitzen angesehen. Tatsächlich aber war er als Patriarchat des Westens in derselben Situation wie die vier Patriarchate des Ostens. Diese Organisation in Form der „Pentarchie" wurde vom Vierten Konzil von Konstantinopel anerkannt: „Wir legen fest, dass absolut keiner der Mächtigen dieser Welt einen der Inhaber der Patriarchatssitze beleidigen oder vertreiben darf, sondern dass ein jeder sie ehrerbietig und respektvoll behandeln soll, als ersten den heiligen Papst des alten

---

56 Eine erste Annäherung an diese Frage findet sich in unserem Dokument *Le ministère de communion dans l'Église universelle*, Nr. 28 und 29.

Rom, danach den Patriarchen von Konstantinopel und schließlich die von Alexandria, Antiochia und Jerusalem."[57]

94. Die patriarchalen Kirchen, die von den Patriarchen und der Bischofssynode geleitet wurden, hatten dieser Organisation gemäß ihr jeweils eigenes Erbteil und genossen in der Regel eine echte Autonomie in der Verwaltung ihrer jeweiligen Diözesen. Die Kirche von Rom intervenierte kaum gegenüber den anderen Kirchen, höchstens in bedeutenden Glaubensfragen und insbesondere dann, wenn sie als höchste Instanz angerufen wurde. Die Verantwortung des Bischofs von Rom gegenüber der universalen Kirche muss unterschieden werden von seiner Verantwortung als Patriarch des Westens. Ganz deutlich wurde diese Unterscheidung bei Papst Gregor dem Großen (590-604). Als Bischof von Rom übte er den Primat über die anderen Patriarchen aus, weil er der Gemeinschaft aller Kirchen in Fragen des Glaubens und der Wohltätigkeit vorstand. Aber nur in Italien übte er seine eigentliche Autorität als Metropolit aus. Wenn er auch seine patriarchale Autorität über alle Kirchenprovinzen des Ostens ausübte, so hatte er doch Respekt vor der legitimen regionalen Autonomie und verlangte, dass man die je eigene Kultur der evangelisierten Völker anerkannte.[58]

95. Man sollte sich zweifellos davor hüten, die Beziehungen unter den patriarchalen Kirchen in der Antike zu idealisieren, denn es gab auch Momente, in denen diese Beziehungen sich als äußerst schwierig erwiesen. Trotz der oben zitierten Äußerungen des Konzils, ist es sogar fraglich, ob die „Pentarchie" in der Realität wirklich genau so existiert hat. Dennoch bleibt festzuhalten, dass es die Struktur der Patriarchate zumindest bis zu einem bestimmten Punkt erlaubte, ein gerechtes Ver-

---

57 Viertes Konzil von Konstantinopel, Kanon 21; *DzH* 661.

58 Vgl. den Brief von Gregor dem Großen an Mellitus über die Evangelisierung in Großbritannien (*Lettres*. XI, 76; *PL* 77, 1215-1217). In einem Brief an den Patriarchen von Alexandria lehnt dieser ausdrücklich den Titel „universaler Papst" für sich ab: „wenn Eure Heiligkeit mich als universalen Papst bezeichnet, so verweigert sie sich selbst das, was sie mir als universal zuspricht. Das soll nicht sein. Die Worte, welche die Eitelkeit aufblähen und die Barmherzigkeit verletzen, mögen verschwinden." (*Lettres*. VIII, 30; *PL* 77,933 C; zitiert bei J.-M.-R. Tillard, *L'évêque de Rome*, Cerf, Paris, 1982, S. 74).

hältnis zwischen den regionalen Kirchen und der universalen Kirche herzustellen und dadurch auch eine gute Regelung für die Ausübung der Lehrautorität zu erreichen. Indem man diese Struktur in Erinnerung ruft, sollte es auch möglich sein, die Berechtigung von regionalen oder kontinentalen Strukturen sowie deren legitime Besonderheiten plausibel zu machen. Auch sollte sich dadurch zwischen den diversen Funktionen des römischen Bischofssitzes besser unterscheiden lassen: Anders als der schlichte Zusammenfall zwischen dem Patriarchat des Westens und der Römisch-Katholischen Kirche, der im zweiten Jahrtausend durchgesetzt wurde, es vermuten lässt, sollte der Verweis auf die Struktur der alten Kirche das Verständnis dafür fördern, dass der Papst diese Kirche nur in Ausübung seiner Verantwortung gegenüber dem Osten verwaltet. Diese Verantwortung ist klar zu unterscheiden von derjenigen, die er als Bischof von Rom im Dienst der Gemeinschaft aller Kirchen auf der Welt ausübt.

Teil II
Das Mittelalter

1. *Vor der Spaltung von Ost und West*

96. Im Verlauf des Hochmittelalters (8.-10. Jahrhundert) zeigte die kollegiale Regierungsform der Pentarchie zunehmend Auflösungserscheinungen, bis ihre Autorität schließlich ganz verschwandt. Wie gesehen, handelte es sich bei der Pentarchie um ein System, bei dem die höchste Autorität in der Kirche bei den fünf Patriarchaten von Rom, Konstantinopel, Alexandria, Antiochia und Jerusalem lag. Diese Auffassung, die von Konstantinopel – dem späteren Byzanz – vertreten wurde, akzeptierte der Bischofsstuhl in Rom nur mit Zurückhaltung. Rom zog die Dreierherrschaft der durch den Apostel Petrus gegründeten Bischofssitze Rom, Alexandria und Antiochia vor. Das System funktionierte, wenn auch weitgehend rein formell, seit der zweiten Hälfte des 5. Jahrhunderts. Das Schisma von 1054 überstand es aber nicht, höchstens im Osten, wo es als theoretischer Bezugsrahmen bestehen blieb.

97. Die Autorität des Papstes als Metropolit von Rom[59], als Patriarch des Westens und als Amtsträger der Gemeinschaft, war nicht dieselbe. Das historische Verschwinden dreier Patriarchate (Jerusalem, Alexandria und Antiochia), insbesondere nach den anti-chalzedonensischen Reaktionen in dieser Region und nach ihrer Einnahme durch die Araber, sowie die religiös-politischen Spannungen zwischen Konstantinopel und Rom, förderten die Stärkung der römischen Autorität. Nikolaus I. bezeichnete sich als Oberhaupt des „apostolischen Stuhls". In einem Kanon des römischen Konzils, welches mit der Vorbereitung des Vierten ökumenischen Konzils von Konstantinopel beauftragt wurde, hieß es:

> „Wenn jemand die durch das Oberhaupt des apostolischen Stuhls erlassenen Dogmen, Anordnungen, Verbote, Sanktionen oder Dekrete hinsichtlich des katholischen Glaubens, der kirchlichen Disziplin, der Zurechtweisung der Gläubigen [...]verletzt, so sei er verdammt."

Auch im Osten entwickelte sich die Vorherrschaft Konstantinopels, als Sitz des „ökumenischen Patriarchen", zu einem Hindernis für die Pentarchie.

98. Darüber hinaus spielten auch andere Autoritäten eine Rolle: die örtlichen Konzilien, die Theologen und die Politiker. Die Beziehung zwischen der Kirche und den politischen Machthabern war schwierig, weil letztere stets versuchten, die Hoheit über die Kirche auszuüben. Tatsächlich wurden Könige und andere Herrscher, die keinesfalls „Laien" im modernen Sinn waren, sakralisiert und als Amtsträger der Kirche angesehen. Ganz besonders traf das auf den Kaiser, das Oberhaupt des „christlichen Volkes" zu. Man denke nur an Karl den Großen, der sich selbst als Beschützer des Glaubens seiner Untertanen gegen jede Art der Häresie betrachtete, indem er den spanischen Adoptianismus verurteilte, das *Filioque* in das Credo aufnahm und seine Version des Bilderkultes durchsetzte.

---

59 Der aktuelle *Annuario pontificio* verwendet die Bezeichnung: „Primas von Italien, Metropolit der Kirchenprovinz Rom".

2. *Der Bruch mit dem Osten und die gregorianische Reform (1049-1128)*

99. Der Bruch mit dem Osten, der schon lange vor 1054 zunehmend zur Realität wurde, wie auch das Pontifikat von Gregor VII. führten dazu, dass man sich im Westen allein auf die Autorität des Papstes konzentrierte.

100. Am Ende des 11. Jahrhunderts stand das Papsttum an der Spitze einer radikalen moralischen und institutionellen Reform der Kirche. Durch seine Gesandten manifestierte Rom seine Präsenz in allen Regionen des westlichen Europa. Die weltlichen Herrscher verzichteten auf einen beträchtlichen Teil ihrer Privilegien, der Kaiser musste erleben, wie man ihn exkommunizierte und ihm mit Absetzung drohte. In diesem Kontext erhoben sich die Päpste als die einzigen obersten Richter der Christenheit. Papst Gregor VII. repräsentiert den extremsten Fall: In seinen *Dictatus papae* (1075) stellte er seine Autorität als die Quelle oder zumindest die Legitimation aller Macht in der Kirche dar. Im *Dictatus* 22 wird bestätigt, dass diese Autorität auch in Bezug auf die Lehre ausgeübt wird: „Die römische Kirche hat niemals geirrt und gemäß dem Zeugnis der Schrift wird sie niemals irren."

101. Im Lauf des 12. und 13. Jahrhunderts festigte sich die Überzeugung, der zufolge der römische Bischofssitz das Recht und die Pflicht habe, diese Autorität, welche die Quelle aller Gewalten sei, über die gesamte Kirche auszuüben. Papst Innozenz III. (1198-1216) nannte sich nicht mehr nur „Stellvertreter Petri" wie seine Vorgänger, sondern „Stellvertreter Christi". Dabei wurden die Konzilien durchaus nicht abgeschafft, im Gegenteil. Es waren sechs an der Zahl und in der katholischen Tradition galten sie als „ökumenisch": Das Erste (1123), Zweite (1139), Dritte (1179) und Vierte Laterankonzil (1275), außerdem das Erste (1245) und das Zweite Konzil von Lyon (1274). Aber sie fanden in der Anwesenheit des Papstes statt und folgten einem Programm, welches er festgelegt hatte. Sie waren eher eine „Registrierungskammer" als eine beratende Versammlung. Sie beschäftigten sich vornehmlich mit Disziplinarmaßnahmen, Diplomatie und dem Verhältnis zur Politik. Gleichwohl wurden auch Fragen der Lehre dort behandelt, wie die Verdammung

der gnostischen Katharer, die neo-donatistischen Tendenzen einiger antiklerikaler Sekten sowie, auf dem Zweiten Konzil von Lyon, Meinungen zu einigen Gegensätzen zwischen Ost und West.

102. In dieser Zeit erlebte die scholastische Theologie einen kräftigen Aufschwung. Ihre Denkweise war vom kanonischen Recht durchdrungen und sehr von der Rationalität bestimmt Ihre „Meister" besaßen ein hohes Prestige und berieten den Papst und die Konzilien. Der Heilige Thomas von Aquin sprach vom „akademischen Lehramt" (*magisterium cathedrae magistralis*)", das er vom „kirchlichen Lehramt" (*magisterium cathedrae pastoralis*)" unterschied.[60] Es hieß, dass die Universität in der Christenheit eine „dritte Gewalt" sei, neben dem Papsttum und dem Kaiser. Allerdings stellte sie zu diesem Moment keine echte „Gegen-Gewalt" dar, die mit den beiden anderen in Konkurrenz hätte treten können. Sie stützte die Hierarchie eher, als dass sie sie bezweifelt oder ihre Autorität relativiert hätte.

103. Auch bestimmte „charismatische" Persönlichkeiten, wie etwa Bernhard von Clairvaux, prägten das kirchliche Leben jener Zeit. Ihr Wort wurde gehört, sogar von denjenigen, welche die Entscheidungsgewalt in dogmatischen Fragen innehatten. So bewirkte beispielsweise Bernhard die Verdammung der trinitarischen Theologie des Gilbert de la Porrée auf dem Konzil von Reims und auf dem Vierten Laterankonzil.

3. Die konziliaristischen Krisen

104. Die wachsende Zentralisierung Roms während des Mittelalters stellte keine lineare Entwicklung dar. Als sich nach dem Exil des Papstes in Avignon und dem großen abendländischen Schisma zwei und später sogar drei rivalisierende Päpste gegenüberstanden, führte dies zu einem zeitweisen Niedergang des Papsttums.

105. Der Konziliarismus, den man als den Versuch begreifen kann, die Kirche von der absoluten Monarchie zur konstitutionellen Monarchie zu überführen, hatte mehrere Etappen. Zu-

60 *Quodlibeta* III, 9 ad 3.

nächst erklärte das Konzil von Konstanz (1414-1418), welches das „Große abendländische Schisma“ beendete, dass das Konzil unter einigen kritischen Umständen dem Papst übergeordnet sein könnte. Das Konzil von Basel, das unter der Autorität des Papstes im Jahr 1431 begonnen und dann von ihm 1438 nach Ferrara verlegt wurde, verharrte bis 1449 im Zustand des Schismas, während die Zahl der Gesandten zusehends schrumpfte.[61] Es schuf den Rahmen für einen formalen Konziliarismus, indem es festlegte, dass der Papst dem Konzil Gehorsam schulde und nicht das Recht habe, es aufzulösen. Demgegenüber sollte das Konzil den Papst absetzen können, wenn dieser versuchen sollte, sich ihm entgegenzustellen. Dieser Position wurde durch das Konzil von Florenz widersprochen, das den Supremat des Papstes über den des Konzils stellte.

106. Die Konzile von Konstanz und von Basel, auf denen Fragen der Disziplin und der Kirchenleitung eine große Rolle spielten, äußerten sich auch zu Fragen der Lehre, insbesondere zur Ekklesiologie. Das Konzil von Konstanz verurteilte posthum John Wyclif. Sein Schüler Jan Huss, Prediger in Prag und Rektor der dortigen Universität wurde ebenso wie Hieronymus von Prag auf den Scheiterhaufen geschickt. Diese „böhmische Revolte“ hatte bereits gegen den Ablasshandel protestiert und für die Gabe des Kelches an alle Glaubenden beim Abendmahl plädiert.[62]

Das Konzil hatte ebenfalls die Bedingungen für die Wiederherstellung der Einheit mit Konstantinopel präzisiert. In diesen Punkten waren die Anhänger der päpstlichen Überlegenheit und die Anhänger der Suprematie des Konzils einer Meinung.

107. Im 15. Jahrhundert verstärkten sich die Rolle und die Autorität der Theologen. Das Konzil von Konstanz ließ 1414 auch Doktoren der Theologie und des Kanonischen Rechts als Mitglieder zu, obwohl diese keine Bischöfe waren.

---

61 Während die vom Papst anerkannte Versammlung 1435 die kurzlebige Union der westlichen und östlichen Kirchen einrichtete.

62 Luther sagte später: „Ist Hus verbrannt worden, so ist doch die Wahrheit nicht verbrannt.“

Zusammenfassung der Einsichten aus der Zeit der Kirchenväter und des Mittelalters

108. Die patristische Periode bezeugt die Vielfalt der Faktoren, die dazu beitragen, dass eine Lehre Autorität erhält. Teilweise ist diese Autorität abhängig von ihrer Treue zur Schrift und zur apostolischen Tradition. Außerdem kann sie verbunden sein mit den Personen selbst, die an den Debatten teilnehmen sowie mit den synodalen oder konziliaren Instanzen, die sich über diese oder jene Frage äußern. Sie hängt auch davon ab, auf welche Weise die Entscheidungsfindung zwischen Bischöfen oder Kirchen vonstattengeht, wie auch von ihre Wirkung auf die Glaubenden, die ihrerseits aufgerufen sind, das Wort der Bischöfe und Konzilien zu „rezipieren". Diese Faktoren können auf verschiedene Weise kombiniert sein, doch sind sie alle notwendig für eine gerechte Ausübung der Lehrautorität.

109. Zwischen der unverzichtbaren Treue zur Schrift, der apostolischen Tradition (deren Prinzip Irenäus so deutlich vor Augen führte) und dem entscheidenden Anspruch der kirchlichen Rezeption (der aus der Geschichte der großen ostkirchlichen Konzilien ganz klar hervorgeht) ist Platz für diverse Regulierungsversuche, deren Ziel darin besteht, den Weg zu einer wirklichen Einheit zu bereiten. Sie zeigen sich, wenn an die Kompetenz von Origenes appelliert wird, um einen Konflikt in der Lehre zu lösen, wenn sich die Bischöfe zum Konzil versammeln und in der zentralen Frage des christlichen Mysteriums Position beziehen, wenn Theologen wie Kirill von Alexandria und Johannes von Antiochia ihre gegenseitige Gemeinschaft im Glauben über die verschiedenen Sprachen hinweg anerkennen, oder auch wenn Augustinus sich dafür einsetzt, die Übereinstimmung zwischen den Bischöfen Afrikas und Palästinas wiederherzustellen. Diese Regulierungsversuche, die manchmal Anlass zur Theoriebildung geben (so wie bei Augustinus oder bei Vinzenz von Leirins), gehören zur Existenz einer Kirche, die über regionale Instanzen verfügt, welche sowohl autonom, als auch miteinander verbunden sind. Diese Organisation zeigt sich vor allem in Form der Patriarchate, unter denen der Bischof von Rom seinerseits eine patriarchale Funktion für den Westen ausübt und gleichzeitig

gegenüber der universalen Kirche die Aufgabe hat, der Gemeinschaft im Glauben vorzustehen.

110. Wie wir gezeigt haben, hat es in der Zeit der Kirchenväter natürlich auch schwere Krisen über Fragen der Lehre selbst gegeben. Doch zugleich birgt diese Periode viele wichtige Einsichten für unser Thema und zwar wegen ihrer Art, Formen der Regulierung zu suchen und zu erfinden, die es erlaubten, diese Krisen zu überwinden und dadurch die Verbindungen in der kirchlichen Gemeinschaft wiederherzustellen. Dadurch macht sie bewusst, dass die rechte Verwaltung der Lehrautorität nie ein für alle Mal erreicht werden kann, sondern dass sie immer möglich ist durch das Engagement der Kirchen auf dem Weg der Einheit. Vor allem liefert sie uns wertvolle Bezugspunkte, die – übertragen auf unsere heutige Zeit – diese Kirchen und ihre Verantwortlichen bei der Ausübung der Lehrautorität leiten müssten.

111. Das Mittelalter wurde geprägt von der Spaltung zwischen Ost und West, deren Konsequenzen unberechenbar waren, trotz aller Erleuchtungen, welche die Christenheit in dieser Zeit erlebte. Im Westen führte dieser Bruch zu einer Ablösung vom bisherigen Vorgehen zugunsten einer ersten Zentralisierung der Macht in den Händen des Papstes. Die Zentralisierung wurde zum größten Teil mit dem Ziel verfolgt, eine Kirche zu reformieren, die von gravierenden Missständen betroffen war. Doch das Fortbestehen dieser Missstände, die selbst vor dem Hof des Papstes nicht Halt machten, führte zur konziliaristischen Krise sowie zu Protesten, die, wie die Geschichte gezeigt hat, die Vorboten der späteren Kirchenspaltung des 16. Jahrhunderts waren. Die aus der Reformation hervorgegangenen Kirchen sollten zu der Einsicht gelangen, dass die Kirche am Ausgang des Mittelalters dem Evangelium gegenüber nicht mehr die ausreichende Treue zeigte, während die Katholische Kirche, obgleich sie die von der Basis bis zur Spitze der Kirche sich zeigenden Missstände zugab, noch immer die Meinung vertreten sollte, dass die mittelalterliche Kirche ihrer Aufgabe grundlegend treu geblieben war.

112. Um nun zum Wesentlichen zurückzukommen: Dieser Gang durch unsere gemeinsame Vergangenheit bezeugt, dass die Kirche im Verlauf der Geschichte sowohl die absolute Autorität

anerkannte, die Gott, Christus oder die Heilige Schrift über sie ausüben, als auch die Tatsache, dass der Kirche selbst eine Autorität in der Glaubenslehre zukommt – eine paradoxe Autorität freilich, weil sie sich dem unterwerfen muss, was sie selbst übersteigt. Wir hatten anhand ihrer zahlreichen Ausformungen und Entwicklungen einen Überblick über die Ausübung der Lehrautorität im Lauf der Geschichte zu liefern und stellten fest, dass diese, je nach Art der vorliegenden hierarchischen Verhältnisse oder Beziehungen, jeweils ihrer gemeinschaftlichen, kollegialen und persönlichen Dimension Ausdruck geben. Dies ist unser gemeinsames Erbe, mit seinen Lichtblicken und seinen Schattenseiten. Die Geschichte ist eine Lehrmeisterin für die Offenheit.

113. Wir möchten jedoch nicht für eine anachronistische Rückkehr in die Vergangenheit eintreten. Vielmehr lädt dieser Überblick uns ein, nach neuen Formen der Ausübung zu suchen, die zwar in der Tradition gründen, jedoch flexibler sind als diejenigen, welche sich in den letzten zweihundert Jahren allgemein etabliert haben. In unserem 4. Kapitel werden wir wieder darauf zurückkommen.

Kapitel II
Reformation und Neuzeit

Teil I
Die protestantische Tradition und die Krise der Autorität

I. Reformation und Reformatoren

114. Die Haltung der Reformation zur Frage von Macht und Autorität in der Kirche folgt aus ihrer Kritik und ihren Veränderungsbestrebungen gegenüber gewissen, durch die „Protestanten“ angeprangerten, historischen Verfehlungen, vor allem aus der Zeit des Mittelalters. Ihr Verständnis der Autoritätsfrage sollte unter diesem zweifachen Aspekt der Kritik und der Veränderung untersucht werden. Die Reformation hat das Problem unter verschiedenen Blickwinkeln neu interpretiert: theologisch und lehrmäßig, ekklesiologisch und ministeriell, ethisch und moralisch, juristisch und politisch. Wir werden das Problem im Wesentlichen unter dem ersten Aspekt, dem der *Lehrautorität*, beleuchten, d. h. in Bezug auf Verkündigung und Weitergabe der Glaubensinhalte.

115. Die protestantischen Reformatoren bestritten den lehramtlichen Anspruch der kirchlichen Institution (von Papst und Konzilien nach der Zeit der Kirchenväter), dem zufolge diese die einzige historische Instanz für die Interpretation, Prüfung und Weitergabe der biblischen Offenbarung sein sollte, d. h. für Schrift und Wort, welche die Wahrheit beinhalten. Die Reformation begründete ihren Anspruch mit dem Unterschied zwischen dem durch die kanonischen Schriften überlieferten Zeugnis von der Wahrheit und den später als Glaubensnorm geäußerten und erlassenen „Wahrheiten“.

116. Um diese grundsätzliche Infragestellung zu rechtfertigen, bezogen sich die Reformatoren einerseits auf die Schrift als einzige Norm der Lehre (*norma normans*) und andererseits auf die lehramtlichen Äußerungen, die früher, anlässlich der großen

ökumenischen Konzilien, von der vereinigten Kirchen geäußert worden waren (die Glaubensbekenntnisse wurden als *norma normata* verstanden). Deswegen zweifelten sie sowohl die Treue der etablierten Kirche ihrer Zeit (der römischen Kirche des Mittelalters) gegenüber den Ursprüngen an, als auch die historische Kontinuität, auf die sie sich berief. Der Bruch mit dem Osten im Jahr 1054 wurde als ein Beispiel dafür gewertet, dass es seit dem Hochmittelalter und sogar noch vor dem 16. Jahrhundert einen Bruch in der Einheit der *Lehre* gegeben habe.

117. Wie, so die Meinung der Reformatoren, hatte die mittelalterliche Kirche die Autoritätsnormen derart verfälschen können? Dies war eine grundsätzliche Frage, die in erster Linie auf das Problem der *Interpretation* verwies: Wenn die Schrift nach einem einstimmig anerkannten Kanon gelesen und interpretiert werden musste, auf welche Autorität konnte sich dann die Interpretationshoheit des Lehramts stützen, wenn sie sich darauf berief, den Inhalt dieser Schriftwahrheit auszulegen, zu aktualisieren, vielleicht sogar zu verlängern und weiterzugeben?

1. Die Schrift als einziges Autoritätskriterium

118. Aus Treue zum Prinzip der Rechtfertigung aus Glauben allein sowie im Sinne der reformatorischen Überzeugung, dass jede Institution (auch die Kirche) eine menschliche Einrichtung (ein „Werk") und daher sündhaft sei, konnte nur die durch den Heiligen Geist in und durch die Schrift geweckte Inspiration als das oberste lehramtliche Prinzip (*norma normans*) anerkannt werden, das notwendig und theologisch ausreichend war, um den Inhalt der schriftgemäßen Offenbarung zuverlässig zu verstehen und weiterzugeben. „Es heißt: ‚Gottes Wort soll Glaubensartikel aufstellen, und sonst niemand, auch kein Engel", schrieb Luther.[1]

119. Den Reformatoren zufolge trägt die Schrift die Norm für ihre Auslegung in sich. „*Scriptura ipsius interpres*, die Schrift interpretiert sich selbst." Unter diesem Blickwinkel werden das Wort, das Evangelium sowie Christus zu Synonymen. Die Schrift

1 Luther, *Schmalkaldische Artikel*, 1537, *FEgLuth.*, Nr. 384, S. 259.

trägt das Wort ebenso in sich wie sie auch „Christum treibet“ (Luther). Das Wort, das Evangelium und Christus sind der Schrift sowohl vor- als auch nachgeordnet. Die Schrift benötigt keine äußere Autorität, um ihre Normativität zu bezeugen. Diese Position stellt das genaue Gegenteil der römisch-katholischen Lehre über die Konstitution des schriftlichen Kanons dar, der zufolge die Priorität der Kirche unverzichtbar ist, um ihr diese Normativität erst zu verleihen. Für die Reformatoren war die Frage der Schrift daher in erster Linie ein christologisches und erst in zweiter Linie ein ekklesiologisches Problem.

120. An die Stelle der Autorität von Papstes und Konzilien der etablierten Kirche, deren Einheit im Glauben man als zerrüttet ansah, setzte die protestantische Reformation nun als Autoritätskriterium das *innere* Zeugnis des Heiligen Geistes, der als einzige Inspirations- und Interpretationsinstanz galt, die fähig war, die Inhalte des Glaubens wahrhaft zu bezeugen und weiterzugeben. Indem er im individuellen und im gemeinschaftlichen Gewissen der Glaubenden wirksam war, konnte auch nur der Geist das Verständnis und die Interpretation der Schriftoffenbarung bewirken. Er allein konnte die lehramtliche Instanz des unveränderlichen und ein für alle Mal in der Heiligen Schrift niedergelegten „Depositums des Glaubens“ sein und damit der einzigen vom Protestantismus anerkannten Tradition.

121. Um die Autoritätsnorm in Lehrfragen zu definieren, greift die Reformation auf ein grundlegendes Prinzip der lutherischen Theologie zurück, das in der Unterscheidung von „Innerlichem“ und „Äußerlichem“ besteht. All das, was aus dem Glauben, der Gnade, der Vollkommenheit, der Erlösung, der Gabe und dem Leben Gottes im Menschen kommt, gehört zum Bereich des *Innerlichen*. Zum *Äußerlichen* zählt all das, was vom natürlichen Zustand des Menschen ohne Gott, der Sünde, dem Gesetz, der Unvollkommenheit, dem Egozentrismus, den Werken und dem Tod herrührt. Weil sie aus dem Glauben kommt, gehört auch die Autoritätsnorm zum *innerlichen* Bereich. Allerdings wird sie durch verschiedene *äußerliche* Elemente weitergegeben.[2] So gehört die biblische Of-

2 Vgl. *Wider die himmlischen Propheten, von den Bildern und Sakrament*; *WA*

fenbarung als Schrift zum äußerlichen Bereich; als Wort (oder Evangelium) aber gehört sie zum innerlichen. Wenngleich sie als menschlicher Buchstabe fehlbar ist, so wird sie doch normativ und unfehlbar, wenn sie als Wort der Wahrheit im Glauben aufgenommen wird.

122. Indem sie die normative (*innerliche*) Referenz des Wortes mit der historischen (äußerlichen) Norm der Schrift verband, warf die Reformation für jeden Gläubigen die Frage nach der persönlichen Fähigkeit zur Lektüre und Interpretation *im Glauben* auf. Auch die Autorität der Interpretation sollte vom äußerlichen Bereich auf den innerlichen übergehen, d. h. von der Institution zum Glauben, vom Buchstaben zum Geist, von der Unvollkommenheit zur Unfehlbarkeit. Aber wer sollte über die (individuelle oder gemeinschaftliche) Richtigkeit der Interpretation urteilen, falls Unterschiede oder sogar Auseinandersetzungen in der Lektüre und im Verständnis auftreten sollten?

123. Indem sie in diesem Bereich dem Heiligen Geist die normative Autorität zuerkannte, ließ die reformatorische Theologie diese Frage offen. Die ständige Infragestellung der Schrift als zu interpretierendem Text gegenüber dem interpretierenden Schriftwort erwies sich nicht nur als ein mögliches Risiko, sondern auch als eine unverzichtbare Chance. Indem sie diese Frage immer wieder aufwarf, konnte die Reformation beanspruchen, die souveräne Freiheit des Heiligen Geistes zu wahren. Die Lektüre- und Interpretationsarbeit eines jeden im Glauben musste im Lauf der Geschichte immer wieder neu aufgenom-

---

18, S. 136, wo Luther die „Illuministen" angreift, die Inneres und Geistliches sowie Äußeres und Körperliches verwechseln und glauben, ohne die Vermittlung des Wortes durch die Schrift, die Sakramente oder andere *äußerliche* Zeichen auskommen zu können: „So nu Gott seyn heyliges Euangelion hat auslassen gehen, handelt er mit uns auff zweyerley weyse. Eyn mal eusserlich, das ander mal ynnerlich. Eusserlich handelt er mit uns durchs muendliche wort des Euangelij und durch leypliche zeychen, alls do ist Tauffe und Sacrament. Ynnerlich handelt er mit uns durch den heyligen geyst und glauben sampt andern gaben. Aber das alles, der massen und der ordenung, das die eusserlichen stucke sollen und muessen vorgehen. Und die ynnerlichen hernach und durch die eusserlichen komen, also das ers beschlossen hat, keinem menschen die ynnerlichen stuck zu geben on durch die eusserlichen stucke."

men werden und sich der *viva vox Evangelii* unterstellen. Der den Reformatoren zugeschriebene Ausspruch,[3] dass die reformierte Kirche (*ecclesia reformata*) immer reformiert werden müsse (*semper reformanda*), hat später die ständige Infragestellung der Autoritätsnorm unterstrichen, die es immer wieder zu entdecken gilt.

2. *Individuelle Freiheit und gemeinschaftliches Gewissen*

124. Aus ekklesiologischer Perspektive, – d. h. im reformatorischen Sinne „äußerlich" – betrachtet, gibt es zwei Wirkungsbereiche der Autorität und der Wahrheit: 1.) die *individuelle* Person, in der die menschliche Natur und die Gnade zusammentreffen; den Ort, wo die Schrift vorzugsweise durch die Vermittlung des Heiligen Geistes zum Lehramt wird; und 2.) die *gemeinschaftliche* Person der Glaubenden, d. h. die Kirche, der zweite, aber unverzichtbare Ort, an dem das Wort in wahrhaftiger Weise ergehen muss, damit es aufgenommen, interpretiert und durch den einzelnen Glaubenden zum Ausdruck gebracht wird. Zwischen diesen beiden Orten der Aufnahme und des Verstehens der Wahrheit des Evangeliums, *norma normans* und *norma normata*, muss sich eine Dialektik der ständigen Regulierung vollziehen, damit – in geregelter Weise – die zwischen dem einzelnen Glaubenden und der Gemeinschaft auftretende Spannung befriedet wird. Diese Dialektik ist dazu bestimmt, die permanente Versuchung zu überwinden, die darin besteht, „den Heiligen Geist zu knebeln" (Martin Bucer) und der zufälligen Interpretation den Status einer normativen, dogmatischen und suprahistorischen Wahrheit zu verleihen, wobei die *norma normans* durch die *norma normata* unterdrückt wird.

125. Indem sie die Kirche als gemeinschaftliche Realität betrachtete, in der das individuelle Gewissen der Glaubenden lebt und sich entfaltet, gab die Reformation der Kirche in dem instabilen Gleichgewicht zwischen normativer Wahrheit und historisch bedingten Äußerungen die Aufgabe, den Glauben und

---

3 Unserem Wissen nach taucht sie in dieser Formulierung erst im ersten Viertel des 17. Jahrhunderts auf.

seine Interpretation zu formulieren, zu prüfen und zu bezeugen – „äußerlich“ und öffentlich wohlgemerkt. Auf diese Weise wollten die Reformatoren das Risiko individueller und subjektivistischer Entgleisungen abwenden, wenngleich in letzter Instanz immer die Schrift mittels des Heiligen Geistes Richterin bleiben sollte, nicht etwa die Kirche oder die einzelnen Glaubenden.

„Es ist höchst unerfreulich“, *warnte Luther* „dass jeder sich einbildet, mit nichts als seinem Kopf in die Schrift eindringen zu können, um darin herumzuschnüffeln und zu tun, was immer ihm richtig scheint. Niemand soll sich dazu berechtigt fühlen, wenn nicht der Heilige Geist ihn ergriffen hat!“[4] Und *Calvin geißelte* diejenigen, welche „wie manche verblendete Geister alle Prinzipien der Religion auf den Kopf stellen, indem sie die Schrift verlassen, um ihren Fantasien hinterher zu flattern, jenseits der Offenbarung des Heiligen Geistes.“[5]

126. Auf diesem Weg der fortschreitenden Bildung, die sich vom individuellen zum kirchlichen vollzog, konnte die Kirche aufs Neue zur Gabe der authentischen – kirchlichen und öffentlichen – Bezeugung der Wahrheit zurückfinden.[6] Dabei war der Geist der „Lehrer“; die Schrift war der pädagogische Ort und die Schriftoffenbarung war das Programm. Gemäß der Terminologie der protestantischen Kirchenlehre wurde dabei der wichtigste Bezugspunkt für die Interpretation und die Kommunikation von der *sichtbaren* und institutionellen Ebene (*„äußerlich“*) auf die unsichtbare und theologische (*„interne“*) Ebene übertragen:

„Wir, *so Calvin,* wollen demgegenüber, um nicht in die nämliche Fallgrube zu stürzen [wie die „papistische“ Kirche], unsere Augen, Ohren, Herzen, Sinne und Zungen voll und ganz an Gottes heilige Lehre geheftet sein lassen. Denn sie ist die Schule des besten Lehrmeisters, des Heiligen Geistes, in welcher man dergestalt Fortschritte macht, dass man von

4 Luther, *Predigten über das 2. Buch Mose*, 1524-1527; *WA* 16, 68. 22-24.
5 Calvin, *IC*, L. I, Kap. IX, 1.
6 Vgl. dazu den Titel einer Abhandlung Luthers: *Daß ein christliche Versammlung oder Gemeine Recht und Macht habe, alle Lehre zu urtheilen und Lehrer zu berufen, ein und abzusetzen, Grund und Ursach aus der Schrift,* (1523); *WA* 11.

anderswo nichts herbeizuholen braucht, und mit Freuden nicht weiß, was in ihr nicht gelehrt wird."[7]

3. *Die vier Referenzen der normativen Autorität*

127. Die Glaubensbekenntnisse, welche die geprüften, anerkannten und verkündigten Inhalte des Glaubens festhielten, waren nicht in dem Sinn normativ wie die Heilige Schrift es aufgrund des inneren Zeugnisses des Heiligen Geistes sein konnte, sondern sie waren einfache Zeugnisse für einen Glauben, den sie nicht selbst beherrschten. Dennoch blieb *„das Glaubensbekenntnis eine grundlegende und lebenswichtige Funktion der Kirche."8* Das bedeutete, dass die Autorität innerhalb des hermeneutischen Zirkels ausgeübt werden musste, in dem verschiedene Instanzen sich artikulierten und ins richtige Verhältnis zu setzen waren: 1.) *die Schrift* als Referenz für die Inhalte der Offenbarung; 2.) *das individuelle Gewissen* als Hauptreferenz für das Verständnis der Offenbarung; 3.) das *gemeinschaftliche und öffentliche Zeugnis* der Glaubenden als kirchliche Referenz für die Glaubensinhalte; 4.) die Aktualisierung dieses Zeugnisses in den auch als ‚Symbolen' bezeichneten normativen Texten wie den *Glaubensbekenntnissen, Kirchendisziplinen* oder *Katechismen*. In den aus der Reformation hervorgegangenen Kirchen werden Autorität und Wahrheit anhand dieser vier normativen Referenzen definiert und unter Berücksichtigung des instabilen Gleichwichts, das in ihrer Verschiedenheit, ihrer Einheit und ihrer Komplementarität begründet ist

128. Für die Reformatoren sollte es unmöglich sein, die normative Wahrheit (das gespiegelte Bild) mit der sie äußernden Instanz (dem Spiegel) gleichzusetzen. Die grundsätzliche Unterscheidung zwischen der öffentlichen Verkündigung („äußerlich") und der unverfälschten, inspirierten Lehre („innerlich") sollte das Risiko abwenden, eine zufällige Teilung in-

7 Calvin, *IC*, L. IV, Kap. XVII, 36.
8 Birmelé-Lienhard; *FEgLuth., op. cit.*, introduction, S. 13.

nerhalb der Kirche einzuführen.[9] Obwohl es unmöglich gemacht werden sollte, das persönliche Verständnis der Wahrheit durch die gemeinschaftlich anerkannte Wahrheit „zu knebeln“, war letztere dennoch ein Schutz vor den Exzessen der Interpretationsfreiheit auf Seiten der einzelnen Glaubenden. Dies war, Calvin zufolge, der Preis für die Einheit des Glaubens: „Es sind zwei untrennbare Dinge, dass die Christen durch das Wort Gottes die reine Lehre erhalten und dass sie das [in der Schrift] Dargelegte mit einem Herzen und einem Geist empfangen und dass sie als Brüder einträchtig miteinander wie aus einem Munde sprechen und ein reines und einfaches Bekenntnis ablegen.“[10]

129. Indem sie es ablehnte, die normative Wahrheit der Schrift und die Interpretation der Kirche gleichzusetzen, leitete die reformatorische Theologie eine Wende in der Auffassung von der Autorität in der Kirche ein: „Lehrurteile“ abzugeben war nicht länger das *alleinige* Vorrecht der übergeordneten kirchlichen Instanzen (d. h. des Klerus) – wobei hier die Bedeutung der reformatorischen „Soli“ zu beachten ist, um die reformatorische Theologie an dieser Stelle nicht als „anti-autoritär“ zu missverstehen –, sondern wirklich die Aufgabe der Gemeinschaft (*laos*) aller Getauften. Es sollte gewiss die Aufgabe der theologischen Interpreten sein, die Glaubenswahrheiten auszusprechen, aber es sollte allen Glaubenden aufgegeben sein, über die Übereinstimmung dieser Wahrheiten mit dem Evangelium zu urteilen:

> „Der Menschen Wort und Lehre haben bestimmt und verordnet, *so schreibt Luther*, man solle über die Lehre zu urteilen nur den Bischöfen und Gelehrten und den Konzilien überlassen. Was diese beschlossen haben, soll alle Welt für Recht und Artikel des Glaubens halten, wie es ihr tägliches Rühmen über das geistliche Recht des Papstes zur Genüge beweist. Denn man hört fast nichts anderes von ihnen, als dass sie Macht und Recht besäßen, zu urteilen, was christlich oder ketzerisch sei. Und der einfache Christ solle auf ihr Urteil

9 Calvin, *IC*, IV, I, 5.

10 Calvin, *Sermon sur l'Épître aux Éphésiens*, *CO*. LI, S. 432.

warten und sich daran halten. [...] Christus macht das Gegenteil. Er nimmt den Bischöfen, Gelehrten und Konzilien das Recht und die Macht, über die Lehre zu urteilen, um sie jedem und allen Christen gemeinsam zu geben. [...] Bischof, Papst, Gelehrte und jedermann hat die Macht zu lehren, aber die Schafe sollen urteilen, ob es die Stimme Christi ist, die sie lehren oder eine fremde Stimme."[11]

4. *Die Einheit in der Lehre – ein Unterpfand der kirchlichen Einheit*

130. Die Einheit der Lehre, die von den verschiedenen kirchlichen Institutionen gelebt wurde, sollte die Normativität der verkündeten Wahrheiten öffentlich (lat.: *visibile* –sichtbar) belegen und bezeugen. Die einstimmig anerkannten Äußerungen des Glaubensbekenntnisses (als *norma normata*) bezeugten die lehramtliche Treue der Kirche gegenüber dem Evangelium (als *norma normans*). Die Einstimmigkeit über diese Äußerungen zeigte den unumgänglichen Respekt, den die Kirchen dem reformatorischen Prinzip der Rechtfertigung aus Glauben allein entgegenbrachten, welches als Schutz gegen jeden menschlichen Anspruch auf die lehramtliche Autorität angesehen wurde – *jure divino*, d. h. aus göttlichem Recht. Denn, so schrieb Calvin, *„Gott wird sich im Spiegel seiner Lehre zeigen; sein Bild wird darin erstrahlen“*, nicht das des Menschen.

131. An das unverzichtbare „Merkmal“ der kirchlichen *Einheit* wurde mit Nachdruck in der *Konkordienformel* von 1577 erinnert. Dieses Grundlagenwerk der Kirche sollte die schriftgemäße Unverfälschtheit der verkündeten Wahrheiten überprüfen und ihr verlässliches und öffentliches Zeugnis sein.

> „Weil zu gründlicher und beständiger Einigkeit in der Kirche vor allen Dingen vonnöten ist, dass man einen summarischen einhelligen Begriff und Form habe, darin die allge-

11 Martin Luther: *Daß ein christliche Versammlung oder Gemeine Recht und Macht habe, alle Lehre zu urtheilen und Lehrer zu berufen, ein und abzusetzen, Grund und Ursach aus der Schrift,* (1523). Schriften, *WA* 11, S. 409.

> meine summarische Lehre, dazu die Kirchen, so der wahrhaftigen christlichen Religion sind, sich bekennen, aus Gottes Wort zusammengezogen [ist], wie denn die alte Kirche allewege zu solchem Brauch ihre gewissen Symbola gehabt; und aber solches nicht auf Privatschriften, sondern auf solche Bücher gesetzt werden solle, die im Namen der Kirchen, so zu einer Lehre und Religion sich bekennen, gestellt, approbiert und angenommen [worden].“[12]

Damit der Protestantismus seine Vorstellung von Lehrautorität in die Praxis umsetzen konnte, bedurfte es der Einstimmigkeit in der Lehre als Ausdruck der Einheit innerhalb der kirchlichen Vielfalt.

II. Die protestantische Tradition nach der Reformation

1. Die Autorität des individuellen Gewissens

132. Für die dualistische Ausübung der Lehrautorität – zwischen der Heiligen Schrift und den Glaubensäußerungen – erkannte die protestantische Reformation die Basis ihrer Funktionsregeln an. Angesichts der Kontroversen, die anfingen, den Protestantismus zu spalten, legte bereits 1577 die „Konkordienformel“ in ihrer „Solida Declaratio“ die Ordnung fest, die zwischen den verschiedenen Instanzen der Autorität vorherrschen sollte:

> „Allein die Heilige Schrift ist der einige Richter, Regel und Richtschnur, nach welcher als dem einigen Probierstein sollen und müssen alle Lehren erkannt und geurteilt werden, ob sie gut oder böse, recht oder unrecht sein. Die anderen Symbola aber und herangezogenen Schriften sind nicht Richter wie die Heilige Schrift, sondern allein Zeugnis und Erklärung des Glaubens, wie jederzeit die heilige Schrift in streitigen Artikeln in der Kirchen Gottes von den damals Lebenden verstanden und ausgelegt, und derselben widerwärtige Lehre verworfen und verdammet werden.“[13]

---

12 *FEgLuth.*, S. 449, Nr. 933.

13 *FEgLuth.*, S. 422, Nr. 874.

Allein die Schrift konnte aufgrund ihrer Inspiration Lehramt sein, nicht die postkanonischen Äußerungen, selbst wenn sie deren unverfälschter Ausdruck waren. Obwohl die Geschichte diesem oft wiederholten Prinzip auch häufig widersprach, wurde es doch in allen protestantischen Glaubensbekenntnissen und Kirchenverfassungen ganz unabhängig von seiner praktischen Umsetzung mit Vorliebe wiederholt.

133. Obwohl sie die normativen Referenzen der Autorität und der Wahrheit vervielfältigte und zwischen den weiter oben genannten vier Parametern (Nr. 127) aufschlüsselte, blieb die protestantische Tradition dennoch der Theologie treu, welche die Reformatoren bezüglich der Autorität entwickelt hatten. Sie ging sogar noch weiter: In den polemischen Auseinandersetzungen der postreformatorischen Zeit übertrug sie der persönlichen Freiheit und damit der Basis für die kirchliche Realität der Glaubenden den lehramtlichen Vorrang gegenüber jeder gemeinschaftlichen Instanz. Dadurch dass sie ihren Widerspruch gegenüber der Theologie des Lehramts der Römisch-Katholischen Kirche bzw. des Trienter Konzils herausstellte, vollzog die protestantische Theologie eine scheinbar irreversible Wende hinsichtlich des Platzes und der Rolle der kirchlichen Institution, indem sie die Position vertrat, dass das persönliche Verhältnis des Glaubenden zu Christus (vertikal) Vorrang habe vor seinem (horizontalen) Verhält zur kirchlichen Gemeinschaft. Letztere konnte auf diese Weise keinesfalls beanspruchen, durch ihre menschlichen Institutionen oder ihre lehrmäßigen Behauptungen das verpflichtende und geweihte Werkzeug der erlösenden Wahrheit in Christus zu sein.

134. Indem sie den kirchenleitenden Instanzen die Glaubensregulierung entzog und diese durch die Schrift und das innere Zeugnis des Heiligen Geistes in erster Linie dem freien Gewissen aller Glaubenden anvertraute, ging der postreformatorische Protestantismus das Risiko ein, das unverzichtbare Gleichgewicht zwischen den vier Parametern der Autorität, welches die Reformation eingeführt hatte, zu zerbrechen. Die notwendige Einheit in der Lehre unter den protestantischen Kirchen wurde dadurch geschwächt. Der energische Einsatz

für das Prinzip der Gewissensfreiheit, d. h. für das Wirkungsgebiet des Heiligen Geistes, das fortan als oberste Norm der reformatorischen Ekklesiologie angeführt und eingefordert wurde, produzierte fortlaufend Spaltungen in den protestantischen Kirchen und zwar in dem Maße, wie interne Unstimmigkeiten zwischen Theologen und kirchlichen Autoritäten auftraten. Die Einheit in der Lehre verlor so ihre Glaubwürdigkeit und hörte auf, das Merkmal der „reformierten Katholizität" zu sein, die einst von den ersten reformatorischen Kirchen gefordert worden war.[14]

2. Die Autorität als theologische Größe

135. Trotz dieser destabilisierenden Tendenz zugunsten der Gewissensfreiheit, übertrug die postreformatorische Tradition der kirchlichen Institution in Form ihrer religiösen und zivilen Autoritäten die gemeinschaftliche und öffentliche Aufgabe, die Glaubensäußerungen zu formulieren und zu überwachen. Auf *theologischer* Ebene vertraute sie die Verantwortung für diese Äußerungen einer neuen Autorität an, die damit beauftragt wurde, die Lehrtexte einerseits zu formulieren und aufzusetzen und sie andererseits zu überprüfen, zu genehmigen und für gültig erklären zu lassen. In jeder Landeskirche wurden neue „Akademien" eingerichtet und ihre Theologen-Pastoren galten als die Autoritätsinstanzen, die am besten geeignet waren, das absolute Schriftprinzip als oberste Norm zu respektieren. Die in diesen Akademien ausgebildeten Pastoren wurden alsbald mit der Interpretation, der Verkündung und der Redaktion der Glaubenswahrheiten beauftragt.

---

14 So trägt beispielsweise das Zweite Helvetische Bekenntnis von 1566 den Titel: „Confessio et expositio simplex orthodoxae fidei et dogmatum Catholicorum syncerae religionis Christianae". Und später im Text heißt es: „Und da es immer nur einen einzigen Gott gibt, nur einen Mittler zwischen Gott und den Menschen, den Messias Jesus, einen Hirten der ganzen Erde, ein Haupt dieses Leibes, schließlich einen Geist, ein Heil, einen Glauben und ein Testament oder einen Bund, so folgt daraus notwendig, dass es auch nur eine einzige Kirche gibt. Deshalb nennen wir sie die katholische christliche Kirche, weil sie allumfassend ist [...]", Kap. XVII.

136. Aus politischer Notwendigkeit und aus ekklesiologischer Überzeugung heraus bestätigte und förderte die protestantische Tradition die etablierte Autorität der universitären Instanzen. Sie vertraute ihr das Lehramt für die Interpretation der Heiligen Schrift an und die *theologischen Fakultäten* wurden zu ausgewiesenen Garanten für die *regula fidei* – die Glaubensregel für die Gemeinschaft der Glaubenden. Im Zuge der Konflikte und der Spaltungen vergrößerte sich die Bedeutung des Klerus (der Professoren der Fakultät sowie der Theologen-Pastoren) zunehmend. Sie wurden zu einer Interpretationsautorität, mit der die evangelische Tradition versuchte, in doktrinalen oder pastoralen Fragen auf die lehramtliche Autorität der Römisch-Katholischen Kirche nach dem Trienter Konzil zu antworten. Die konfessionelle Aufteilung in Landeskirchen – das Prinzip *cuius regio eius religio*, d. h. „der Untertan hat die Religion seines Landesherren" – stärkte dieses System der Lehrautorität, das eng mit den theologischen Schulen verbunden war.

137. Das Monopol der Schriftinterpretation und die Aufgabe, konfessionelle Texte herauszugeben, wurde den protestantischen Theologen und Pastoren ohne Widerspruch bis zur Mitte des 19. Jahrhunderts zugestanden, als in den protestantischen Länder der Wechsel vom Ancien Regime zur republikanischen Ordnung vollzogen wurde. Die sowohl Konflikte als auch Kooperationen erzeugende Spannung zwischen diesen beiden Instanzen, d. h. den Theologischen Fakultäten auf der einen und den kirchlichen Autoritäten auf der anderen Seite, hat sich noch bis in die heutige Zeit erhalten (Als Beispiel dafür lässt sich das Manifest der 150 deutschen Theologen anführen, die sich im Jahr 1999 gegen das Lutherisch-Katholische Konsensdokument über die Rechtfertigung aus Glauben äußerten.)

138. Die andere Funktion der Autorität, die Instanz der gemeinschaftlichen Überprüfung, Entscheidung und Anwendung, wurde in den verschiedenen reformatorischen Traditionen in analoger weise gehandhabt: In den reformierten und presbyterial-synodalen Kirchen oblag sie den „Klassen" und den „Kompanien der Pastoren", danach den Synoden, die sich vor allem aus Pfarrern sowie aus einer Mehrheit von Laien zusammen-

setzte. In den Kirchen der lutherischen Tradition fiel diese Aufgabe Versammlungen zu, die ähnlich in Bezug auf die Aufgabe, hinsichtlich ihrer Struktur aber verschieden waren. Dies waren beispielsweise „Konsistorien“, „Oberkonsistorien“, „Inspektionen“ oder andere Formen, die dem persönlichen Episkopat insgesamt näher standen.[15]

139. So wurde in den Jahrhunderten der konfessionellen Spaltung die zweifache, doktrinale und praktische, Autoritätsfunktion ausgeübt, die bestimmt war von dem Zusammenspiel der individuellen Reflexion (a) und seinem gemeinschaftlichen Ausdruck (b), im kritischen Austausch zwischen dem individuellen Gewissen (a') und der gemeinschaftlichen Instanz (b'). In der Mehrheit der protestantischen Kirchen fanden die vier normativen Parameter der Autorität in diesen empirischen Formen ihre Anwendung. Die Dialektik zwischen der immer neu interpretierten Schrift und dem immer neu definierten Glaubensbekenntnis wurde zu einem Charakteristikum der identitären Bewegung der protestantischen Kirchen. Im Inneren der Reihenfolge der Prioritäten zwischen der Norm, die Autorität ist und der Norm, die Autorität schafft (la *norma normans* et la *norma normata*) etablierte sich ein ständiges Zusammenspiel, in dem die Schrift dem Glaubensbekenntnis seine normative kirchliche Autorität verlieh und in dem die Schrift von der bekennenden Kirche im Gegenzug die stets aktualisierte Bestätigung ihrer permanenten und kontingenten, historisch vorauslaufenden und dogmatisch herausragenden Autorität erhielt. In dieser Bewegung eines instabilen Gleichgewichts konnte keine der Instanzen tatsächlich ohne die andere funktionieren, weil jede die andere benötigte, um ihren Teil der Autorität zu finden und auszuüben.

15 Vgl. das Dokument der Groupe des Dombes, *Le ministère épiscopal*.

3. *Die Autorität der politischen Macht*

140. Dazu gesellte sich seit dem 16. Jahrhundert die neue Rolle, welche die reformatorischen Kirchen den *zivilen* Autoritäten auf dem Gebiet der Lehrautorität anvertrauten.[16] Mangels einer anerkannten *juristischen* Instanz, die in der Lage gewesen wäre, das römische Kirchenrecht zu ersetzen, dessen „katholische" Autorität und dessen Fähigkeit zur Bestätigung von „kirchlichen Verordnungen" und Glaubensbekenntnissen nun bestritten wurden, übertrugen die reformatorischen Kirchen anstelle der traditionellen episkopalen Autoritäten das *jus reformandi* der weltlichen Macht (und nicht den Theologen-Pastoren). Aus der Verbindung dieser beiden Gewalten resultierte eine Spannung zwischen der lehramtlichen Autorität und der Ordnungsmacht, die sich im gesamten späteren Protestantismus wiederkehrend und oftmals konfliktreich äußerte (z. B. noch im 20. Jahrhundert in der Krise der deutschen lutherischen Kirche unter dem Hitlerregime).

141. Unter dem Ancien Regime war die Aufgabe der Erarbeitung von verpflichtenden Texten über die Glaubenswahrheit (Bekenntnisschriften, Kirchendisziplinen, Katechismen, Liturgien) ausschließlich klerikalen Versammlungen von Doktoren, Pastoren und anderen anerkannten Kirchenbeamten anvertraut. Die Entscheidungen dieser Versammlungen mussten genehmigt und für gültig erklärt werden durch die (konstitutionelle) juristische Gewalt der weltlichen Autoritäten, d. h. der Fürsten oder der lokalen Oligarchen. Unter dem republikanischen Regime, das aus den Revolutionen des 19. Jahrhunderts hervorgegangen war, kam diese juristische Autorität den vorwiegend mit Laien besetzten synodalen oder konsistorialen Versammlungen zu, die ihre Entscheidungen, gemäß dem von den neuen weltlichen Herrschern durchgesetzten System, per einfacher Mehrheit treffen konnten. Allerdings mit der Einschränkung, dass in den Regionen, wo die Kirche weiterhin Beziehungen mit dem Staat unterhielt, die zivile Autorität die Instanz für die juristische oder soziale Genehmigung der durch die kirchlichen (synodalen oder konsistorialen) Instanzen getroffenen Entscheidungen blieb.

16 Vgl. Luther, *An den christlichen Adel deutscher Nation*, *WA* 6.

142. Trotz ihrer Vervielfältigung und ihrer Ausdifferenzierung im Lauf der Geschichte, erinnerten die häufig überarbeiteten Texte der Glaubensbekenntnisse stets an die vier grundlegenden Bezugspunkte für das Verständnis der doktrinalen und der praktischen Autorität: die Bibel (und ihre Lektüre) als erste Norm; die individuelle Freiheit des Gewissens als Empfänger dieser Lektüre; die Theologen und Pastoren als ihre Interpreten; die Glaubensbekenntnisse als ihre Aktualisierung und ihr öffentliches Zeugnis. Diese Referenzen der Autorität sollten sich vorrangig und im Sinne der Einigung in den folgenden theologischen Bereichen geltend machen: bei der Lektüre der Schrifttexte; beim persönlichen Bekenntnis der Glaubenden; im Verständnis des kirchlichen Amtes als kollegialem Priesteramt aller Getauften (Prinzip des „universalen Priestertums“); in der Schultheologie (der Universitäten) und an den Orten ihrer Erarbeitung; bei der öffentlichen Verkündung von Bekenntnistexten, welche die Kirche einstimmig anerkannt hatte (Glaubensbekenntnisse oder Katechismen). Die Gesamtheit dieser Bereiche sollte von der evangeliumsgemäßen, theologischen Kardinalregel, der Rechtfertigung aus Glauben (allein) bestimmt werden, die (allein) die völlige Souveränität Gottes über die Kirche und die Einheit aller Glaubenden im Glauben garantieren konnte.

4. *Die Einheit in der Lehre angesichts der institutionellen Verschiedenheit*

143. Trotz der vielfältigen inneren Spaltungen musste in der kirchlichen Praxis das Gleichgewicht der vier Autoritätsparameter garantiert werden und zwar *unabhängig von dem jeweiligen kirchlichen Regime*. In allen Konfessionskirchen, die ihren reformatorischen Ursprüngen treu bleiben wollten, wurde das Prinzip der persönlichen Gewissensfreiheit als Ort der schriftgewirkten Inspiration stets als grundlegendes Prinzip der legitimen Vielfalt innerhalb der Kirche bekräftigt. Diese Forderung sollte es erlauben, in Fragen der Lehre jeglichem kirchlichen Gruppenzwang zu entgehen, der unter dem Vorwand von Erfordernissen der Lehre oder der Notwendigkeit zur Uniformität

„den Heiligen Geist knebeln" und dem Prinzip der Rechtfertigung aus Glauben allein widersprechen könnte sowie dem Verständnis des kirchlichen Amtes als dem „universalen Priestertum" aller Glaubenden.

144. Angesichts dieses Gleichgewichts der vier normativen Autoritätsreferenzen und der Dialektik zwischen Einheit und Verschiedenheit innerhalb der Kirche selbst, konnten sich die reformatorischen Kirchen niemals *jure divino* auf eine vereinheitlichende Autorität oder Wahrheit berufen, die sie angeblich in herausragender, lehramtlicher oder stellvertretender Weise besitzen würden. Wenn dennoch von einigen Konsistorien der reformierten Kirche während des Ancien Regime die „kleine" Exkommunikation[17] verhängt wurde, so musste dies als vorübergehende disziplinarische Maßnahme praktiziert werden, um die bedrohte Einheit *jure humano* zu schützen, aber nicht etwa, um die Vielfalt der Interpretationen oder die Glaubenspraxis auszuschließen, die eben paradoxerweise als einstimmig und plural zugleich gelebt wurde.

145. Die kirchliche Instanz, wo die Vielfalt der Autoritätsnormen und die Einstimmigkeit im Glauben miteinander in Einklang gebracht werden mussten, war die *synodale* oder *konsistoriale Versammlung* – auf nationaler, regionaler, kantonaler und gemeindlicher Ebene. In den sogenannten „reformierten" Konfessionskirchen geschah das in autonomer Weise. In anderen, lutherischen oder kalvinistischen Kirchen geschah dies in Zusammenarbeit mit den auf Zeit eingesetzten Autoritäten, denen eine bis dahin beispiellose kirchliche Verantwortung oblag. Aus der Arbeit dieser kirchlichen Autoritätsinstanzen hervorgegangen sind beispielsweise das Augsburger Bekenntnis (1530), das Bekenntnis von La Rochelle (1559), das Zweite Helvetische Bekenntnis (1566), die Konkordienformel der lutherischen Kirchen (1577), die Lehrregeln von Dordrecht (1618), die Glaubensbekenntnisse dieser Kirchen aus dem 17. und 18. Jahrhundert,[18] sowie die Barmer

17 D. h. der Ausschluss vom Abendmahl.

18 Vgl. *Confessions et Catéchismes de la foi réformée*, hrsg. von O. Fatio et al., Labor et Fides, Genf, 1986; *Confessions de foi réformée contemporaines*, hrsg. von H. Mottu et al., Labor et Fides, Genf, 2000.

Theologische Erklärung (1934) und die Leuenberger Konkordie (1973) aus jüngerer Zeit.

146. Die synodalen oder konsistorialen Versammlungen in den reformatorischen Landeskirchen lösten die römisch-katholischen Instanzen der *Diözesen* ab. Die neuen Instanzen waren anfangs klerikal besetzt (bis zum 19. Jahrhundert) und arbeiteten später (seit der Zeit der Republik) mit einer nicht-klerikalen Mehrheit. Ihre Funktionsweise war gemeinschaftlich und sie hatten die drei Formen der Entscheidungsgewalt inne, die den kirchlichen Instanzen traditionell übertragen werden. Dazu gehörten: die Autorität in *doktrinalen, disziplinarischen* (moralischen) und *juristischen* (verordnungs- und verfassungsrechtlichen) Fragen. Dennoch war den Synoden und Konsistorien mit dieser dreifachen Autorität kein juristisches Mittel übertragen worden, mit dem sie die Glaubenden zur Aufgabe ihrer persönlichen Gewissensfreiheit zugunsten der (doktrinalen, moralischen oder juristischen) Forderungen von öffentlichen Texten (Glaubensbekenntnissen oder Kirchenverfassungen) hätten zwingen können.

5. *Eine bestreitbare und oft umstrittene Autorität ...*

147. Im Lauf ihrer Geschichte versuchten die evangelischen Kirchen diesem reformatorischen Konzept der Identität treu zu bleiben und das Gleichgewicht seiner verschiedenen Parameter in der Theorie zu bewahren. In der Praxis kam es in der Folge der Epochen, der sozialen Kontexte und der politischen Regime jedoch wiederholt zu Debatten, sowohl über die Definition der verschiedenen Autoritätsreferenzen, als auch über ihre Anwendung: Mal erwies sich der absolute Vorrang der Normativität des Schriftprinzips als nicht zu realisieren; mal wurde die doktrinale Normativität der Bekenntnistexte angezweifelt; mal wurde die Legitimität der Gewissensfreiheit und ihr Vorrang gegenüber allen anderen Prinzipien der kirchlichen Zugehörigkeit in Frage gestellt; mal wurde die Unterordnung des individuellen Gewissens unter die Autoritätsreferenz (*norma normata*, bisweilen auch das Glaubensbekenntnis) öffentlich zurückgewiesen. Die Priorität der Gewissensfreiheit wurde vor allem

in polemischen Situationen gegenüber den anderen Kirchen betont (z. B. in Frankreich im 16. und 18. Jahrhundert), wobei der Kontext das fragile Gleichgewicht zwischen den vier Normen gefährdete. Demgegenüber wurde das verpflichtende Argument, demzufolge das Glaubensbekenntnis als Norm Vorrang habe, oft für die innere Situation in anderen evangelischen Kirchen verwendet.

6. *Eine instabile Dynamik …*

148. Wie die historische Forschung aufzeigt, besteht das Problem der Lehrautorität in den reformatorischen Kirchen in ihrer immer wiederkehrenden Infragestellung, die aber gerade ein Teil dieser evangelischen Identität ist. Das Phänomen hat seinen Ursprung im Prinzip der *Ambivalenz*, das der reformatorischen Theologie so wichtig ist, insbesondere der Theologie von Martin Luther. Dieser Theologie zufolge sind die Wirklichkeit – des Menschen, der Welt oder Gottes – und ihre mögliche Wahrnehmung durch den Menschen, stets dualistisch und von komplementären bzw. einander widersprechenden Begriffen geprägt.
149. Dieses Prinzip des paradoxen Verstehens der Wirklichkeit und der Wahrheit findet sich auch in folgenden Bereichen wieder: – *philosophisch und theologisch* – (z. B. in der Frage von Autorität und Wahrheit, Vernunft und Glaube, Behauptung und Zweifel, Mysterium und Offenbarung, dem barmherzigen und dem richtenden Gott …); – *anthropologisch* (dem „äußeren" und dem „inneren", dem alten und dem neuen, dem individuellen Gewissen und dem gemeinschaftlichen Bekenntnis …); – *ethisch* (Sünde und Gerechtigkeit, Verdienst und Heiligung …); – *ekklesiologisch* („sichtbare" und „unsichtbare" Kirche, Wort und Schrift, Heiliger Geist und kirchliches Lehramt …).

150. In der reformatorischen Theologie, insbesondere bei Luther, der diese neue Art der Theologie aufnimmt und zum Äußersten weiterentwickelt, werden alle Begriffe zur Problematik von „Autorität und Wahrheit" dualistisch, d. h. paarweise gedacht und ausgeführt. Daraus ergibt sich der zutiefst

dialektische und *kritische* Charakter der reformatorischen und protestantischen Theologie. Diese besondere Betonung zu unterschlagen, würde bedeuten, ihren bahnbrechenden und ganz eigenen Blickwinkel in der Geschichte der abendländischen Theologie zu neutralisieren. Gerade die allgegenwärtige Bedeutung der lutherischen Formel *simul...simul...* illustriert diesen Umstand: Der harmonische Fortschritt im Denken zwischen Vernunft und Glaube, der als Charakteristikum der metaphysischen, aristotelischen und mittelalterlichen Theologie gelten kann, wird nun von der dialektischen Spannung in Frage gestellt, welche die reformatorischen Art, Theologie zu betreiben, auszeichnet. Bei diesem Verfahren zur Untersuchung theologischer, ethischer und ekklesiologischer Wahrheiten werden alle Begriffe *zugleich* als einander ergänzend *und* entgegengesetzt angesehen.

151. Zudem wird diese Ambivalenz als *vollkommen* betrachtet: Gott ist vollkommen Liebe und vollkommen Richter zur gleichen Zeit, der Mensch vollkommen gerechtfertigt und Sünder zur gleichen Zeit (vgl. den grundlegenden Begriff *totus – vollkommen* bei Luther). Wir können die Wirklichkeit nur in dieser und durch diese unvermeidliche Ambivalenz erkennen. Jedes Wirklichkeitsverständnis, das an dieser Ambivalenz vorbeigeht, die sich in der menschlichen Erfahrung ebenso bestätigt wie in der biblischen Offenbarung, ist entweder „sophistische" Spekulation (Luther) oder ideologische Fiktion. Das reformatorische Denken geht davon aus, dass die Bedingung und die Existenz des Menschen nur *wirklich* und *wahrhaftig* erkannt werden können in der permanenten Erfahrung dieses Paradoxons der Gleichzeitigkeit und der Vollkommenheit der Gegensätze.

7. Von der Ambivalenz zur Krise

152. Dieses Prinzip des ambivalenten Verstehens der Wirklichkeit wird von der Reformation auf das Gewissen des Glaubenden einerseits und auf das Verständnis der Kirche andererseits angewandt. In Bezug auf das Glaubensgewissen als normativem Ort für die Autorität und die Wahrheit, sollte das Prinzip der

Ambivalenz als Schutz vor jedweder vereinseitigenden und gleichmachenden Absolutsetzung dienen, vor jeglichem Unfehlbarkeitsanspruch – sogar davor, das Gewissen als Norm der der Autorität und der Wahrheit anzunehmen. Denn nicht das Gewissen wurde zur Norm erhoben, sondern das Wort Gottes – Christus –, der sich darin zu Gehör bringt. Das Prinzip des individuellen Gewissens – oder der Inspiration – sollte darum seinerseits unaufhörlich in seiner Normativität in Frage gestellt werden und zwar durch die kritische Besinnung auf die Priorität des Schriftwortes und seinen Vorrang gegenüber jedem individuellen und privaten Verständnis.

153. In gleicher Weise diente das Prinzip der Ambivalenz als Argument gegen die überzogene Aufwertung jeglicher gemeinschaftlicher oder öffentlicher, kirchlicher oder zeitbedingter Normen, ebenso wie gegen deren Forderung, die vorrangige Referenz der Glaubensäußerung, der Glaubensprüfung oder der Festschreibung von Glaubenswahrheiten zu sein. Die kirchliche Äußerung des Glaubensbekenntnisses muss, ebenso wie das individuelle Gewissen, sowohl in ihrer Normativität bestätigt, als auch in ihrem eventuellen Exklusivitätsanspruch in Frage gestellt werden. Irrtumslosigkeit und Unfehlbarkeit, Heiligkeit und Reinheit sind zwar sehr wohl die Merkmale der Normativität von Autorität und Wahrheit nach dem Verständnis und der Definition der reformatorischen Theologie. Zufälligkeit und historische Bedingtheit, Sünde und Fehlbarkeit, Untreue und Mangel an Glauben sind es aber ebenso.

154. Jenseits dieser Widersprüche sollten die normative Autorität und Wahrheit in ihrer vierfachen Dimension – Schrift, persönliches Gewissen, Glaubensbekenntnis und Kirche – eine absolute, vollkommene und sündlose Autorität und Wahrheit Gottes und nicht der Menschen sein. Mit anderen Worten: eine christozentrische Autorität und Wahrheit, geprägt vom Vorrang des Christus-Wortes und von seinem Geist gegenüber jeglicher anthropozentrischer Norm, selbst wenn es sich dabei um das individuelle Gewissen oder um das Bekenntnis des kirchlichen Glaubens handeln sollte. Nur in diesem vierfachen paradoxen Ausdruck und in dieser niemals aufgelösten Komplexität kann die historische Analyse die theologischen und praktischen Anliegen des Problems der Autorität in der evangelischen Ekklesiologie zum Ausdruck bringen.

155. Als Beispiel dafür lässt sich die aktuelle Theologie und Praxis der Weihe (Ordination) ins Pfarramt in den reformierten Kirchen anführen. Das Glaubensbekenntnis der ordinierenden Kirche – ehemals der Text für die Vereidigung der neuen Pfarrer und die Norm zur Überprüfung ihrer Glaubenswahrheiten – ist heute ein einfaches Element der Liturgie. Auch wenn die Kandidaten noch immer auf die Prinzipien der Schriftauslegung hin geprüft werden, so ist das hinsichtlich ihrer Treue zu den dogmatischen Inhalten des Glaubensbekenntnisses nicht mehr der Fall. Diese Regel ist bis heute vorherrschend, wobei sie unter den evangelischen Kirchen unterschiedlich streng gehandhabt wird.

156. Ein weiteres Beispiel ist die Konfirmation der Getauften. Seit ihrer Einführung in den reformatorischen Kirchen, ausgehend von den Ermahnungen des Reformators Martin Bucer oder dem *Kleinen Katechismus* Luthers, wurden Generationen von Konfirmanden mit einer von Luther sehr geschätzten Formel befragt und verpflichtet: „Glaubst du das?" Derzeit wird diese Art der Verpflichtung auf der Grundlage des Glaubensbekenntnisses bis auf wenige Ausnahmen immer seltener verlangt. Das persönliche Zeugnis und Bekenntnis des Konfirmanden wird zumeist ersetzt oder verdrängt durch eine Segenshandlung seitens der Kirche.

157. Noch ein Beispiel: die widersprüchliche Diskussion, welche die reformierten Kirchen in der Schweiz bewegt, die Mitglieder im schweizerischen Evangelischen Kirchenbund (SEK) sind. Das Problem der föderativ und synodal ausgeübten Lehrautorität verschärft sich in dem Moment, in dem die Frage nach der Weihe (Ordination) ins Pfarramt oder die Frage nach der Praxis der Sakramente wieder aufkommt.[19] Zu erinnern ist zudem an das Problem der Rezeption des sogenannten BEM-Dokuments von „Glaube und Kirchenverfassung" durch diese Kirchen sowie an die mehrheitliche Ablehnung ihrer Delegierten, dieses Dokument in der „Generalversammlung" als einvernehmlich oder richtungsweisend in Bezug auf die kirchliche Lehre anzuerkennen.

---

19 Vgl. Fédération des Églises protestantes de Suisse – Conférence des Commissions de liturgie: *Convention au sujet des Ministères et de la Consécration et son commentaire*, SEK-FEPS, Bern, Juli, 1999.

Zusammenfassung der reformatorischen Anliegen und der evangelischen Tradition

1. *Eine wiederkehrende Infragestellung*

158. In einer evangelischen Kirche kommt es zu einer Autoritätskrise, sobald eine einzelne, private Person oder eine gemeinschaftliche, öffentliche Instanz die Gleichheit der vier Autoritätsparameter[20] untergräbt und einen unfehlbaren Vorrang einfordert, indem sie für sich selbst – und nicht für Gott allein – eine angebliche Irrtumslosigkeit geltend macht, die durch das Prinzip der Ambivalenz jedoch ausgeschaltet wurde. Eine solche Forderung vergisst stets aufs Neue, dass sie zu nichts anderem als zu einem Gewissenszwang führt, welcher der grundlegenden Annahme der Rechtfertigung aus Glauben allein genau entgegengesetzt ist. Die für Luther so wichtige Dialektik der „zwei Reiche" beinhaltet, dass jegliche menschliche Autorität in Glaubensfragen stets relativ bleibt, weshalb ihre angeblich unfehlbare und endgültig normative Ausübung unmöglich ist.
159. Diese Infragestellung, die der ambivalenten Einschätzung jeglicher Wirklichkeit geschuldet ist, erweist sich auch für die Geschichte des Protestantismus als zutreffend: In polemischer Weise und noch bevor die „protestantische" Bewegung zur Bildung neuer Kirchenformen geführt hat, die als „lutherisch", „reformiert" etc. bezeichnet werden, bleiben das individuelle Gewissen und die absolute Freiheit, welche die reformatorische Bewegung in den Jahren 1520-1530 eingefordert hatte, die einzige Autorität auf dem Gebiet der Glaubenswahrheit. Nichtsdestoweniger und trotz aller neuen theologischen Bedeutung, die man dem Parameter der Individualität zuschreibt, wird praktisch (organisch und verfassungsmäßig) die Kirche als Garantin der Tradition und der Wahrheit der Schrift mit der Lehrautorität betraut.
160. Die Krise der Schriftinterpretation, die immer neue Spaltungen zwischen den evangelischen Kirchen hervorruft und durch die Kontroverse mit den spiritualistischen Tendenzen unaufhörlich verschärft wird, lässt sich jedes Mal nur durch die

---

20 Vgl. *oben*, Nr. 127.

Aufwertung einer gewissen institutionellen Hierarchie unter den vier Autoritätsnormen überwinden, die wir oben vorgestellt haben. Als wichtigster, öffentlicher und ausschließlicher Parameter setzt sich in den Kirchen selbst die Normativität des kirchlichen Glaubensbekenntnisses durch, die entweder einer weltlichen Autorität unterstellt ist (z. B. durch das Prinzip cuius regio, eius religio, „der Untertan hat die Religion seines Fürsten") oder nur den kirchlichen Instanzen. Wer es sich erlaubt, die kirchliche Autorität des Glaubensbekenntnisses zurückzuweisen, unter dem Vorwand individueller und privater Gewissensgründe, muss bekämpft oder im schlimmsten Fall aus dem konfessionellen Territorium verwiesen werden. Dadurch gerät das instabile Gleichgewicht des Autoritätsprinzips und seiner vierfachen Normativität ständig in die Krise.

2. Die Hierarchie der Autoritäten und ihre Anfechtung

161. Der ständigen Infragestellung ist ein weiteres Anliegen geschuldet. Ab der Zeit der Konsolidierung der protestantischen „Orthodoxien" bzw. seit der zweiten Hälfte des 16. Jahrhunderts machen die reformatorischen Kirchen aus dem Glaubensbekenntnis das institutionelle, sichtbare, wahrhaftige und verpflichtende Zeichen des „Depositums des Glaubens" (der Tradition), sowohl auf öffentlicher als auch auf persönlicher und privater Ebene. Die ursprünglich von den Reformatoren vorgenommene Unterscheidung zwischen „öffentlichen und dem Privaten – publice et privatim" (Bucer) wird nicht länger respektiert. Gleichzeitig wollen die kirchlichen Gemeinschaften der angeblich „wahren" Kirche – der neu reformierten Kirche – die Funktion des autoritativen Lehramtes übertragen, welches dazu berufen ist, im Lauf der Geschichte, die grundlegenden Annahmen des Glaubens zu ordnen. Hier könnte die Erklärung für das Ungleichgewicht in der Ausübung der vier Autoritätsnormen zu finden sein.

162. Festzustellen ist, dass dieses Ungleichgewicht praktisch, aber nicht theologisch, eine Hierarchisierung der Autoritätsnormen hervorbrachte, die es erlaubte, übermäßige Verschiedenheit zeitweise und teilweise zu beseitigen, wobei kritische

Phasen und Zeiten der Befriedung einander abwechselten. Gleichwohl verleiht das Prinzip der Pluralität der Instanzen dem Problem den Akzent der institutionellen Anfechtung und der wiederkehrenden Spannung, die stets in Bewegung ist und oft trennend wirkt.

163. Tatsächlich widerspricht diese Hierarchisierung dem ursprünglichen reformatorischen Projekt und dessen theologischer Vision. Die diesem System innewohnenden und im Lauf der Geschichte auftauchenden Schwierigkeiten zeigen das paradoxe Risiko einer ungeordneten Vervielfältigung sowie eines Widerspruchs zwischen Theorie und Praxis bzw. zwischen der Reformation als Ereignis und ihrer kirchlichen Institutionalisierung. Gemäß dem ursprünglichen reformatorischen Projekt stagniert die Ausübung der Autorität also in einem hartnäckigen Machtkampf zwischen den verschiedenen Instanzen, ohne dass es einer von ihnen gelingen würde, sich letztlich als einzige und erstrangige lehramtliche Norm durchzusetzen oder zu rechtfertigen.

3. Von der Normativität zur Vorbildlichkeit ...

164. In der fünfhundertjährigen Geschichte des Protestantismus gliedert sich das Problem in zwei große Zeiträume: der erste geht vom 16. Jahrhundert bis zur Mitte des 19. Jahrhunderts, der zweite von der Zeit der Revolutionen bis in unsere Tage. In beiden bestätigen sich die mit dieser Frage verbundenen Anliegen, sowie die Unmöglichkeit, ihre Auswirkungen auf einen gemeinsamen Nenner zu bringen. Zwischen dem Konzept einer Einheit in der Lehre einerseits und ihrer vielfältigen Anwendung andererseits, treten ständig neue, widersprüchliche Effekte zu Tage. Diese erlauben es, die komplexe Spannung zwischen dem ursprünglichen Projekt und seiner historischen Verwirklichung nachzuvollziehen, zwischen den grundlegenden theologischen Behauptungen und den aufeinanderfolgenden ekklesiologischen Kompromissen einer niemals aufgenommenen kirchentrennenden Bewegung.

165. Bis zur Mitte des 19. Jahrhunderts behalten die evangelischen Kirchen das gemeinschaftliche Bekenntnis desselben

lehramtlichen Textes als kirchliches Autoritätsprinzip der Wahrheit und Einheit in Glaubensfragen bei. Infolge der Anfechtungen durch die Aufklärung und die Einsetzung republikanischer Regierungsformen werden diese Dokumente – beispielsweise die Texte der altkirchlichen ökumenischen Konzilien, das Augsburger Bekenntnis (1530), das Zweite Helvetische Bekenntnis (1560) oder jeder andere Text, der im Lauf der Jahrhunderte geschrieben und regional rezipiert wurde –, selbst wenn sie rechtlich in Kraft bleiben, zu einfachen beispielhaften Referenztexten, die für die konfessionelle und politische Definition, aber nicht als verbindliche Norm in Autoritäts- und Glaubensfragen, in die Kirchenverfassungen aufgenommen werden.

166. Der Vorrang der kirchlichen Autorität verschwindet von da an zugunsten der Freiheit der einzelnen Kirchenmitglieder, wodurch die gemeinschaftliche, normative und verpflichtende Referenz auf dasselbe Glaubensbekenntnis überflüssig wird. Für die Pfarrer vollzieht sich das in gleicher Weise wie für die Glaubenden. So kann jeder evangelische Glaubende sein eigener Lehrer in Glaubensfragen werden; er muss nur noch sein eigenes inspiriertes Gewissen in Betracht ziehen, dem auf diese Weise innerhalb der Hierarchie der Autoritätsnormen die oberste Rolle zukommt. Die Konsequenz ist das, was man nach dem Sturz des Ancien Regime als evangelischen (kirchlichen) Individualismus bezeichnete – für die einen wohltuend, für die anderen ärgerlich.

4. Die protestantische Quadratur des Autoritätskreises?

167. Die Frage der Autorität bezeugt unter diesem Aspekt durch ihre historischen Entwicklungen in den evangelischen Kirchen die Wichtigkeit des Prinzips der Ambivalenz, das der reformatorischen Theologie so sehr am Herzen liegt. Die Ambivalenz besteht zwischen seinem ursprünglichen dogmatischen Projekt einerseits und seiner praktischen, historischen und institutionellen Umsetzung andererseits. Die beiden stehen stets in dialektischer Spannung zueinander und keine der Autoritätsinstanzen kann für sich allein einen rechtlichen Vorrang beanspruchen. Wenn tatsächlich eine der vier Normen einen

solchen Vorrang beansprucht, so kann das nur in begrenzter und umstrittener Weise der Fall sein. Die historischen Umstände werden sich stets dahingehend ändern, dass die Instabilität durch eine erneute Infragestellung wieder aufgeworfen wird. Wenn die Hierarchisierung der verschiedenen Autoritätsreferenzen auch scheinbar erlaubt, die Krise zu überwinden, so gibt die pragmatische protestantische Lösung der Frage der Lehrautorität in der kirchlichen Institution doch permanent den Anschein, relativ, stets zufällig und niemals zufriedenstellend gelöst zu sein.

Teil II
In der Katholischen Kirche: die neue Form des „lebendigen" Lehramts

168. Angesichts ihrer Infragestellung durch die Reformation, erlebte die katholische Kirche von der Neuzeit bis zur Gegenwart eine bedeutende Entwicklung, in deren Verlauf sich eine gänzlich neue Form des Lehramtes herauskristallisierte. Für unser Projekt ist es bedeutsam, die großen Linien dieser Entwicklung zu analysieren und die wichtigsten Einsichten daraus abzuleiten.

1. Das Trienter Konzil

169. Das Konzil von Trient hat die dogmatische Frage des Lehramts nicht direkt aufgeworfen, weil unter seinen Teilnehmern zu viel Uneinigkeit über diesen Gegenstand herrschte. Dennoch wurde das Konzil von den Legaten des Papstes erfolgreich geleitet, ohne dass die Versammlung ihre Rolle bestritt. In seiner Praxis stellt es einen Wendepunkt in der Geschichte des Lehramtes der Katholischen Kirche dar. Von da an wurde dem Bischof von Rom hinsichtlich der Bestätigung der Rechtgläubigkeit einen Platz zuerkannt, der höher war als der aller anderen.
170. Auf diese Weise geht die Epoche des Konziliarismus zu Ende, deren Theoretiker in der ersten Hälfte des 14. Jahrhunderts Marsilius von Padua und Wilhelm von Ockham waren und

die Zeit ihres Bestehens eine wichtige Rolle dabei gespielt hatte, dass die Kirche einen Ausweg aus der konfusen und skandalösen Koexistenz verschiedener Päpste fand. Obwohl sie weiterhin manche geistigen Strömungen, vor allem in Frankreich, beeinflusste, war diese Ekklesiologie nicht mehr in der Lage, sich durchzusetzen. Die Bemühungen der Päpste seit Martin V. (Papst von 1417-1431), ihre Autorität wiederherzustellen, waren schließlich von Erfolg gekrönt. Die schmerzhafte Möglichkeit eines häretischen Papstes, die den Theologen und Kanonikern des Mittelalters noch vor Augen stand, hörte zur selben Zeit auf, die Gemüter zu bewegen. Von da an wurde akzeptiert, dass der Papst die Autorität über das Konzil inne hat.

171. Einige Merkmale des Trienter Konzils sind für unsere Untersuchung von besonderem Interesse:
– Es handelte sich um ein verteidigendes Konzil, dem es darum ging, gegenüber der protestantischen Reform Position zu beziehen. Die Konzilsväter erarbeiteten einen kohärenten Korpus von doktrinalen und pastoralen Texten, die aber durch den Ton mancher Äußerungen sowie durch ihren parteiischen und einseitigen Charakter, welcher der antireformatorischen Polemik geschuldet war, das Ende der Hoffnung auf eine Wiederherstellung der abendländischen Christenheit bedeuteten. Allerdings lieferte dieser doktrinale Korpus ein wirksames Instrument für die Durchführung einer pastoralen und disziplinarischen Reform, die damals mit Entschlossenheit gewollt wurde.
172. – Es war ein Werk von Akademikern, von Mönchen in der Mehrzahl. Tatsächlich wurde Trient von deren zahlreicher Anwesenheit geprägt, besonders von den Dominikanern und Franziskanern. Ihr wissenschaftliches Niveau trug den konziliaren Ausarbeitungen eine Präzision ein, die sie andernfalls nicht erreicht hätten. Allerdings gab sie ihnen auch einen ziemlich abstrakten Charakter, der weit entfernt war von den religiösen Erwartungen der Frauen und Männer jener Zeit.

173. Das Trienter Konzil bewahrte eine große Flexibilität in seiner Darstellung dessen, was die Kirche von ihren Mitgliedern als Zeichen ihrer Zugehörigkeit zum Glauben verlangte. Es war

nicht von dem Willen getrieben, alle Glaubensäußerungen vorzuschreiben und zu kontrollieren. Bezüglich der Lehre beispielsweise war Trient der Ansicht, dass die Kirche nicht irren könne, wenn sie diese oder jene Doktrin lehrte bzw. diese oder jene disziplinarische Praxis durchsetzte, ohne dass sie deswegen notwendigerweise eine andere Position verurteilen müsse.[21] Vor allem in diesem reduzierten Sinn berief sich das Konzil auf eine „Unfehlbarkeit“, bei der es sich eher um eine „Indefektibilität“ (Unerschütterlichkeit) handelte. Es bewahrte aber einen Spielraum zwischen dem, was die Kirche meinte von ihren Mitgliedern im Namen ihrer Heilsmission verlangen zu können und dem, was formell als offenbart oder *unabänderlich* galt.

174. In der nach-tridentinischen Periode nahm das Lehramt nach und nach die uns bekannte, „moderne“ Form an, insbesondere dadurch, dass die lehramtliche Autorität von Rom beträchtlich gestärkt wurde und dass sowohl Formulierungen als auch Verurteilungen sich verschärften. Es griff häufiger ein und sein Aktionsradius erweiterte sich.

2. *Die Rezeption des Konzils*

175. Die Annahme des Konzils vollzog sich je nach Land in einem unterschiedlichen Rhythmus, oft entsprechend des Beziehungsstandes der jeweiligen Länder zum Papsttum. Man kann jedoch sagen, dass die Annahme tiefgreifend war, denn das Konzil antwortete auf die großen Erwartungen im Blick auf eine katholische Reformation.

Tatsächlich lieferte es den mit Rom verbunden gebliebenen Kirchen ein kohärentes, pastorales und doktrinales Gesamtkonzept, das zur Rekonstruktion einer Einheit beitrug. Die Übereinstimmung über den Vorrang des Papstes, welche es

21 In Bezug auf die Unauflöslichkeit der Ehe zum Beispiel beschränkt sich das Konzil darauf, zu bestätigen, „dass die Kirche sich nicht irrt“, wenn sie lehrt, dass das Eheband wegen Ehebruchs eines Gatten nicht aufgelöst werden könne, und dass keiner von beiden, nicht einmal der Unschuldige, der keinen Anlass zum Ehebruch gegeben hat, eine andere Ehe schließen könne, solange der andere Gatte lebt (can. 7 über die Ehe; *DzH* 1807). Das Konzil wollte die Praxis der orthodoxen Kirchen in einigen Fällen nicht verdammen.

übermittelte, setzte die Option für die Einheit voraus – eine Option, die von einer Mehrheit getragen wurde. Denn nach dem Bruch mit der Reformation war die Frage der Einheit essentiell geworden. Für viele (wie etwa für Ignatius von Loyola und seine ersten Mitstreiter) war Rom das neue Jerusalem, weil es symbolisch auf den Fragmenten der lokalen Kirchen platziert war. Das Werk des Konzils war in seiner Gesamtheit getragen von der Hoffnung auf eine Einheit, die um Christus und seinen Stellvertreter auf Erden, den Papst, aufgebaut werden sollte. In den Augen der Menschen dieser Epoche war die Einheit ein viel bedeutenderer Wert als die Freiheit, vor allem die persönliche Freiheit. Der Dienst an der Einheit autorisierte zum Gebrauch von Zwangsmaßnahmen falls die mündliche Überzeugung sich als ungenügend herausstellte. Dieses zu weiten Teilen „mystische" Konzept brachte viele Menschen – die sich ansonsten der menschlichen Grenzen und der möglichen autoritären Exzesse der Päpste bewusst waren – dazu, einen Gehorsam an den Tag zu legen, dem sie bis zum Urteilsgehorsam folgten.[22]

176. Hingegen blieb das Trauma des Auseinanderbrechens der Einheit seitdem stets im kollektiven Unterbewussten der katholischen Kirche verankert und beeinflusste auch die Arbeit des Lehramtes. Durch diesen wichtigen Umstand lassen sich die doktrinalen und juristischen Verschärfungen der nach-tridentinischen Periode erklären, die es in dieser Form im Mittelalter[23] nicht gegeben hatte, z. B. Index, zahlreiche Exkommunikationen, etc.

177. Die Bewegung weitete sich ab der zweiten Hälfte des 16. Jahrhunderts vor dem Hintergrund von politischen und sozialen Krisen noch aus. Kriege, die oft religiös motiviert waren, folgten auf die dynamische und optimistische erste Hälfte des sogenannten „schönen" 16. Jahrhunderts. Sie begleitete den Aufstieg des hierarchischen Modells der Nationalstaaten, deren Oberhaupt zunehmend eine zentrale und starke Macht ausübte. Deswegen kam es oft zu Konflikten mit den Fürsten

22 D. h., dass der Gehorsam sich nicht darin erschöpft, die empfangenen Befehle zu erfüllen, sondern darüber hinaus bestrebt ist, durch Willen und Verstand den höheren Standpunkt einzunehmen.

23 Das Mittelalter hatte andere Methoden, wie z. B. die Inquisition.

und Königen, die den Anspruch hatten, selbst die Autorität In religiösen Fragen auszuüben.

178. Die Notwendigkeit, die mit Rom verbunden gebliebenen Teile der Christenheit zu stärken, und der Wunsch, die geistliche Macht des Papsttums zu vergrößern, verbanden sich und führten zu einer Betonung der lehramtlichen Autorität des Papstes. Als Rom sich anschickte, die Art seiner Präsenz auf der politischen und sozialen Weltbühne zu reformieren, war es also darauf bedacht, seinen Rückzug durch die Vergrößerung seiner spirituellen und doktrinalen Gewalt zu kompensieren.

179. Das Papsttum konnte sich auf eine ziemlich große Zahl von Theologen stützen, unter denen Robert Bellarmin (1542-1621) einen besonders wichtigen Platz einnahm. Er entwickelte ein ekklesiologisches Modell, das von den Monarchien auf dem Weg zum Absolutismus inspiriert war, mit dem Papst als oberstem Herrscher. Gleichwohl verlief der Aufstieg der päpstlichen Lehrautorität auch nicht ohne Widerstand.

3. *Die Widerstände gegen die Stärkung der päpstlichen Autorität*

180. Abhängig von ihrem persönlichen Temperament bzw. von den jeweiligen Umständen, rieben sich die aufeinanderfolgenden Päpste mehr oder weniger gewaltsam am Widerstand der nationalen Mächte bzw. der lokalen Kirchen. Die Opposition war sowohl politischer als auch religiöser Art. Der Gallikanismus in Frankreich ist ein gutes Beispiel dafür. Allerdings findet man in der Mehrzahl der sich herausbildenden europäischen Staaten geistige Strömungen, die ihm verwandt sind.

181. Obwohl das Wort „Gallikanismus“ erst gegen Ende des 19. Jahrhunderts in der Sprache auftaucht, ist die damit verbundene Realität bedeutend älter. Das alte, mittelalterliche Konzept, dem zufolge die Könige mit ihrer Salbung eine religiöse Autorität empfangen, wurde noch beinahe einheitlich

akzeptiert. Angesichts der Übergriffe der Bettelorden, die vom Papst gefördert wurden, wurde es zur Zeit des Konzils von Trient besonders von einer Mehrheit der Juristen, von der Theologischen Fakultät von Paris und vom größten Teil der Bischöfe akzeptiert, die traditionell unter dem Schutz des Königs standen. Franz I. beispielsweise betrachte sich selbst, bzw. wurde anerkannt, als König-Priester und Stellvertreter Christi, der den Auftrag erhalten hatte, sein Volk in Einheit und Gerechtigkeit in das Reich Gottes zu führen. Als Katharina von Medici es im Jahr 1561 als ihre Pflicht ansah, im Namen ihres Sohnes des Königs das Religionsgespräch von Poissy einzuberufen, um die theologischen Fragen zu lösen, welche die Christenheit spalteten, so geschah dies im Namen derselben Investitur.

182. Der Gallikanismus der Kirchenmänner stützte sich auf die Thesen des Konziliarismus und war die Übersetzung einer Ekklesiologie, die von politischen Konzepten geprägt war und eine Regierungsgewalt vorsah, die der mittleren Ebene der Kirche mit Respekt begegnete. Es ging ihm stark darum, in seelsorgerlichen und lehramtlichen Fragen die Autonomie der Bischöfe – die sich zu der des Papstes gesellte –zu verteidigen. Seine Vertreter waren der Ansicht, dass Gott die geistliche Autorität zugleich dem Papst und den Bischöfen gegeben hatte, wobei die lehramtlichen und disziplinarischen Entscheidungen des Papstes nicht aus sich selbst heraus Autorität beanspruchen konnten *(ex sese)*, sondern nur mit der Zustimmung der Kirche *(ex consensu Ecclesiae)*.

183. In dieser geistigen Strömung begegnet man der Person von Bossuet, einem Verteidiger der Indefektibilität der Kirche. Wenn Fehler gemacht würden, so meinte er, so könnten diese ihren Ursprung nicht im Glauben der römischen Kirche haben, sondern wären nur die persönliche Angelegenheit des jeweiligen Papstes. *„In Fragen des Glaubens spielt der regierende Pontifex die Hauptrolle und seine Dekrete betreffen alle und jeden in der Kirche. Sein Urteil ist jedoch nicht unabänderlich, es sei denn, die Kirche hat ihm ihre Zustimmung gegeben.“*[24] Diese

24 Zitiert bei B. Sesboüé, *Histoire des dogmes*, t. IV: *La parole du salut*, Desclée, Paris, 1996, S. 183.

Aussage von Bossuet, die die Versammlung des Klerus 1682 als Gesetz verkündete, wurde 1794 verurteilt. Ihre Verwerfung veranlasste die endgültige Abfassung der Definition der päpstlichen Unfehlbarkeit auf dem Ersten Vatikanischen Konzil.

184. Ein Ereignis im Rahmen der Bewegung hin zur Zentralisierung der Lehrautorität war der in Frankreich angesiedelte Jansenismus, der sich im Dunstkreis des Gallikanismus entwickelte. Im Jahr 1656 sprach sich Antoine Arnauld erstmals öffentlich für die Legitimität des „respektvollen Schweigens" aus, welches aufgrund der dem römischen Pontifex geschuldeten Ehrerbietung angesichts gewisser päpstlicher Äußerungen geboten war, die man aber auch für falsch halten konnte. Er tat dies mit Bezug auf die Konstitution *Ad sanctam* von Alexander VII., der fünf ausgewählte Äußerungen verurteilte, die formal zu dem Buch *Augustinus* von Cornelius Jansen gehörten. Arnauld nahm eine Unterscheidung zwischen dem Recht und den Fakten vor. Rechtlich gesehen waren die Aussagen zu verurteilen, aber der Lage der Fakten nach befanden sie sich überhaupt nicht in dem Werk des Jansenius.

185. Im Lauf des 18. Jahrhunderts tauchte die Frage erneut auf. Clemens XI. verurteilte offiziell das „respektvolle Schweigen". Dabei hatte ein entschiedener Gegner des Jansenismus[25] in die Debatte eingegriffen – Fénelon. Seiner Meinung nach war die Kirche unfehlbar und zwar nicht nur in Bezug auf die eigentlichen Dogmen, sondern auch hinsichtlich der nicht offenbarten dogmatischen Fakten, wie z. B. die Tatsache, dass sich die verurteilten Aussagen im Werk des Jansenius befanden. Dieser Standpunkt Fénelons erregte Widerspruch bei zahlreichen Theologen. Auf der anderen Seite wollten römische Kreise ihn dazu ermutigen, die persönliche Unfehlbarkeit des Papstes zu verteidigen, was er aber ablehnte.[26]

---

25 Allerdings ist es nicht sicher, dass Fénelon dem Begriff der Unfehlbarkeit bereits seinen heutigen Sinn gab, der die Unveränderlichkeit einer Aussage einschließt. Zu dieser Frage, vgl. J.-F. Chiron, *L'infaillibilité et son objet. L'autorité du magistère infaillible s'etend-elle aux vérités non révélées?*, Cerf, Paris, 1999, S. 71-119.

26 L. Cognet, „Fénelon", *DHGE*, Bd. XVI, 983.

186. Der Wunsch nach Zentralisierung löste also Debatten aus und traf auf Widerstände. Keiner davon erwies sich jedoch als unüberwindlich. Dennoch musste für die Zentralisierungsbewegung ein hoher Preis gezahlt werden. Vor allem im 18. Jahrhundert ließ sich beobachten, wie die verschiedenen Ausdrucksformen der Glaubenserfahrung nach und nach zugunsten des Lehramts verkümmerten. Dies war das Ende für das Lehramt der Theologen, von denen bald nichts anderes mehr verlangt wurde, als die päpstlichen Standpunkte theologisch zu rechtfertigen. Es war auch das Ende für die Autorität der Mystiker und damit für den freieren Ausdruck der spirituellen Erfahrung, den ihre Lehre seit dem Mittelalter ermöglicht hatte.

187. Schließlich strapazierten so viel Rigorismus und häufiges Misstrauen gegenüber den lokalen Autoritäten teilweise auch das Bild der päpstlichen Autorität. Im Lauf des 18. Jahrhunderts vollzogen sich die allmähliche Auflösung der verschiedenen Formen des religiösen Konsenses sowie eine langsame Ablösung von den traditionellen Formen des religiösen Lebens. Das Argument der Autorität war weniger überzeugend.

4. Von Trient zum Ersten Vatikanischen Konzil

188. Zwischen Trient (1545-1563) und dem Ersten Vatikanum (1870) hielt die Katholische Kirche kein einziges Konzil ab. In dem beschriebenen historischen Kontext ist diese äußerliche Feststellung das Zeichen für einen Wandel bei der Ausübung des Lehramtes sowie für eine gewisse Zahl von miteinander verbundenen Verschiebungen, die sich folgendermaßen schematisch beschreiben lassen:[27]

189. Verschiebung der vermittelten Tradition hin zu dem mit ihrer Vermittlung und Verkündung beauftragen Organ, welches fortan als „lebendiges Lehramt" bezeichnet wird. Die Beweisfrage verschiebt sich dadurch von der *Quelle* der Wahrheit hin zur *Autorität*, die diese Wahrheit garantiert. Das

27 Vgl. J.-F. Chiron, „Le magistère dans l'histoire", *RSR* 87 (1999), S. 483-518.

Wahrheitskriterium wird fortan vor allem in dieser Autorität verortet.

190. Verschiebung von der *fides qua*, d. h. vom Glauben als Bewegung der Zugehörigkeit, hin zur *fides quae*, d. h. zum Glauben als der rechten Kenntnis. Das Lehramt wird daraufhin das direkte Medium für diese Kenntnis und das Motiv für die Einstimmung in einen Glauben, der vor allem als Gehorsam gegenüber der Kirche verstanden wird.

191. Verschiebung von der *Bezeugung* des Glaubens durch die Lehrautorität der Kirche hin zur *Festlegung* oder Definition des Glaubens durch diese Autorität. In diesem Kontext taucht der Begriff des „Lehramts" in dem Sinn auf, wie wir ihn heute verstehen.

192. Verschiebung der *Indefektibilität* (oder Irrtumslosigkeit) hin zur *Unfehlbarkeit* des kirchlichen Lehramts. Die Unfehlbarkeit als Charisma der gesamten Kirche konzentriert sich bei den Inhabern des Lehramts. Diese Unfehlbarkeit wird zunehmend verbunden mit der Idee der Unabänderlichkeit. Dabei ist das Auftauchen des Begriffs *definitiv* zu beobachten, der entweder nach seinem juristischen Gebrauch verstanden werden kann (wo er sich auf eine Entscheidung bezieht, gegen die kein Einspruch möglich ist) oder nach seinem doktrinalen Gebrauch, wo er mehr oder weniger ein Synonym für die Unfehlbarkeit ist.

193. Verschiebung des Ausdrucks *fides et mores* von einer weiteren Bedeutung, die auf dem Trienter Konzil noch präsent ist und sich auf die Disziplin des christlichen Lebens bezieht, hin zu einem Verständnis dieses Begriffs im strengen Sinne, der nun die geoffenbarten Wahrheiten hinsichtlich des Glaubens und der moralischen Lehre meint.

194. Verschiebung der Indefektibilität der verstreuten Kirche (des universellen Episkopats) hin zur Unfehlbarkeit des römischen Pontifex (und des Konzils), was eine doppelte Beschränkung darstellt: von der Indefektibilität (weites Konzept) zur Unfehlbarkeit (eingeschränktes Konzept) und von der universalen Kirche hin zum Konzil und vor allem zum römischen Pontifex.

195. Entwicklung im Verständnis von der verlangten Zustimmung zu den Entscheidungen des Lehramts, welche die Frage

ihres Wesens oder ihres Niveaus stellt, ebenso wie derjenigen des „respektvollen Schweigens“ und der „Meinungsverschiedenheit“.

5. *Das Erste Vatikanische Konzil*

196. Das Erste Vatikanische Konzil und seine Bestimmungen lassen sich nur mit Blick auf die Geschichte der Kirche und des Papsttums im 19. Jahrhundert erklären und angesichts der historischen, politischen und kulturellen, kirchlichen und theologischen Faktoren, die zum Erstarken des Papsttums beigetragen haben.

197. Tatsächlich sind die Bestimmungen des Ersten Vatikanums eng verbunden mit der Wahrnehmung der damaligen historischen Umstände durch die Katholische Kirche: Sie definierte und äußerte sich in Opposition zu den Zivilgesellschaften, die den Weg einer ideologischen und militanten Laizisierung eingeschlagen hatten (die Ideen von 1789, das Nationalitätsprinzip, die Demokratie, bald auch der Klassenkampf). Sie positionierte sich als paralleler, gesellschaftlicher Gegenentwurf in einer Haltung der Defensive. Die Unfehlbarkeit des Papstes muss daher verstanden werden „als eine pathetische Beteuerung der Dauerhaftigkeit, zu einem Zeitpunkt, an dem die materielle Basis seiner Macht sich auflöste.“[28] Die katholische Kirche erlebte daher ein dreifaches Trauma: ein *kirchliches* (in der Reaktion gegen den Konziliarismus und den Gallikanismus), ein *politisches* (in ihrer Reaktion gegen das System der nationalen Kirchen) und ein *intellektuelles* (in ihrer Reaktion gegen den Liberalismus und die Säkularisierung).[29]

198. Die Festlegungen des Ersten Vatikanums folgten einer Ekklesiologie, die sich „unter dem Vorzeichen der Autoritätsbehauptung“ entwickelt hatte (Yves Congar).[30] Diese Ekklesio-

---

28 Die Ideen dieses Paragraphen beruhen auf: C. Langlois, „L'infaillibilité, une idée neuve au XIXe siècle“, in *Église infaillible ou intemporelle? Recherches et Débats*, DDB, Paris, 1973, S. 76.

29 Vgl. zu diesem Punkt: H.-J. Pottmeyer, *Die Rolle des Papsttums im dritten Jahrtausend*, Herder, Freiburg, 1999.

30 Wir sind dieser Ekklesiologie schon in unserem Dokument *Le ministère de*

logie hatte ihre Kategorien bei der politischen Philosophie entlehnt.[31] Das Konzept der *Souveränität* sieht eine höchste Gewalt vor, die von keiner äußeren Zustimmung abhängig ist.[32] Dieses Modell des absoluten Monarchen wurde auf den Vorrang des Papstes bei der Gerichtsbarkeit angewandt (d. h. bei der kirchlichen Regierung und der Disziplin). Auf dem Ersten Vatikanum wollten manche diese Souveränität des Papstes gern auf den Bereich der *Lehre* ausdehnen. Die Festlegung der Unfehlbarkeit wurde daher als notwendige Ergänzung zum Vorrang bei der Gerichtsbarkeit eingefordert.

199. Auf dem Ersten Vatikanum waren drei Gruppen präsent: die extremen Infallibilisten (Vertreter der Unfehlbarkeit), die nur wenige an der Zahl waren, dafür aber Pius IX. nahestanden; die Minderheit (20 %), die der extremen infallibilistischen Auffassung zurückhaltend oder ablehnend gegenüber stand; die „Mehrheit", welche die Unfehlbarkeit befürwortete, dabei aber sensibel für die Anliegen der Minderheit blieb und für eine Kompromisslösung offen war. Das Grundanliegen der Diskussion bestand darin, herauszufinden, in welcher Weise sich der Papst bei der Ausübung des Lehramtes auf das Zeugnis der kirchlichen Tradition stützte: Sollte man es für selbst-

---

communion dans l'Église universelle begegnet, als wir über die Definition des päpstlichen Primats auf dem Ersten Vatikanum sprachen. Wir sagten damals, dass dieses ebenfalls für die Definition der Unfehlbarkeit gilt: „Das Erste Vatikanische Konzil erscheint wie ein Triumph des persönlichen Amtes der Einheit in der Kirche. Der Bischof von Rom ist von da an das Haupt aller Katholiken, welches deren besondere Verehrung genießt und in dem sie das untrügliche Zeichen ihrer christlichen Identität sehen, der unfehlbare, souveräne Pontifex. Trotz der Begriffe, die gewählt wurden, um sein „Charisma der Wahrheit" zu begrenzen, kann er ganz allein die gesamte Kirche repräsentieren" (Nr. 82). Es gibt eine Verbindung zwischen den beiden Definitionen des Ersten Vatikanums: Die Unfehlbarkeit des Lehramts erschien damals als ein notwendiger Bestandteil für die umfassende Ausübung des Jurisdiktionsprimats.

31 Vgl. das beispielhafte Werk von Mauro Cappellari – dem zukünftigen Papst Gregor XVII. – aus dem Jahr 1799 mit dem Titel: *Der Triumph des Heiligen Stuhles und der Kirche gegen die Angriffe der Neuerer, die bekämpft und mit ihren eigenen Waffen geschlagen werden.*

32 Die feierliche, authentische Formel von Pius IX. „Die Tradition bin ich" erscheint wie ein Pendant zu dem Ludwig XIV. zugeschriebenen Ausspruch: „Der Staat bin ich."

verständlich halten, dass der Papst stets den Glauben der Kirche äußerte? Oder war es notwendig, dass der Papst sich im Vorfeld seiner Äußerungen bei den Bischöfen über den Glauben der Kirche versicherte? Sollte diese Konsultation dann eine Pflicht und eine *conditio sine qua non* sein?

200. In der Konstitution *Dei Filius* über den katholischen Glauben, die noch vor der Unfehlbarkeit beschlossen wurde, legte man Konzepte des Lehramts der katholischen Kirche fest, die später als klassisch gelten sollten:

> „Kraft göttlichen und katholischen Glaubens ist all das zu glauben, was im geschriebenen oder im überlieferten Wort Gottes als dem einen der Kirche anvertrauten Glaubensgut enthalten ist und zugleich als von Gott geoffenbart vorgelegt wird, sei es vom feierlichen Lehramt der Kirche, sei es von ihrem ordentlichen und allgemeinen Lehramt."[33]

Zwei Arten der Ausübung des Lehramts werden hier aufgezeigt: das feierliche Lehramt, auch „außerordentliches Lehramt", d. h. die von den Konzilien verkündeten Festlegungen (eventuell auch die des Papstes, was aber noch diskutiert wurde); das „ordentliche und allgemeine Lehramt", d. h. die übliche Lehre des Papstes und der Bischöfe über eine offenkundig feststehenden Glaubensfrage (z. B. die Göttlichkeit Christi vor ihrer Festlegung auf dem Konzil von Nizäa). Die beiden Adjektive „ordentlich und allgemein" gehören zusammen: es existiert demzufolge kein ordentliches Lehramt, das nur vom Papst ausgeübt wird.

201. Die Festlegung der päpstlichen Unfehlbarkeit hat folgenden Wortlaut:

> „Wenn der Römische Papst in höchster Lehrgewalt (= ex cathedra) spricht, das heißt: wenn er seines Amtes als Hirte und Lehrer aller Christen waltend in höchster apostolischer Amtsgewalt endgültig entscheidet, eine Lehre über Glauben oder Sitten sei von der ganzen Kirche festzuhalten, so besitzt er auf Grund des göttlichen Beistandes, der ihm im heiligen Petrus verheißen ist, jene Unfehlbarkeit, mit der der göttliche Erlöser seine Kirche bei endgültigen Entscheidungen in Glaubens- und

33 *DzH* 3011.

Sittenlehren ausgerüstet haben wollte. Diese endgültigen Entscheidungen des Römischen Papstes sind daher aus sich und nicht aufgrund der Zustimmung der Kirche unabänderlich."[34]

202. Zur richtigen Interpretation dieses Textes steht uns der umfassende Bericht von Seiner Eminenz Monsignore Grasser, dem Präsidenten der *Deputatio fidei* (der lehramtlichen Kommission des Konzils) zur Verfügung, der den Text den Konzilsvätern vor der Abstimmung präsentierte.[35] Dabei handelte es sich um die offizielle Position der Kommission, die den Text verfasst hatte. Der Berichterstatter zeigt, dass das Erste Vatikanum sich die Position der extremen Infallibilisten nicht zu eigen gemacht hat und dass die wiederkehrenden maximalistischen Auslegungen der Unfehlbarkeit nicht der Intention der Verfasser entsprechen.

203. Definiert der Text eine *absolute, persönliche* und *losgelöste* Unfehlbarkeit?

Absolut? „Die absolute Unfehlbarkeit gehört nur Gott allein", antwortete Grasser und die Unfehlbarkeit des Papstes ist in dreifacher Weise begrenzt. Zuerst *in Bezug auf ihr Subjekt*, d. h., sie gilt nur wenn der Papst als allgemeiner Lehrer in seiner Verbindung mit der universalen Kirche handelt. Sodann ist sie *in Bezug auf ihren Gegenstand* begrenzt. Dabei kann es sich nur um das handeln, was zur apostolischen Tradition und zum gemeinsamen Glauben der Kirche gehört. Schließlich wird sie *in Bezug auf ihre Ausführung* begrenzt. Sie bezieht sich nur auf die Fälle, in denen der Papst kraft seiner apostolischen Autorität *ex cathedra* spricht.

Jedes Mal wird die Unfehlbarkeit von einem *nur* begrenzt. In diesem Geist sagen die zwei Artikel des kanonischen Rechts von 1917 und 1983: „Als unfehlbar definiert ist eine Lehre nur

---

34 DzH 3074. Das Konzil verwendete den Begriff „festhalten" und nicht „glauben", um die Frage offen zu lassen, ob der Bereich der Unfehlbarkeit sich auch auf Punkte im Zusammenhang mit der Offenbarung erstreckt. Die Unterbrechung des Konzils ließ keine Zeit, diese Frage im Rahmen der Konstitution über die Kirche zu behandeln. Die Frage des „sekundären Gegenstandes" der Unfehlbarkeit wurde nach dem Zweiten Vatikanum wieder gestellt.

35 Dieser Bericht wurde vom Zweiten Vatikanum in *LG* 25 zitiert.

anzusehen, wenn dies offensichtlich feststeht." (ca. 1323, § 3 von 1917; ca. 749, § 3 von 1983).

204. Eine *persönliche* Unfehlbarkeit? Nein, denn dieses Charisma ist dem Papst weder als Privatperson, noch als gewöhnliche Eigenschaft gewährt worden. Seine Irrtumslosigkeit beschränkt sich nur auf Handlungen, die sich präzise bestimmen lassen.

205. Eine *losgelöste* Unfehlbarkeit? Dies war die umstrittenste Frage. Für die Minderheit war es sehr wichtig, dass der Papst nicht losgelöst von der Kirche ist und dass er nicht losgelöst agierte. Gleichwohl weist die endgültige Festlegung in dieser Frage einen beunruhigenden Ton auf: „Diese endgültigen Entscheidungen des Römischen Papstes sind daher aus sich und nicht aufgrund der Zustimmung der Kirche unabänderlich."

Grasser präzisierte die Konzepte[36] und sprach dabei von einer *unterschiedenen*, aber nicht *losgelösten* Unfehlbarkeit. Der Papst sei nur als „Repräsentant der universalen Kirche" unfehlbar. „Wir trennen nicht", so der Berichterstatter weiter, „den Papst, der endgültige Entscheidungen trifft von der Kooperation und der Mitwirkung der Bischöfe, zumindest insofern, als wir diese Kooperation und diese Mitwirkung nicht ausschließen." Die Verbindung des Papstes mit der Kirche liegt auf der Hand, weil eine endgültige Entscheidung nur im Falle einer schwerwiegenden Unstimmigkeit in Glaubensfragen gerechtfertigt ist und weil der Papst nur dann einschreitet, wenn diese Streitpunkte nicht von den Bischöfen auf regionaler Ebene behoben werden können. Andererseits „ist der Papst kraft seiner Aufgabe und je nachdem wie ernst die Situation sich darstellt angehalten, die angemessenen Mittel einzusetzen, um die Wahrheit zu erforschen wie es notwendig ist und diese klar zu verkünden. Bei diesen Mitteln handelt es sich um die Konzilien und auch um die Räte der Bischöfe, der Kardinäle, der Theologen, etc." Aber diese prinzipielle Notwendigkeit wird in der Festlegung nicht in Form einer Ver-

---

36 Als Gasser sprach war der Zusatz „nicht aufgrund der Zustimmung der Kirche" (*non ex consensu ecclesiae*) allerdings noch nicht der Bestimmung hinzugefügt worden. Der Text enthielt nur die Worte „aus sich selbst".

pflichtung geäußert. Dem Berichterstatter zufolge, stellte sie alles in Frage und lief auf einen „geteilten Primat" zu.

206. Ebenso verhielt es sich in der Frage des Einverständnisses der Kirche: „Wir werden", so der Berichterstatter, „ – keinesfalls – den Papst von dem Einverständnis der Kirche trennen, unter der Bedingung, dass dieses Einverständnis nicht als Bedingung festgelegt wird, denn dieses Einverständnis darf ihm niemals fehlen."[37] Nach Lk 22,32 hatte Jesus zu Petrus gesagt: „Ich aber habe für dich gebetet, dass dein Glaube nicht erlischt" und seine Aufgabe sei es, seine Brüder zu stärken und nicht umgekehrt.

Kurzum, Grasser gab der Minderheit recht in ihrem Anliegen, die Verbindung zwischen dem Papst und dem Einverständnis der Kirche aufrechtzuerhalten, aber er wollte nicht, dass diese Verbindung die Form einer juristischen Verpflichtung annahm.

6. *Vom Ersten Vatikanum zum Zweiten Vatikanum*

207. Für das Dogma der päpstlichen Unfehlbarkeit gab es drei verschiedene Auslegungen:

Die *maximalistische Auslegung*, die dem Verständnis der extremen Infallibilisten entsprach. Deren zentrale Idee – die von Grasser in seinem Bericht zurückgewiesen wurde – besagte, dass die unfehlbare Autorität des Papstes die Quelle der Unfehlbarkeit der Kirche sei. Sie versuchte, die Unterscheidung zwischen einer Festlegung *ex cathedra* und den anderen lehramtlichen Erklärungen des Papstes wegzuwischen. Sie bevorzugte den lehramtlichen Zentralismus. Selbst wenn diese Auslegung nicht von vielen Theologen unterstützt wurde, hatte sie mit ihrer Vereinfachung der Dinge doch einen großen Erfolg in der öffentlichen Meinung und bei vielen Katholiken.

208. Die *mittlere Auslegung* hielt sich streng an den Text des Konzils und lehnte die weit verbreiteten Irrtümer über das

---

37 Tatsächlich bezieht sich die Abschlussformel der Festlegung auf den oben angesprochenen vierten Artikel der Versammlung der französischen Kleriker von 1682. Dieser Artikel bestätigte die Notwendigkeit einer formalen, nachfolgenden Zustimmung der Bischöfe, die der Festlegung erst ihren unveränderlichen Charakter *zusprach*.

Thema der päpstlichen Unfehlbarkeit ab. Bis zum Zweiten Vatikanum war dies die am weitesten verbreitete Auslegung. Aber diese, ebenfalls einseitige Auslegung konnte den Eindruck erwecken, dass das, wovon in der Entscheidung des Konzils nicht explizit die Rede war – wie beispielsweise die kollegiale Struktur des bischöflichen Lehramts, der Glaubenssinn der Kirchenmitglieder oder die Rezeption –, gar nicht existierte oder ohne Bedeutung für die Lehre war. Was daher „das weit verbreitete Dogma der Unfehlbarkeit und seine Wirkungen betrifft, so verwischen sich die Grenzen zwischen den beiden Interpretationen (der maximalistischen und der mittleren). Nur in theoretischer Hinsicht [...] bleibt die mittlere Interpretation offen für die Möglichkeit, die Unfehlbarkeit im Rahmen einer Ekklesiologie der Communio zu verstehen."[38]

209. Die *dritte Interpretation* entsprach dem Anliegen *der Minderheit*. Sie bezog sich auf die Tradition des ersten Jahrtausends, verstand die Kirche als Kommunion der Kirchen und ging davon aus, dass der Papst sein Lehramt (wie auch seinen Vorrang) als Haupt des Bischofskollegiums ausübte, in Absprache mit denen, die wie er auch die Verantwortung für die universale Kirche trugen. Die Unfehlbarkeit, die zuerst der Kirche als Ganzes versprochen wurde, sei dem Lehramt des Papstes und dem Bischofskollegium nur in Verbindung mit der gesamten Kirche gewährt worden. Der Papst dürfe sie nur zusätzlich einsetzen, im Fall der Dringlichkeit und als letzten Ausweg in Kooperation mit den Bischöfen.

210. Es ist anzumerken, dass der einzige Anlass, zu dem der Papst sein unfehlbares Lehramt seit 1870 ausgeübt hat, die Festlegung der Himmelfahrt der Jungfrau Maria durch Pius XII. im Jahr 1950 war. Dieser Festlegung war eine formale Konsultation aller Bischöfe vorausgegangen. Doch sie war nicht durch eine Krise nötig geworden, in welcher der Glaube in Gefahr gewesen wäre, obwohl doch eine solche Situation heraufbeschworen worden war, um die Festlegung des Ersten Vatikanums zu rechtfertigen.

---

38 H. J. Pottmeyer, *op. cit.*

211. Seit dem 19. Jahrhundert vervielfachte das römische Lehramt sein Eingreifen und seine Stellungnahmen, insbesondere durch den Einsatz von *Enzykliken*, denen eine große Lehrautorität zuerkannt wurde. Dieser Kontext warf die Frage auf, ob das tagtägliche Lehramt des Papstes als „ordentliches“ und potentiell unfehlbares Lehramt angesehen werden konnte, wie es für das ordentliche und allgemeine Lehramt in seiner Gesamtheit der Fall sein sollte. Es verbreitete sich auf diese Weise das Konzept einer diffusen Unfehlbarkeit – jenseits von dem, was das Erste Vatikanum gelehrt hatte.

7. *Das Zweite Vatikanische Konzil*

212. Das Zweite Vatikanum rollte die Angelegenheit des Lehramtes wieder auf und behandelte sie in ihrer Gesamtheit. Die Konstitution *Dei Verbum* nahm eine Neubestimmung des Verhältnisses von Schrift und Tradition einerseits und der Verantwortlichkeit des Lehramtes andererseits vor:

> „Die Aufgabe aber, das geschriebene oder überlieferte Wort Gottes verbindlich zu erklären, ist nur dem lebendigen Lehramt der Kirche anvertraut, dessen Vollmacht im Namen Jesu Christi ausgeübt wird. Das Lehramt ist nicht über dem Wort Gottes, sondern dient ihm, indem es nichts lehrt, als was überliefert ist, weil es das Wort Gottes aus göttlichem Auftrag und mit dem Beistand des Heiligen Geistes voll Ehrfurcht hört, heilig bewahrt und treu auslegt und weil es alles, was es als von Gott geoffenbart zu glauben vorlegt, aus diesem einen Schatz des Glaubens schöpft.“ (*DV*, 10)

Der Akzent wird auf die Unterordnung des Lehramtes unter das Wort Gottes gelegt und auf die Tatsache, dass es seine Funktion im Dienst dieses Wortes ausübt, das seine Norm ist.

213. *Lumen Gentium* bestätigt gleich zu Beginn, dass das ganze Volk Gottes das Subjekt der Unfehlbarkeit der Kirche ist:

> „Die Gesamtheit der Gläubigen, welche die Salbung von dem *Heiligen* haben (vgl. 1 Joh 2,20.27), kann im Glauben nicht irren. Und diese ihre besondere Eigenschaft macht sie durch den übernatürlichen Glaubenssinn des ganzen Volkes dann kund, wenn sie „von den Bischöfen bis zu den letzten gläubi-

gen Laien" ihre allgemeine Übereinstimmung in Sachen des Glaubens und der Sitten äußert." (*LG*, 12)

Der *sensus fidelium*, der *sensus fidei,* wird von allen getauften Gläubigen in unfehlbarer Weise getragen. Dadurch wird sogleich deutlich, dass, wenn es in der Kirche Ämter mit einer eigenen Verantwortung in Bezug auf die Verkündigung und die Regulierung des Glaubens gibt, diese Ämter *in Verbindung* mit dem Volk Gottes stehen und nicht ohne Gemeinschaft mit diesem ausgeübt werden können.

214. Die Funktion der Lehre wird als konstitutiv für die Aufgabe der Bischöfe dargestellt, ebenso wie die Aufgaben der Heiligung und der Lenkung. Die Aufgabe der Lehre wird nicht mehr mit der Rechtsprechung verknüpft, wie es dem früheren Schema der episkopalen Aufgaben zufolge der Fall war, das ohnehin nur zwei Begriffe umfasste (Ordnung und Rechtsprechung). Diese Aufgabe wird ausgeübt in Gemeinschaft mit dem Haupt und den Gliedern des Kollegiums (*LG*, 21).

215. Die Verkündigung ist die oberste Aufgabe der Bischöfe, die als *authentische* Lehrer bezeichnet werden. Dieser neue Terminus bedeutet, dass sie mit der Autorität Christi ausgestattet sind, um den Glauben zu predigen. Sie müssen „als Zeugen der göttlichen und katholischen Wahrheit" verehrt werden. Die Gläubigen müssen ihrer Lehre in Glaubens- und Sittenangelegenheiten „mit religiös gegründetem Gehorsam anhangen". Schließlich heißt es: „Dieser religiöse Gehorsam des Willens und Verstandes ist in besonderer Weise dem authentischen Lehramt des Bischofs von Rom, auch wenn er nicht kraft höchster Lehrautorität spricht, zu leisten." (*LG*, 25)

216. Der Begriff *authentisch* wird ebenfalls verwendet, um die „übliche" Lehre des Papstes und der Bischöfe zu beschreiben. Der „religiöse Gehorsam des Willens und Verstandes" bezeichnet eine Haltung, die nicht der formelle Akt des Glaubens ist. Bezüglich der üblichen Lehre des Papstes wird präzisiert, dass die daraus hervorgehenden Dokumente den gewohnten Interpretationsregeln folgend wahrzunehmen sind (Art der Dokumente, Absicht, Ausdrucksweise, etc.)

217. Die erste Aussage über die Unfehlbarkeit betrifft das mit dem Papst verbundene Bischofskollegium:

> „Die einzelnen Bischöfe besitzen zwar nicht den Vorzug der Unfehlbarkeit; wenn sie aber, in der Welt räumlich getrennt, jedoch in Wahrung des Gemeinschaftsbandes untereinander und mit dem Nachfolger Petri, authentisch in Glaubens- und Sittensachen lehren und eine bestimmte Lehre übereinstimmend als endgültig verpflichtend vortragen, so verkündigen sie auf unfehlbare Weise die Lehre Christi." (*LG*, 25)

Es handelt sich hier um das, was das Erste Vatikanum das „ordentliche und allgemeine Lehramt" nannte. Aber dort wo das Erste Vatikanum sagte „als von Gott offenbart vorgelegt", sagt das Zweite Vatikanum „eine bestimmte Lehre übereinstimmend als endgültig verpflichtend vor[ge]tragen". Diese zweite Formulierung, deren Interpretation schwierig ist, scheint dehnbarer zu sein. Wenn nicht länger eine Glaubenszugehörigkeit im eigentlichen Sinne gefordert wird, dann kann das, was als „endgültig verpflichtend" (unfehlbar) vorgelegt wird, über das hinaus gehen, was eigentlich offenbart worden ist.[39]

218. Das Dokument fährt fort mit dem außerordentlichen Lehramt der auf dem Konzil versammelten Bischöfe:

> „Dies ist noch offenkundiger der Fall, wenn sie auf einem Ökumenischen Konzil vereint für die ganze Kirche Lehrer und Richter des Glaubens und der Sitten sind. Dann ist ihren Definitionen mit Glaubensgehorsam anzuhangen." (*LG*, 25)

219. Der Gegenstand der folgenden Ausführungen ist die Unfehlbarkeit des päpstlichen Lehramts. Ebenso wie die Unfehlbarkeit der Kirche, reicht die Unfehlbarkeit des Papstes „so weit wie die Hinterlage der göttlichen Offenbarung, welche rein bewahrt und getreulich ausgelegt werden muss" (*LG*, 25). Demzufolge ist es das Depositum (die Hinterlage) der Offenbarung welches zugleich die Grenze der Unfehlbarkeit als auch das Kriterium für deren Ausdehnung bestimmt.[40]

---

39 Aber nicht alles, was von den Bischöfen einstimmig vorgeschlagen wird, hat den Charakter der Unfehlbarkeit. Dafür muss eine Lehre als „definitiv festgehalten" geäußert werden.

40 Die theologische Kommission des Konzils kommentierte diese Aussage so: „Der Gegenstand der Unfehlbarkeit der Kirche [...] erstreckt sich daher auf alles, allerdings nur auf das, was entweder die offenbarte Tradition betrifft, oder was nötig ist, um diese Tradition treu zu bewahren und zu vertreten."

220. Die Unfehlbarkeitserklärung des ersten Vatikanums wird mit einigen Abweichungen (hier kursiv gesetzt) übernommen:

> „Dieser Unfehlbarkeit erfreut sich der Bischof von Rom, *das Haupt des Bischofskollegiums*, kraft seines Amtes, wenn er als oberster Hirt und Lehrer aller Christgläubigen, *der seine Brüder im Glauben stärkt* (vgl. Lk 22,32), eine Glaubens- oder Sittenlehre in einem endgültigen Akt verkündet. Daher heißen seine Definitionen *mit Recht* aus sich und nicht erst aufgrund der Zustimmung der Kirche unanfechtbar, *da sie ja unter dem Beistand des Heiligen Geistes vorgebracht sind, der ihm im heiligen Petrus verheißen wurde. Sie bedürfen daher keiner Bestätigung durch andere und dulden keine Berufung an ein anderes Urteil.*" (*LG*, 25)

Die vorgenommenen Präzisierungen holen einige Erklärungen aus dem Bericht von Gasser ein, den dieser auf dem Ersten Vatikanischen Konzil vorgelegt hatte. Wichtig in diesem Zusammenhang ist vor allem die Interpretation der Abschlussformel des Ersten Vatikanums: Die Formulierung „und nicht erst aufgrund der Zustimmung der Kirche" hat eine juristische Tragweite. Die päpstliche Festlegung muss von keiner anderen Instanz bestätigt werden und so ist es unmöglich, Berufung dagegen einzulegen.

8. Seit dem Zweiten Vatikanum

221. Nach einer gewissen Zeit des Schweigens in den ersten Jahren nach dem Zweiten Vatikanum erlebte das römische Lehramt eine zunehmende Entwicklung, für die es bei der kollegialen Ausübung des Lehramts durch die Bischöfe keine Entsprechung gab. Die Bischofssynode veröffentlichte keine Dokumente mehr, die von ihr selbst stammten und die lehramtliche Funktion der Bischofskonferenzen wurde streng begrenzt.[41]

222. Die Veröffentlichung der Enzyklika *Humanae vitae* im Jahr 1968, in der die Empfängnisverhütung verboten wurde, war aufgrund der sich daran anschließenden Diskussionen ein wichtiges Ereignis für unser Thema. Sie trug vor allem dazu bei, dass

---

41 Vgl. das „motu proprio" *Apostolos suos, DC* 2188 (1998), S. 757-759.

der Begriff der „Rezeption“ bzw. die damit verbundene Wirklichkeit wiederentdeckt wurden. Wenngleich das Thema des *sensus fidei* auf dem Zweiten Vatikanum gut vertreten war, so wurde die Verbindung dieses Glaubenssinnes mit der Rezeption dort dennoch nicht erwähnt. Die ersten Arbeiten zu dieser Frage stammen aus den 1970er Jahren.

223. Die Erklärung *Mysterium Ecclesiae* von 1973 bestätigte die klassische Lehre von der Unfehlbarkeit,[42] aber sie enthielt auch eine wichtige und neue Entwicklung in Bezug auf den *historischen Charakter der Lehraussagen* einschließlich der dogmatischen Formeln.

224. Schwerwiegende Fragen werden derzeit von einer gewissen Zahl von kürzlich erschienenen Dokumenten aufgeworfen: dem Glaubensbekenntnis von 1989[43], der Instruktion *Donum veritatis* von 1990[44] und dem Motu proprio *Ad tuendam fidem* von 1998[45]. Zwei davon sollen hier ausgewählt werden.

225. Eine erste Frage betrifft den Bereich der Wahrheiten, die der Lehre der Kirche unterliegen. Das Glaubensbekenntnis und die Instruktion von 1990 führen einen neuen „Korb“ von Wahrheiten ein, zusätzlich zu bzw. zwischen den beiden „Körben“, die man traditionellerweise unterscheidet. Der erste enthält die Wahrheiten, die zur Offenbarung gehören und als solche von der Kirche gelehrt werden. Das ist der Bereich des Glaubens. Der dritte Korb enthält die übliche authentische Lehre des Papstes und der Bischöfe, auf welche die Gläubigen mit dem „religiösen Gehorsam des Willens und Verstandes“ antworten. Der neue Korb fügt sich zwischen den beiden vorangegangenen ein. Er enthält die Wahrheiten, die „von der Kirche endgültig vorgelegt“ werden, ohne dass sie zur Offenbarung gehören, die sie aber dennoch als „mit der göttlichen Offenbarung notwendigerweise verknüpft[...]“ ansieht.[46] Die geforder-

42 Damit nimmt sie besonders Bezug auf die Thesen von H. Küng in dessen Buch *Unfehlbar? Eine Anfrage*, Benzinger, Zürich, 1970.

43 *DC* 1982 (1989), S. 378-379.

44 „La vocation ecclésiale du théologien“, *DC* 2010 (1990), S. 693-701.

45 *DC* 2186 (1998), S. 651-653.

46 Einige Beispiele für Wahrheiten des ersten Korbes: die Artikel des Credo

te Zustimmung „beruht [...] auf de[m] Glauben an den Beistand, den der Heilige Geist dem Lehramt schenkt, und auf d[er] katholische[n] Lehre von der Unfehlbarkeit des Lehramtes." Dieser Korb bereitet einige Schwierigkeiten, die noch nicht geklärt worden sind.

226. Die zweite Frage wird durch die Forderung nach einer neuen Form der Ausübung des päpstlichen Lehramts aufgeworfen. Der Papst kann, ohne seine Unfehlbarkeit formal einzusetzen, in einem Akt der Ausübung seines authentischen Lehramts erklären, dass eine bestimmte Lehre bezüglich des Glaubens oder der Sitten zu dem gehört, was durch das „ordentliche und allgemeine Lehramt der Bischöfe in Gemeinschaft mit dem Papst" als unfehlbar gelehrt wird. Sollte sich das bestätigen, würde der Papst ganz allein den Schlüssel für das ordentliche und allgemeine Lehramt besitzen, weil er ja, ohne die Bischöfe zu konsultieren, entscheiden könnte, dass dieses Lehramt sich über einen bestimmten Punkt ausgesprochen habe und dass dieser Punkt der Lehre nun zu seinem eigenen unfehlbaren Lehramt gehöre.

Zusammenfassung

227. Im ersten Kapitel haben wir unser gemeinsames Erbe mit seinen Lichtblicken und seinen Schattenseiten zusammengetragen: Einerseits zeigten wir die Überzeugung der alten und der mittelalterlichen Kirche, in Lehrfragen eine Autorität erhalten zu haben, die von Christus kommt, und andererseits stellten wir große historische Entwicklungen in der Art und Weise fest, die gemeinschaftliche, die kollegiale und die personale Dimension des kirchlichen Lebens zusammenzubringen.

---

sowie die großen, feierlich festgelegten Dogmen (Trinität, Christologie, Gnade, Sakramente, etc.); Wahrheiten des dritten Korbes: die verschiedenen „authentischen Lehren des Papstes und der Bischöfe (Reden, diverse Dokumente, Briefe), die aufgrund ihrer Verantwortung, aber nicht definitiv erlassen wurden; Wahrheiten aus dem zweiten Korb: die den Männern vorbehaltene priesterliche Ordination, der illegitime Charakter der Euthanasie im eigentlichen Sinn, ebenso der Prostitution und der Unzucht, oder auch die Legitimation der Papstwahl oder der Feier eines Konzils, die Kanonisierung der Heiligen.

228. Dieses zweite Kapitel führt uns zwei äußerst verschiedene Richtungen vor Augen. Als Reaktion auf bestimmte mittelalterliche Fehlentwicklungen stellen die reformatorischen Kirchen das lehramtliche und hierarchische Funktionieren der kirchlichen Lehrautorität radikal in Frage. Sie führen die vorrangige Autorität der Schrift wieder ein und verschieben die konkrete Ausübung der Autorität von den verantwortlichen Hierarchien hin zur geistlichen Gewissensfreiheit und zur Verantwortung der ganzen Gemeinschaft. Zur selben Zeit treibt die Katholische Kirche den Prozess in Richtung einer Zentralisierung in Rom weiter voran, den sie bereits im Mittelalter begonnen hatte. Dennoch bewegen sich diese offensichtlichen Unterschiede auf der gemeinsamen Grundlage eines christlichen Konsenses, den wir nicht minimieren sollten.

229. Wir müssen nun diese komplexen historischen Einsichten dem Zeugnis der Schrift gegenüberstellen. Sie wird Entscheidungskriterien für die historischen Wechselfälle liefern und es uns erlauben, Einladungen zum Gespräch auszumachen, die sich an die einen wie an die anderen richten.

Kapitel III
Die Schrift – Ort der Beurteilung des Weges durch die Geschichte

230. Nach diesem Weg durch zweitausend Jahre des kirchlichen Lebens, müssen wir zur Schrift zurückkommen – der ersten und letzten Norm unseres Glaubens. In ihrem Licht haben wir diesen Weg zu verstehen, in den Wahrheitsmomenten und auch in den Verzerrungen, die ihn belastet haben. Wie schon in unserem vorigen Buch über Maria können wir aus der Gegenüberstellung von Geschichte und Schrift jene Erkenntnisse gewinnen, welche es uns erlauben, Vorschläge für die Lehre zur machen, die der Versöhnung zwischen den Kirchen dienen.
231. Unser Durchgang durch die Bibel hat auf keinen Fall den Anspruch, eine detaillierte exegetische Analyse jeder neutestamentlichen Tradition zu liefern. Er hat daher auch nicht den Anspruch, vollständig zu sein. Er versteht sich vielmehr als biblische Theologie, d. h. als Methode zur Feststellung der wesentlichen Glaubenseinsichten, die zum Thema der Lehrautorität in den verschiedenen christlichen Gemeinschaften zu finden sind. Was wir dabei suchen, ist weniger eine Summe von Informationen als vielmehr die im Neuen Testament bezeugten, maßgeblichen Autoritätsmodelle sowie eine gemeinsame Ausrichtung, welche in den verschiedenen Büchern zu finden ist und diese verbindet.
232. Unser Weg wird mit dem Zeugnis der synoptischen Evangelien beginnen, da diese uns so direkt wie möglich zum Wort und zum Handeln Jesu Christi führen. Gemeinsam werden wir das Doppelwerk des *Lukasevangeliums* und der *Apostelgeschichte* behandeln. Anschließend werden wir die verschiedenen Schichten des paulinischen Korpus durchgehen. Schließlich werden wir den johanneischen Korpus aufgreifen.

I. Die synoptischen Evangelien

233. Hauptsächlich werden wir dem roten Faden des Matthäusevangeliums folgen und dabei darauf achten, seine Übereinstimmungen mit Markus und Lukas zu zeigen. Wir werden zuerst die persönliche Autorität Jesu betrachten, danach die Weitergabe seiner Autorität an seine Jünger, wobei wir jeweils die Autorität der ganzen Gemeinschaft und die der Zwölf darstellen und schließlich auf die besondere Position des Petrus eingehen.

1. *Die souveräne Autorität von Jesus*

234. Der Begriff Autorität (*exousia*[1]) wird bei Matthäus fast immer mit der Person Jesu in Verbindung gebracht. Eine besondere und ganz eigene Autorität geht von seiner Person aus: die Volksmenge bezeugt sie (Mt 7,28-29; vgl. Mk 1,22), ebenso wie der heidnische Hauptmann (Mt 8,8-9; vgl. Lk 7,7-8), die Landsleute Jesu (Mt 13,54; vgl. Mk 6,2) und die religiösen Autoritäten (Mt 21,23; vgl. Mk 11,28).

235. Markus (siehe 1,27) und Matthäus halten fest, dass die Autorität Jesu in seiner *Lehre* offenbar wird: In der Bergpredigt kündigt Jesus das Reich Gottes an; er spricht als Meister und nicht als Schriftgelehrter (Mt 7,29). Die Lektüre des mosaischen Gesetzes, die er vorschlägt, entspringt seiner eigenen Autorität, welche sie radikalisiert und vervollständigt und ihre Interpretation durch die Rabbiner bestreitet. Mehr als Markus unterstreicht Matthäus die Tatsache, dass die Autorität Jesu mit seiner Lehre verbunden ist (vgl. z. B. Mt 21,23 mit Mk 11,28).

236. Jesu Autorität setzt sich aufgrund der vollständigen Übereinstimmung zwischen seinem Wort und seinem Verhalten durch: er tut, was er sagt und er sagt, was er tut; er lebt so, wie er lehrt und er lehrt wie er lebt. Seine Verkündung des Evangeliums und seine Taten führen in völliger Übereinstimmung die

---

1 Das Wort *exousia* wird im Folgenden immer mit *Autorität* übersetzt *und nicht* mit *Gewalt oder Macht*, wie es in vielen Bibelübersetzungen der Fall ist. Die vollkommene Autorität Jesu, die er vom Vater empfangen hatte, begründet seine Fähigkeit, eine Macht auszuüben, sowie eine gewisse Anzahl heilsamer Gewalten.

Nähe des Reiches Gottes vor Augen. Die Charta der Seligpreisungen ist die Charta seines Daseins. Während der Versuchungsszenen weist er mit größter Festigkeit jegliche egoistische Bequemlichkeit zurück, jeglichen Drang nach persönlichem Ruhm und jeglichen Hunger nach Reichtum (Mt 4,1-11). Er verzichtet darauf, seine Autorität als persönliche Macht zu seiner eigenen Ehre zu gebrauchen, oder um gegenüber anderen Zwang auszuüben.

237. Die Autorität Jesu drückt sich gleichzeitig in seinen *wirkmächtigen Handlungen* aus (Mt 13,54). Es existiert in der Tat eine enge Verbindung zwischen der Autorität seiner Rede und den Wundern, die daraus hervorgehen, wie der römische Hauptmann anerkennt (Mt 8,8-9). Zusammen zeigen sie, dass die Herrschaft Gottes nahe gekommen ist und dass dies eine gute Nachricht ist. Dadurch bewegen sie die Volksmenge dazu, Jesus nachzufolgen (4,23-25).

238. Schließlich zeigt sich die Autorität Jesu durch die *Vergebung der Sünden*: „Ihr sollt aber erkennen, dass der Menschensohn die Vollmacht (*exousia*) hat, hier auf der Erde Sünden zu vergeben" (Mt 9,6; vgl. Mk 2,10). Der von den Schriftgelehrten vorgebrachte Vorwurf der Blasphemie unterstreicht, dass Jesus das tut, was nur Gott allein tun kann.

239. Die Quelle der Autorität Jesu ist ein Gegenstand der Auseinandersetzung (Mt 21,23; vgl. Mk 11,27-33; Lk 20,1-8). Woher kommt sie: von Gott oder vom Teufel? Jesus lehnt es ab, seine Autorität zu rechtfertigen und behält sich die Freiheit zu schweigen vor. Aber die entstandene Polemik zeigt schließlich, dass die Autorität Jesu unmittelbar von Gott kommt.

240. Markus unterstreicht die Autorität Jesu vom Beginn seines Evangeliums an. Matthäus will zeigen, dass sie in ihrer Art einzig ist. Sie ist unterschieden von einer politischen Herrschaft; sie widersetzt sich der Autorität der Schriftgelehrten, der Pharisäer, der Ältesten und der großen Priester; sie kommt von Gott selbst.

241. Die Untersuchung von Jesu Macht und Autorität kann das Thema des Kreuzes nicht aussparen: in seinem Leiden hat Jesus alle Macht verloren. Diese ist vielmehr der Willkür seiner Feinde überlassen. An dieser Stelle zeigt er endgültig seine Vollmacht, indem der die menschliche Schwäche zur Gänze annimmt und

dabei bis zum Schluss sein Amt treu auslebt. In seinem Zeugnis als Diener gibt er ein Beispiel für die „gekreuzigte Autorität", die das Modell jeder christlichen Autorität ist.

2. Die Weitergabe der Autorität Jesu an die Jünger

242. Jesus gibt seine Autorität an die Gemeinschaft seiner Jünger weiter. Matthäus berichtet von der Wahl der Zwölf, denen Jesus „Autorität" (*exousia*) gibt, um die unreinen Geister auszutreiben (Mt 10,1; vgl. Mk 6,7; Lk 9,1). So zeigt er, dass die Autorität in erster Linie eine Autorität der Befreiung ist. Er schickt diese Gruppe auf Mission, damit sie durch Worte und Taten die Neuigkeit vom Herannahen des Reiches Gottes verkündet (Mt 10,5-16). Dieser erste Missionsauftrag steht in Bezug zur Abschlussszene des Evangeliums.

243. Die Erklärung aus Mt 18,18 ist diesem Evangelium eigen: „Alles, was ihr auf Erden binden werdet, das wird auch im Himmel gebunden sein und alles, was ihr auf Erden lösen werdet, das wird auch im Himmel gelöst sein." Diese Autorität wird den Jüngern übertragen, d. h. der Gemeinschaft, die der Redakteur wagt, als „die Kirche" [im griech. Original: *ekklesia*[2]] (Mt 18,17) zu bezeichnen. Höchstwahrscheinlich handelt es sich hier nicht nur um die Vergebung der Sünden, sondern auch um eine Lehrautorität in Fragen der Sittlichkeit und zur Festlegung dessen, was erlaubt und was verboten ist.

244. Die Schlussszene des Matthäusevangeliums ist ein feierlicher Akt, der zugleich die Fülle der Autorität des Auferstandenen bestätigt und die Übertragung der Autorität auf die Elf[3]. Sie beruht auf der Legitimität der Autorität von dem, der sie mit dem dreifachen Imperativ, zu Jüngern zu machen, zu taufen und zu lehren aussendet sowie mit dem Versprechen seines dauerhaften Beistandes. Dieser Auftrag ist universal in Raum und Zeit. Die Autorität der Elf, d. h. der symbolischen Gruppe der Zwölf, ist sowohl kultisch (taufen) als auch doktrinal (leh-

---

2 Die deutsche *Einheitsübersetzung* verwendet an dieser Stelle die Übersetzung „Gemeinde". In der französischen *Traduction Oecuménique de la Bible (TOB)* steht „Église" („Kirche").

3 Weil Judas nicht mehr da ist.

ren). Sie bekommen sie direkt vom Herrn und nicht von der Gemeinschaft.

3. *Die Autorität der Gemeinschaft und die Autorität der Zwölf*

245. Seit der Zeit der Kirchenväter haben die Exegeten sich die Frage gestellt, wem genau, d. h. welchen Personen und Institutionen, die von Jesus geschenkte Autorität übertragen wurde. Das Matthäusevangelium bleibt in diesem Punkt sehr verschwiegen. Handelt es sich um die Jünger im Allgemeinen, um die lokale Kirche, die Zwölf oder Petrus? Hier sind viele Antworten stichhaltig. Dennoch scheint die Gesamtheit der verwendeten Formeln anzuzeigen, dass der Redakteur des Matthäusevangeliums die Gemeinde und ihre Verantwortlichen durchaus unter einem organischen Aspekt betrachtet, d. h. als Gemeinschaft, die nicht vollkommen gleich ist, sondern in der verschiedene Autoritätsstrukturen zu unterscheiden sind.

246. Die von Jesus anvertraute Lehrautorität betrifft demzufolge die gesamte Gemeinschaft. Zugleich übersieht sie nicht die besondere Rolle ihrer Verantwortlichen, auf welche die Gestalt der Zwölf symbolisch verweist. Der Hinweis, sich nicht „Meister“, „Vater“ oder „Lehrer“ nennen zu lassen, spielt auf die einer jeden Verantwortung innewohnende Versuchung an; ebenso wie die Bemerkung: „Der Größte von euch soll euer Diener sein“ (Mt 23,8-11). Dies ist die christliche Umkehrung des weltlichen Autoritätsprinzips (vgl. Lk 22,24-27). Das 23. Kapitel des Matthäusevangeliums hat nicht nur die Pharisäer im Blick: es lädt ein, dafür zu sorgen, dass diese Handlungsweisen nicht bei den Schriftgelehrten der Gemeinschaft Einzug halten (Mt 23,34).

247. Der im Evangelium anzutreffende Gebrauch des Begriffs „Kirche“ setzt die Selbstwahrnehmung als Gemeinschaft voraus, in der eine Funktion des Lehramts und der Autorität ausgeübt werden. Matthäus versteht die Kirche als strukturierte Gemeinschaft, die zu ihren Mitgliedern auch Personen zählt, welche eine spezifische Autorität wahrnehmen.

4. *Die Figur des Petrus und seine Rolle*[4]

248. Schließlich hebt das Matthäusevangelium die Gestalt des Petrus stark hervor, obwohl dieser im Moment von dessen Abfassung bereits verstorben war. Dies ist ein Hinweis darauf, dass diese Gestalt in der damaligen Kirche noch eine wichtige Bedeutung hatte. Gewiss ist Petrus das Beispiel des Jüngers schlechthin. Aber seine Rolle geht darüber hinaus, denn Matthäus schreibt ihm eine führende Rolle in einer Reihe von ekklesiologisch weitreichenden Texten zu (Mt 14,28; 15,15; 16,16-19; 17,24-27; 18,21). Der Evangelist stellt Petrus wie ein Verbindungsglied der Autorität dar, das zwischen Jesus und der Gemeinschaft steht.

249. Die menschliche Schwäche des Petrus wird von demselben Evangelisten aber nicht weniger klar herausgestellt. Ebenso wie Markus erzählt er von dessen Leugnungen und von der Anrede „Satan", die Jesus ihm entgegen schleudert. Petrus ist gleichzeitig ein kleingläubiger Mensch (Mt 14,31) und derjenige, der durch Gottes Gabe den Glauben bekennt (16,17-18). Der Vorrang des Petrus gründet nicht auf dessen persönlichen Qualitäten, sondern auf seiner Erwählung durch den Herrn.

250. Zusammenfassend lässt sich sagen, dass die Autorität in der Kirche für Matthäus eine zweitrangige Angelegenheit im Vergleich zur souveränen Autorität Christi ist. Diese geschenkte und empfangene Autorität steht im Dienst der ersten. Auf der anderen Seite hat die Lehrautorität im Inneren der Kirche das Ziel, eine christliche Lebenspraxis zu erlauben. Sie ist ein Dienst im Blick auf das Leben (vgl. Mt 20,28). Sie muss in Demut und Brüderlichkeit ausgeübt werden.

251. Anders als Matthäus, der auf Petrus[5] Wert legt, schlägt Markus ein Modell ohne die Figur eines Apostels als Träger des Evangeliums vor. Seine Erzählung hält vielmehr die Unfähigkeit

---

4 Den Text Mt 16,17-19 haben wir bereits behandelt in unserem Dokument *Le ministère de communinion dans l'Église universelle* (1986), Nr. 96-107 und 127-129.

5 In derselben Weise konzentrieren die beiden jüngsten Schichten des paulinischen Korpus (die Gruppe Kolosser/Epheser und die Pastoralbriefe) ihre Aufmerksamkeit auf die Autorität des Paulus, während der johanneische Korpus die anonyme Figur des Lieblingsjüngers in den Fokus rückt.

der Jünger den Weg ihres Meisters zu verstehen fest, allerdings um zu unterstreichen, dass Jesus als Einziger fähig ist, das Geheimnis zu leben, das sein eigenes ist. Wenn in derselben Weise erzählt wird, dass die Angst die Frauen davon abhielt, die Botschaft von der Auferstehung weiterzugeben, so geschieht dies, um zu betonen, dass das Evangelium trotz der Beschränkung derjenigen, die Jesus gefolgt sind, weitergegeben werden konnte. Dies ist ein anderes Modell der Weitergabe, aber es ist mit dem von Matthäus nicht unvereinbar.

II. Die Lehrautorität bei Lukas und in der Apostelgeschichte

252. Als er seine Jünger das erste Mal auf Mission schickt, überträgt der Jesus des Lukasevangeliums ihnen seine eigene Autorität: „Wer euch hört, der hört mich“ (Lk 10,16) und er vertraut ihnen die Vollmacht an, „auf Schlangen und Skorpione zu treten und die ganze Macht des Feindes zu überwinden.“ (Lk 10,19). Er gibt ihnen ebenfalls das große Gebot, welches jegliche christliche Autorität beherrscht und für das er selbst das erste Beispiel ist: „Der Größte unter euch soll werden wie der Kleinste und der Führende soll werden wie der Dienende. [...] Ich aber bin unter euch wie der, der bedient.“ (Lk 22,26-27).

253. Zu Beginn der *Apostelgeschichte* nimmt Lukas das wieder auf, was Jesus in der Schlussszene des Evangeliums zu seinen Jüngern gesagt hat. Von Jerusalem aus sendet er sie als Zeugen aus in die ganze damals bewohnte Welt (Lk 24,47-48; Apg 1,8). Dadurch gibt die Verbindung der beiden Bücher Aufschluss über die Art, in der die Autorität Jesu an die Jünger weitergegeben wird: Sie wird ihnen von Jesus selbst gegeben und ihre Autorität ist die von Zeugen.

254. Jesus, der Auferstandene, der ihnen Kraft verspricht, ist auch derjenige, der ihnen sagt, dass diese Kraft ihnen durch das Empfangen des Heiligen Geistes zukommen wird (Apg 1,8). Die Gabe des Geistes zu Pfingsten sowie durch alle Geschichten der *Apostelgeschichte* hindurch erfüllt dieses Versprechen und gibt die konkreten Zeichen seiner Fülle und seiner Universalität.

255. Das Zeugnis wird zuerst von den Jüngern gegeben, die Jesus während seines Amtes gekannt haben (Apg 1,22) und sein Gegenstand ist die Auferstehung. Wenn der erste Gegenstand des Zeugnisses die Auferstehung ist – weil nur die Jünger den Auferstandenen gesehen haben und deshalb Zeugen seiner Auferstehung sind –, so ist es notwendig, Jesus von Beginn an gekannt zu haben, um ein vertrauenswürdiger Zeuge zu sein und zu den Aposteln gezählt zu werden. Denn das Zeugnis besteht darin, zu sagen, dass der Auferstandene der allen bekannte Jesus von Nazareth IST, wodurch das Zeugnis die Kohärenz deutlich macht zwischen seinem Leben und der Auferstehung, die ihm gewährt wurde.
256. Die Jünger unterstreichen gern ihre ausschließliche (uns *allein* hat er sich gezeigt) und gemeinschaftliche (wir *alle* sind Zeugen davon) Kompetenz: Das gemeinschaftliche Element ist unverzichtbar, weil es die Übereinstimmung zwischen den Zeugnissen vorführt und Übereinstimmung und Wahrheit Hand in Hand gehen.
257. Wenngleich zuerst nur die Auferstehung der Gegenstand des Zeugnisses ist – weil die anderen Ereignisse allen Einwohnern von Jerusalem und Judäa bekannt waren, aber erst die Auferstehung es erlaubte, deren ganze Tragweite zu erfassen –, so erstreckt dieses sich zunehmend auf das ganze Leben Jesu, für den Fall, dass die Zuhörer Jesus nicht mehr vom Hörensagen kennen.
258. Dieses Zeugnis ist nicht das Einzige. Mit anderen Worten: die in Apg 1,22 festgelegten Bedingungen gelten nur für eine erste Zeit. Denn ohne Jesus während seines irdischen Lebens gekannt zu haben, wird Paulus dennoch zum Zeugen bestätigt von Gott (der durch den Mund des Hananias zu ihm spricht) und von Jesus selbst, in der Vision, die Paulus von ihm hatte. Paulus ist also durchaus ein glaubwürdiger Zeuge.
259. Für die Apostel, die Jesus gekannt haben, wie auch für Paulus selbst, setzt das Bezeugen des Auferstandenen den Geist voraus, dessen Handeln in der ganzen Apostelgeschichte stark betont wird. Der Geist verleiht den Aposteln die Gabe, im Namen Jesu zu sprechen und zu handeln. Ihm verdanken sie es, von Jerusalem bis nach Rom Zeugen des Auferstandenen zu sein.

260. In Kapitel 15 berichtet die *Apostelgeschichte* von einem Konflikt, mit dem die christliche Gemeinschaft sehr zeitig konfrontiert wurde: Sollte man die konvertierten Heiden zur Beschneidung und zur Befolgung des gesamtem mosaischen Gesetzes verpflichten, oder nicht? Die Apostel und die Ältesten versammelten sich, um das Problem zu untersuchen und führten darüber „eine lange Diskussion" (Apg 15,6-7). Schließlich gelang es ihnen mit der Zustimmung „der ganzen Kirche", durch eine gemeinschaftliche Beratung und Entscheidung die Krise zu beenden. Ihre endgültige Entscheidung, die in Gemeinschaft mit dem Geist gefällt wurde – „der Heilige Geist und wir haben beschlossen" (Apg 15,28) –, drückt die Sorge darum aus, „die Wahrheit des Evangeliums" (vgl. Gal 2,14) zu bewahren und gleichzeitig die jeweiligen Traditionen der verschiedenen Gruppen zu respektieren: das Entscheidende ist, dass die Christen – sogar in der Verschiedenheit ihrer Praktiken – die Erfahrung, durch die Gnade des Herrn Jesus gerettet zu sein, teilen (vgl. Apg 15,11).

261. Ebenso wie der erste Teil der *Apostelgeschichte* von der Gestalt des Petrus bestimmt wird, wird der zweite Teil von der Gestalt des Paulus bestimmt, von dessen intensiven Predigt- und Evangelisationsaktivitäten rund um das Mittelmeer Lukas berichtet. Paulus muss nun im Grunde von seiner Vision des Auferstandenen Zeugnis ablegen. Man könnte meinen, dass das nicht viel ist. Vielleicht, aber er legt Zeugnis ab von dem radikalen Wandel, den diese Begegnung ausgelöst hat. Sein Zeugnis von Christus tritt nicht an die Stelle des Zeugnisses derjenigen, die Jesus während seines Amtes gekannt haben. Vielmehr verlängert und bestätigt er es, weil es in einer persönlichen Geschichte verortet ist, welche diese Begegnung verändert hat; und der Zeuge kann nur von einer Begegnung im Zentrum seiner Existenz zeugen. Zeugnis ablegen bedeutet für Paulus, zu erzählen, wie der Auferstandene seine Existenz verändert hat und wie er sie seiner eigenen angeglichen hat. So gesehen leitet sein Zeugnis dasjenige einer ganzen Generation (unserer) ein, die den irdischen Jesus nicht gekannt hat, sondern nur den Auferstandenen, durch den unsere Existenzen zu Orten werden, an denen sich die Wahrheit und die Kraft dieses Auferstandenen zeigt. Der Inhalt, die Autorität, die Wahrheit und die Trag-

weite des Zeugnisses des Paulus (und das der Generation, für die er steht) sind auf diese Weise durch das Ende des Buches der *Apostelgeschichte* festgehalten (Apg 21-28).

III. Die Literatur der paulinischen Briefe

1. *Die ersten Briefe des Paulus*

262. Die Autorität, der sich alle unterstellen müssen, ist die des Evangeliums, weil es von Gott kommt. Das Evangelium hat Autorität, weil es befreit und rettet und weil es der Person des Glaubenden seinen Status als Gottes Kind gibt.

263. Die Verkündigung dieses Evangeliums wirft neue Fragen auf, auf die Jesus keine Antwort gegeben hat. Zum Beispiel hatte er nichts gesagt über den Status derjenigen, die nichtjüdischer Herkunft sind und zum Glauben an ihn kommen würden. Die Aufgabe fiel daher den Jüngern zu, zu entscheiden, welchen Platz die Glaubenden heidnischer Herkunft in der Gruppe der Jünger Jesu einnehmen sollten. Mussten sie Juden werden, um vollkommen Anteil am Heil zu erlangen, oder war, im Gegenteil, die Beschneidung dem Evangelium fremd?

264. Als Apostel der Heiden wurde Paulus mit dieser Frage direkt konfrontiert und sie brachte ihn zum Nachdenken über die kirchlichen Konsequenzen der Evangeliumsbotschaft. Wenn er sagt, dass die Beschneidung nicht zum Evangelium dazu gehört, so äußert er sich gewiss über den Status der Christen mit heidnischer Herkunft, aber auch über den Status der kirchlichen Gruppe. Paulus Rede von der Kirche ist also unmittelbar abhängig von seinem Nachdenken über das Evangelium (vgl. 1 Kor 1-4). Das ist der Grund, weshalb sich dem Evangelium zu unterstellen bedeutet, das Prinzip von Christus als einzigem Retter bis in seine letzten Konsequenzen zu respektieren.

265. Die Schriften, d. h. das Alte Testament, haben ebenfalls eine Autorität – eine prophetische Autorität, die auf das Evangelium hingeordnet ist. Das paulinische Prinzip der Schriftlektüre bezieht sich unmittelbar auf Christus und auf das Heil, das er bringt. Das Evangelium – und der Glaube an das Evangelium – sind die Wegbereiter für das Verständnis der Schriften und

erlauben es, ihre Ausrichtung zu erkennen, d. h. ihre Autorität (vgl. Röm 9; 2 Kor 3).

266. Im Zusammenhang mit der Autorität des Evangeliums beansprucht Paulus für sich unmissverständlich die Autorität als Apostel, der „ausgesondert" wurde (Röm 1,1), der „berufen [ist] zum Apostel Christi Jesu durch den Willen Gottes" (1. Kor 1,1; 2. Kor 1,1) und „nicht von Menschen" (Gal 1,1). Seine Autorität als Apostel ergibt sich daraus, dass er ausgewählt wurde, um das Evangelium zu verkündigen.

267. So unabdingbar sie auch sein mag, diese Wahl durch Gott ist nicht genug. Indem er das Evangelium lebt oder anders gesagt, weil sich das Evangelium in seinem Leben zu lesen gibt, ist der Apostel ein wahrhaftiger Zeuge des Evangeliums (vgl. 1 Kor 4,9-15). Indem er sich mit seinem Herrn identifiziert, gibt er in seiner Existenz selbst die Neuigkeit des Evangeliums zu lesen. Seine Autorität ist an den Früchten des Evangeliums selbst zu erkennen, durch das Wachstum der Gemeinden in Glauben, Hoffnung und Liebe.

268. Paulus traut sich auf die Korinther selbst den Begriff des Briefes anzuwenden: „Ihr seid unser Brief, in unser Herz geschrieben, erkannt und gelesen von allen Menschen! Ist doch offenbar geworden, dass ihr ein Brief Christi seid, durch unsern Dienst zubereitet, geschrieben nicht mit Tinte, sondern mit dem Geist des lebendigen Gottes, nicht auf steinerne Tafeln, sondern auf fleischerne Tafeln, nämlich eure Herzen." (2 Kor 3,2-3). Dieser Akkreditierungsbrief kommt vom Geist, nicht nur in seinem Ursprung, sondern auch bei seinen Empfängern. Er begründet seinerseits die Legitimität von Paulus Amt, das durch seine Fruchtbarkeit bestätigt wird, wie der Glaube der Korinther bezeugt. Letztere, die Paulus' Lehre angenommen haben, sind so ihrerseits ein Empfehlungsbrief für all sein Handeln. Die *Rezeption* der Lehrautorität wird ihrerseits zu einem Ort dieser Autorität.

269. Paulus möchte auf jeden Fall die Gemeinschaft mit dem Kolleg der Apostel in Jerusalem, die er „Säulen" nennt, aufrechterhalten, aus Angst „dass ich nicht vergeblich laufe" (Gal 2,2). Diese Gemeinschaft muss den Konflikt mit Petrus überstehen, damit die Kirche „nicht von der Wahrheit des Evangeliums abweicht" (Gal 2,14), d. h. von der Rechtfertigung nicht durch die Werke des Gesetzes, sondern durch den Glauben an

Christus und von dem Evangelium, in dem es weder Juden noch Griechen gibt (Gal 3,28). Durch eine heftige Diskussion und über eine Zeit der Auseinandersetzung hinweg bewältigen die Apostel die Krise und wahren die Gemeinschaft in ihrer Predigt.

270. Bei seiner Lehre von der Ehe unterscheidet Paulus genau zwischen dem, was er anordnet, weil „nicht ich, sondern der Herr" es befiehlt (1 Kor 7,10), und dem, wozu er rät, denn dies „sage ich, nicht der Herr" (v. 12). Diese Unterscheidung ist festzuhalten, denn nicht jede Autoritätsausübung in der Kirche hat dieselbe Tragweite.

271. Aus Anlass des Herrenmahls übt der Apostel seine Autorität aus. Dieses geteilte Mahl und seine Gemeinschaft dürfen nicht in ihr Gegenteil verkehrt werden durch den Egoismus einer Mahlzeit, bei welcher der eine „hungert [...], während der andere schon betrunken ist" (1 Kor 11,21), d. h., bei der die gemeinschaftliche Barmherzigkeit mit Füßen getreten wird.

272. Schließlich führt die Autorität des Paulus die Macht Christi durch die eigene Schwäche des Apostels vor Augen: „wenn ich schwach bin, dann bin ich stark" (2 Kor 12,9-10). Darin versteht er sich in Übereinstimmung mit der Entäußerung (*kenose*) Christi, denn dieser wurde „in seiner Schwachheit gekreuzigt, aber er lebt aus Gottes Kraft" (2 Kor 13,4).

273. Wenngleich Paulus durch seine Argumente seine Adressaten mit Autorität zu überzeugen versteht, so will er ihnen seine Überzeugungen doch niemals von außen aufzwingen, sondern verweist sie vielmehr auf die von ihnen selbst gemachten Erfahrungen von Gottes Liebe für sie in Jesus Christus. Dabei vergisst er nicht, dass Christinnen und Christen ihre Urteile und Entscheidungen aus einer inneren Bewegung heraus und im Hören auf den Geist treffen müssen (Phil 3,15). Auch wenn er auf der anderen Seite seine Autorität als Apostel unterstreicht, erinnert er die Gemeinden nichtsdestoweniger an deren eigene Autorität – die kollektive Autorität – in disziplinarischen Fragen, deren Konsequenzen für die Lehre nicht unterschlagen werden dürfen (1 Kor 5,4-5). In allen diesen Briefen zeigt Paulus, dass die halachischen[6] Probleme die Wahrheit

6 Die *Halacha* ist die praktische Verhaltensregel und die offizielle Richtschnur für das Leben im Judentum.

und die Reinheit des Evangeliums aufs Spiel setzen, weshalb aus seiner Sicht die institutionelle Autorität und die Lehrautorität nicht zu trennen sind, wie er im Galaterbrief wiederholt.

2. *Die Briefe an die Kolosser und an die Epheser*

274. Die Briefe *an die Kolosser* und *an die Epheser* stellen explizit die Frage der weiteren Ausübung der lehramtlichen und apostolischen Autorität. Indem darin gesagt wird, dass das *mysterion* den „heiligen Aposteln und Propheten" offenbart wurde (Eph 3,5), stellen sie diese selbstverständlich als die Bewahrer der evangelischen Botschaft dar. Nicht dass es nötig wäre, deren Lehre zu wiederholen, aber die Verkündigung des Evangeliums behält durch die Zeiten hindurch das Zeugnis der ersten Apostel und Propheten als Referenzpunkte. Das Evangelium behält so für immer seinen apostolischen Charakter, der besagt, dass es den Aposteln offenbart worden ist.

275. Wie schon in den vorangegangenen Briefen muss auch hier die Autorität in der Kirche in Form der Nachahmung Christi ausgeübt werden, der uns geliebt hat und sich für uns hingegeben hat (Eph 5,2), d. h. in der gegenseitigen Hingabe (Eph 5,21).

3. *Die Pastoralbriefe*

276. Die Theologie der *Pastoralbriefe* äußert sich in der Ermahnung und der Heilsverkündigung, die diese motiviert. Diese Verkündigung ist gewiss bestimmt von dem Konflikt mit denen, die „falsche Lehren [...] verbreiten" (1 Tim 1,3) und ergeht daher als *gesunde Lehre*, *anvertrautes Gut* und treue Weitergabe der Lehre des Paulus (1 Tim 1,19; 6,20; 2 Tim 1,12.14; Tit 1,9). Sie benutzt nicht nur die Tradition, sie beansprucht, *die* Tradition zu sein.

277. Paulus präsentiert sich selbst als den verpflichtenden Weg zur Verkündigung des Heils, als das Zentrum seiner korrekten Weitergabe. Der Konflikt mit seinen Widersachern ist ein Konflikt zwischen Lehrenden zum Thema des Wissens. Angesichts von vergeblichen Fabeleien und endlosen Geschlechterreihen

(1 Tim 1,4; 2 Tim 2,23; Tit 1,14; 3,9), bemühen sich die *Pastoralbriefe*, eine Linie vorzugeben, welche, ausgehend vom Ursprung in Gott, an die Gegenwart der Gemeinde anknüpft. Das Wissen um das Heil ist nichts Esoterisches; seine Linie ist klar: Schon immer hatte Gott entschieden, die Menschen zu retten. Diese Entscheidung, die Wirklichkeit geworden ist und sich in Christus gezeigt hat, ist der Inhalt der Botschaft, die Paulus anvertraut wurde (1 Tim 1,11ff; 2,6f; 2 Tim 1,9ff; 2,8ff; Tit 1,1-4). Dies ruft Paulus Timotheus und Titus als entscheidende Motivation für das *anvertraute Gut* und die *gesunde Lehre* ins Gedächtnis (1 Tim 1,10; 2 Tim 4,3; Tit 1,9; 2,1). Timotheus und Titus müssen ihrerseits zuverlässige Personen auswählen, um die Arbeit fortzusetzen (2. Tim 2,2). Außerhalb dieser kommunikativen Geschlechterreihe mit einem kontrollierbaren Ursprung – *anvertrautes Gut, gesunde Lehre* – liegen vergebliche Fabeleien und Irrtümer.

278. Paulus geht den Glaubenden und Amtsträgern als gerechtfertigter Sünder und als Lehrer voran. Ebenso ist er unter denen, die die Wiederkunft des Herrn mit Liebe erwarten, das Modell des verantwortlichen Christen, der am Tag des Jüngsten Gerichts belohnt werden wird (2 Tim 4,8). Er ist auch der Prototyp des Glaubenden, der die Tradition seiner Vorfahren treu fortsetzt (2 Tim 1,3). Schließlich ist er das Modell desjenigen, der für die Predigt des Evangeliums leidet (2 Tim 1,12; 2,9), der aber bereits siegreich ist (2 Tim 4,18). Alle Stationen des Weges, die in der Ermahnung aufgezeigt werden, hat er selbst durchlaufen.

279. Aber Paulus ist nicht mehr da (1 Tim 3,14; 4,13f). Die Ausdehnung der Gegenwart – d. h. die Zeit der Verzögerung und des Wartens – verlangt nach einer sinnvollen Beschäftigung im sozialen Raum: „Das Haus Gottes", welches die Kirche ist, wird zum Referenzrahmen der Ermahnung. Sich im „Haus Gottes" den Anweisungen des Paulus gemäß zu verhalten, ist die Art, in der die Gemeinde in der Abwesenheit des Apostels ihre lebendige Beziehung mit ihm bestätigt. Die Praxis der Ämter nimmt seinen Platz ein. Ordination, familiäre Erziehung, Lehre, Ermahnung und angemessenes Verhalten entsprechen heutzutage den geschilderten und einst durch den Apostel zu erfüllenden Handlungen, zu jener Zeit, als Timotheus sein Wort

hörte und seine „Abenteuer" mit ihm teilte. Der Auftrag von Timotheus und Titus trägt die Konturen aktueller pfarramtlicher Aufgaben und hat seinen Ursprung im Lebensweg des Paulus.

280. Die Anweisungen des Paulus zeichnen nicht das Bild eines individuellen Voranschreitens in den Tugenden oder den moralischen und philosophischen Qualitäten. Vielmehr sind sie adressiert an einen *Verantwortlichen der Gemeinde*, auf einem durch und durch institutionellen Platz. Timotheus wird in seiner *Rolle* angesprochen und theologisch angeredet als „Diener Christi Jesu" (1 Tim 4,6), „Mann Gottes" (1 Tim 6,11; 2 Tim 3,17) und „Knecht des Herrn" (2 Tim 2,24). Seine Autorität, die von dem Apostel stammt, wird *von der gegründeten Gemeinschaft* bestätigt, wie es ihm das Ermahnungsschreiben immer wieder in Erinnerung ruft (1 Tim 4,14; 6,12; 2 Tim 2,19-21; 3,10-17). *Um der Gemeinschaft willen* soll er sich an die Instruktionen halten, die ihm gegeben werden (1 Tim 4,6.10.12.16; 2 Tim 2,23; 3,12; Tit 3,8.14).

281. Dem Träger der Kommunikation, die von der Gemeinschaft zur Gemeinschaft zurückkehrt und ihren Ursprung und ihr Ziel in Gott als Retter hat, droht die Unterbrechung durch *seine Gegenspieler*. Die Antwort der Pastoralbriefe auf diese Gefahr besteht darin, die Figur des Amtsträgers noch stärker zu umreißen. Sie verwurzelt ihn in der paulinischen Tradition und inszeniert die treue Übermittlung zwischen Paulus und seinen beiden Schülern. Die Bedeutung, die der Figur des Empfängers beigelegt wird, dient dazu, dem Amtsträger seine Motivation und seine Norm zu geben. Am Anfang steht der Apostel, dem das Evangelium anvertraut wurde (1 Tim 1,11 und parallele Stellen) und dessen Aufgabe trotz seiner Abwesenheit weiter erfüllt werden muss. Er allein legt die Norm für das Amt fest, dass dafür sorgt, seine Anweisungen bekannt zu machen und Menschen zu versammeln, die sie in die Tat umsetzen. Jeder Amtsträger soll sich als ein Schüler des Paulus betrachten, so wie Timotheus und Titus es gewesen sind. Durch die Gesamtheit dieser Beziehungen zur Gemeinschaft, zu Gott, zur Welt, zum paulinischen Ursprung und gegen die Widersacher, gewinnt die Figur des Verantwortungsträgers an Konsistenz. Seine Stärke und seine zeitliche Prägnanz entsprechen einer Kirche, die als das Haus Gottes verstanden wird.

282. Die Qualitäten, über die der Amtsträger – der Episkopos[7] oder Diakon (1 Tim 3,1-13) – als „Gottes Ökonom" (Tit 1,7) verfügen soll, sind dieselben, die man von jedem Ökonomen und von jedem aufrechten Mann in der damaligen Gesellschaft erwartet. Was für den Episkopos gilt, das gilt auch für die Diakone, die Ältesten, teilweise für die Witwen und für jeden Glaubenden. Das spezielle Profil dieses christlichen Verantwortungsträgers, der berufen ist, seinen Platz als „Verwalter" im „Haus Gottes" einzunehmen, wird anhand seiner Beziehungen zu den verschiedenen Orten, an denen die Gemeinde lebt, ersichtlich.

283. Unter einem sozialen Gesichtspunkt betrachtet scheint der Episkopos zu den „Hausherren" zu gehören. Jemand, der keine familiären Bindungen hat und wie ein Wanderprediger lebt, hätte wohl Schwierigkeiten als Anführer der Gemeinschaft in Betracht gezogen zu werden, was zweifellos zu den Sorgen um die Stabilität und Festigung der Kirche gehört. In ethischer Hinsicht entspricht der Episkopos mit seinem „Privatleben" den Normen, die für alle gelten. Wenn der Episkopos der Hausherr – der Meister des Hauses – ist, so ist er das nur als Repräsentant Gottes, als Verwalter (Tit 1,7). Der „Meister" des großen Hauses, der zugleich anwesend und abwesend ist, ist der Herr (2 Tim 2,21).

284. Der Bezug zur Dauer (vgl. Tit 1,9: „der sich fest an das Wort hält") ist essentiell. Für die Wahl des Episkopos wird deshalb mit der Bemerkung „er darf kein Neubekehrter sein" (1 Tim 3,6) ein negatives Kriterium gegen diejenigen aufgestellt, die noch keine ausreichende Zeit in der Gemeinschaft verbracht haben. Der Hochmut, dem ein zu schnell beförderter Neubekehrter verfallen könnte, muss in Verbindung mit der Gefahr der Häresie gesehen werden. Wenn jener noch nicht ausreichend in dem neuen Glauben verwurzelt ist, so ist er anfälliger dafür. Noch deutlicher wird das Anliegen, niemandem vorschnell die Hände aufzulegen, beim Auswahlverfahren der *Dia-*

---

7 Wie schon in unserem Dokument *Le ministère épiscopal* übersetzen wir die Stellen, wo im griechischen Original επισκοπος steht, mit „Episkopos" und nicht mit „Bischof". Das geschieht, damit dort nicht die mit der Figur des Bischofs verbundenen, zeitlich aber späteren, doktrinalen und sozialen Entwicklungen assoziiert werden.

kone – hier bedarf es einer Probezeit, einer Prüfung des Kandidaten (1 Tim 3,10) – und der *Presbyter* (1 Tim 5,22). Gleichwohl hindert die Sorge um die Dauer und die Kontinuität den Verfasser der Pastoralbriefe nicht daran, den Empfänger daran zu erinnern, dass einem jungen Leiter der Vorzug zu geben ist (1 Tim 4,12), vorausgesetzt dass er von Kindheit an im Glauben erzogen wurde.

285. Die gute Reputation scheint das entscheidende Kriterium für die Auswahl zu sein: „er muss auch bei den Außenstehenden einen guten Ruf haben" (1 Tim 3,7; 5,14; 6,1; Tit 2,5; 2,8.10). Das beispielhafte Verhalten bleibt ein Erkennungszeichen, das gleichzeitig auch für die Außenstehenden lesbar ist. Der Episkopos ist derjenige, der die Gemeinschaft gegenüber der Gesellschaft repräsentiert. Die Amtsträger müssen untadelig und in jedem Punkt respektabel sein. Die Überprüfung dieser Qualitäten findet allerdings anhand von häuslichen Fragen statt.

286. Das Amt erstreckt sich über drei Räume, d. h. über die Gemeinschaft, die als erweitertes Haus verstanden und in enger Verbindung mit dem privaten Haus und der Gesellschaft gesehen wird. So wie die interne Harmonie der Gemeinschaft eine Botschaft an die Außenwelt ist, so hat auch das private Haus, in dem sich die alltägliche Ethik eines jedes „aufrichtigen Mannes" und einer jeden aufrichtigen Frau zeigt, eine Funktion als Ort, an dem das Verhalten eines verantwortlichen Christen unter Beweis gestellt wird.

287. Der Vers 1,9 aus dem Titusbrief schreibt dem Episkopos klar die Aufgabe zu, Gegner zu bekämpfen. Das Profil des Amtsträgers wird als ihr „Gegenbild" dargestellt. Wenn es zu einem Konflikt mit den Gegnern über die Weiterentwicklung der Gegenwart kommt – „die Auferstehung sei schon geschehen" (2 Tim 2,1,8) –, so lässt das Profil des Amtsträgers erkennen, dass es dabei auch um Ordnung und Unordnung von Orten und Räumen geht. Der Amtsträger muss in seinem alltäglichen Leben das korrekte Verhältnis zwischen den verschiedenen genannten Orten zum Ausdruck bringen (Haus, Kirche, Gesellschaft). Die Gegner, welche die Häuser in Unruhe versetzen, scheinen diese Beziehungen direkt oder indirekt in Frage zu stellen. Fällt der Test im häuslichen Leben negativ aus, so kann sich das Verhältnis zur Gesellschaft in gefährlicher Weise verschlechtern.

288. Das Projekt der *Pastoralbriefe* erfordert von Seiten der Verantwortlichen in den Gemeinden einen erheblichen Aufwand in der Lehre. Die lehrende Funktion des Episkopos, der fähig ist, die „gesunde Lehre" derjenigen der falschen Lehrer gegenüberzustellen, ist demzufolge zentral für seine Rolle als Gemeindeleiter (1 Tim 3,2; 5,17; Tit 1,9). Im Übrigen sind die *Pastoralbriefe* in dieser Frage nicht auf eine bestimmte Zeitspanne beschränkt, d. h. auf die der dritten christlichen Generation, in der die Gemeinschaften mit zwei Problemen zu kämpfen hatten: mit der Verbreitung abweichender Lehren und mit dem Verschwinden der Prophetie.

289. Das Motiv der Lehre ist ein beständiges Element dieser Briefe. Die „Gnade", die selbst Lehrerin ist (Tit 2,12), ist das theologische Motiv für die pädagogische Funktion des Amtsträgers. Die für diese Aufgabe notwendige Autorität beruht auf der Apostolizität, auf dem „paulinischen" Charakter der Ermahnungen, die als Fortsetzung des Erbes gegen die haltlosen Interpretationen verstanden werden. Es ist wichtig, dass die Normen des Apostels, die sich letztendlich auf Christus selbst beziehen (1 Tim 6,13), beibehalten werden. Die Gemeindeleitung gründet ihre Autorität deshalb weder auf die von der Gemeinschaft vorgegebenen, noch von ihr auf andere übertragenen Aufgaben, sondern auf die durch das Evangelium begründete apostolische Norm selbst. Der Amtsträger kommt aus der Gemeinschaft und übt darin seine Verantwortung aus. Dennoch ist sein Amt keine Funktion der Gemeinschaft, sondern ein „Dienst" (diaconia). Er steht damit vor dem Herrn der Kirche ein, dessen Verwalter er ist.

IV. Die johanneischen Schriften

290. *(Bezug zu Christus.)* Das Thema des vierten Evangeliums ist in erster Linie nicht der Aufbau der Kirche, sondern die Ankündigung, dass sich in Christus das Heil erfüllt hat und der Aufruf, aus einem Glauben zu leben, der die wahrhaftige Quelle des Lebens ist (20,30-31). Von daher ist es nicht erstaunlich, dass hinsichtlich der von Christus ausgeübten Mission das Vokabular der Autorität (*exousia*) auftaucht. Es handelt sich nicht

um eine Autorität, die nach eigenem Ermessen handelt, wie die menschlichen Regierungen (vgl. den Dialog mit Pilatus in 19,10-11), sondern um eine Qualifikation, die gemäß einer Logik der Gabe vom Vater persönlich empfangen wurde und die nicht mit einer Macht über den anderen einhergeht, sondern mit der Fähigkeit, alles zu geben (17,1-2), indem man sich selbst gibt: „Niemand nimmt es [mein Leben] von mir, sondern ich selber lasse es. Ich habe Macht, es zu lassen, und habe Macht, es wieder zu nehmen. Dies Gebot habe ich empfangen von meinem Vater" (10,18).

291. Ausgestattet mit einer vollkommenen Autorität (Bild des Siegels in 2,27), besitzt der vom Vater gesandte Sohn die Fähigkeit, die Funktion des eschatologischen Richters auszuüben (Figur des Menschensohns in 5,27). Dabei handelt es sich weniger um einen Prozess im juristischen Sinne, als vielmehr um eine Unterscheidung, die im Herzen des Menschen vollzogen wird, das hin und her gerissen ist zwischen Licht und Finsternis (3,19-21). Die Absicht Gottes ist ganz auf das Heil gerichtet (3,16-17); wenn sie das fleischgewordene Wort empfangen, so erhalten die Glaubenden den Status, Gottes Kinder zu sein und dazu die Autorität[8], die mit dieser Kindschaft verbunden ist: „Wie viele ihn aber aufnahmen, denen gab er Autorität, Gottes Kinder zu werden, denen, die an seinen Namen glauben" (1,12).

292. *(Bezug zur Kirche.)* Auch wenn die Überzeugungen des vierten Evangeliums in Bezug auf Christus stark und gesichert sind, so gilt das doch nicht in gleicher Weise für die Kirche. Die moderne Forschung hat die Schwierigkeiten der johanneischen Gemeinschaft ans Licht gebracht, die mehreren großen Krisen ausgesetzt war: dem Bruch mit dem Judentum, der sich in einer Maßnahme der Exkommunikation äußerte, die als schmerzlich empfunden wurde (9,22; 12,42; 16,2); der Enttäuschung über die Welt, d. h. über die heidnische Gesellschaft, die unfähig war, Christus anzugehören (Kapitel 15-18); der inneren Zerrissenheit infolge tiefgreifender Meinungsverschiedenheiten im Bereich der Christologie (1 Joh 2,18-19 und 4,2-3).

293. Als sie gezwungen ist, konkrete Wege ins Auge zu fassen, wie die kirchliche Autorität ausgeübt werden könnte, ist die

---

8 *Exousia* wird an dieser Stelle oft mit *Macht* übersetzt.

johanneische Gemeinschaft in zwei Positionen gespalten:

- die bedingungslose Zugehörigkeit zum Lieblingsjünger, dem authentischen Zeugen des gesamten österlichen Mysteriums (Fußwaschung in 13,23-26; Kreuzigung in 19,26-27; leeres Grab in 20,8) und Garanten für die Wahrheit des johanneischen Zeugnisses (19,35) über seinen eigenen Tod hinaus (21,21-24).
- dem Gefühl des Presbyteriums, das in der Zeit der Briefe für die Gemeinschaft verantwortlich ist, zugleich einem Kollektiv anzugehören, dass sich in kollegialer Weise ausdrückt (vgl. die vielen „wir“ im ersten Brief) und einer Bekenntnistradition, die in dem österlichen Ereignis verwurzelt ist und durch das Zeugnis von mehreren Generationen von Glaubenden weitergegeben wird (1 Joh 1.1-4).

294. Beim letzten Abendmahl fühlt sich der Lieblingsjünger Jesus so nahe, dass er zum Vermittler zwischen Jesus und den anderen Jüngern werden muss, angefangen bei Petrus (13,23-26). Außerdem erhält der Lieblingsjünger im Moment des Kreuzes den Status des erblichen Bruders Jesu: „Siehe, das ist deine Mutter!“ (19,27), was ihm die Autorität über die Gemeinschaft verleiht. Das Beispiel, welches Jesus im Moment der Fußwaschung gibt, stellt die verpflichtende Referenz für die Ausübung einer kirchlichen Autorität dar, die nichts anderes sein kann, als ein Dienst – „Ein Beispiel habe ich euch gegeben, damit ihr tut, wie ich euch getan habe.“ (13,15) – und nur den Platz dessen einnehmen kann, der weil er „der Weg, die Wahrheit und das Leben ist“, als Einziger bis zum Vater führen kann (14,6).

295. Am Ende ihres Weges scheint die johanneische Gemeinschaft schließlich die Notwendigkeit eines ekklesiologischen Modells eingesehen zu haben, das mehr beinhaltet als den bloßen Bezug auf die Autorität des sie begründenden Jüngers, ohne deswegen etwas von ihrer eigenen Tradition aufzugeben (21,24): Die Rehabilitation des Petrus, der durch sein Martyrium verherrlicht wurde (21,15-19), zeigt den Willen der johanneischen Gruppe, gemeinschaftliche Verbindungen mit anderen Gemeinden einzugehen, die andere institutionelle Modelle pflegen als sie selbst.

296. *(Bezug zum Geist.)* Die Gabe des Geistes Paraklet wird mehrmals als die direkte Konsequenz von Jesu Weggang darge-

stellt (14,15-18,26; 15,26-27; 16,7). Der Geist ist untrennbar mit der nachösterlichen Wirklichkeit verbunden: Gegenüber den Glaubenden übt er eine lehrende und offenbarende Funktion aus, welche die Annahme und die Aktualisierung der Worte Jesu erlaubt (15,26; 16,12-15). Von da an ist jeder Jünger berufen, die gleichen oder sogar höhere Werke zu vollbringen als Jesus (14,12).

297. In Krisen oder in kirchlichen Schwierigkeiten wird die Autorität des Heiligen Geistes angerufen, nicht nur zur Legitimation, sondern auch zur Regulierung der gemeinschaftlichen Disziplin, welche die Exkommunikation und die Reintegration von Gemeindemitgliedern vorsieht, die sich schwerer Vergehen schuldig gemacht haben. Am Abend des Ostertages besteht die Nachricht des Auferstandenen an seine Jünger in einer Aussendung: „Wie mich der Vater gesandt hat, so sende ich euch" (20,21). Die Gabe des Geistes bezweckt jedoch im Besonderen die Bestimmung der Grenzen einer Gemeinschaft, der es bei der Erhaltung ihrer Identität um die Wahrheit geht: „Und als er das gesagt hatte, blies er sie an und spricht zu ihnen: Nehmt hin den Heiligen Geist! Welchen ihr die Sünden erlasst, denen sind sie erlassen; und welchen ihr sie behaltet, denen sind sie behalten" (20,22-23).

298. Wenn daher in der johanneischen Theologie die Autorität zuerst dem vom Vater gesandten Sohn zukommt, so erfüllt der Geist in gewisser Weise die Aufgabe ihrer Übermittlung an die konkrete Gemeinschaft, wenn schwierige Situationen sie zwingen selbst Autoritätsmaßnahmen zu ergreifen. Unter diesen Umständen muss der Heilige Geist die Aufgabe des „Beraters" erfüllen, die in dem juristischen Titel (Paraklet – Anwalt), den das vierte Evangelium ihm zuspricht, enthalten ist.

299. (*Bezug zum Glaubenden.*) Obwohl sie die Notwendigkeit einer kirchlichen Institution, die auf die Autorität des Herrn verweist durch die Funktion des Heiligen Geistes anerkennt, gesteht die johanneische Gemeinschaft den einzelnen Glaubenden eine relative Autonomie zu. Sogar inmitten der Krise wagt der erste Johannesbrief zu bestätigen: „ihr habt nicht nötig, dass euch jemand lehrt" (1 Joh 2,27). Um eine solche Aussage zu bestätigen, beruft sich der Autor auf die „Salbung", die ihr „von dem [habt], der heilig ist" (2,20) und der euch „alles lehrt" (2,27).

300. Was auch immer die Wirkung des Geistes oder des Wortes sein mag, so ist diese Salbung (auf Griechisch *chrisma*) das Merkmal, das in jeden Glaubenden aufgrund seiner Zugehörigkeit zu Christus eingeschrieben ist. Es müsste theoretisch in christologischer Hinsicht zur rechten Unterscheidung von wahr und falsch anregen (4,1-6) und die Ausübung eines Lehramts unnötig machen (2,27). Dennoch geht aus dem 21. Kapitel des Johannesevangeliums der utopische Charakter einer solchen Position hervor, denn es beruft sich zugleich auf die Autorität des Lieblingsjüngers (21,24) und rechtfertigt den Rückgriff auf die zuvor eingeführte Figur des Petrus (21,15-19).

301. Aus dieser Spannung innerhalb der johanneischen Theologie ergibt sich die feste Überzeugung, die besagt, dass jeder Jünger seine eigene Identität zuerst aus der engen Verbindung bezieht, die er zu Christus unterhält. So wie die Reben, die zu einem einzigen Weinstock gehören (15,1-7), so wie die Schafe, von denen ein jedes dem Hirten persönlich bekannt ist und nur überlebt, wenn es durch das einzige Tor geht (10,1-18), so bilden auch die Glaubenden nur insofern ein Volk, als ein jeder sich gänzlich und persönlich von dem einen Herrn empfängt. Der Bezug auf Christus ist daher der Punkt des Ausgleichs zwischen dem Festhalten an der legitimen Autorität des Lieblingsjüngers und der egalitären Dimension, die durch die aktive Anwesenheit des Heiligen Geistes gestiftet wird.

V. Der neutestamentliche Kanon

302. Ohne einen Anspruch auf Vollständigkeit zu erheben, bezeugt die von uns anhand der wichtigsten Texte des Neuen Testaments durchgeführte Studie eine Vielfalt von Modellen im Zusammenhang mit der Ausübung der Lehrautorität in den nachösterlichen Gemeinden. Die von Matthäus, Lukas, Paulus und Johannes vorgeschlagenen Ausgestaltungen weisen untereinander verschiedene Akzentsetzungen auf; auch existieren Spannungen im Inneren dieser vier Traditionen selbst. Es wäre verlockend, einer der Schriften den Vorzug zu geben und zwar auf Kosten einer der anderen, die in diesem Bereich für weniger wichtig erachtet werden.

303. Die Festlegung des neutestamentlichen Kanons am Ende eines langen Prozesses der gegenseitigen Anerkennung seitens der vielen Kirchen und Gemeinschaften hat allerdings nicht nur dazu geführt, dass diese verschiedenen Schriften nebeneinandergestellt wurden, sondern auch, dass ihnen *de facto* der gleiche normative Wert zuerkannt wird. Das bedeutet aber nicht, dass man die Unterschiede zwischen den Autoritätsmodellen der verschiedenen Schriften ignoriert. So kann man sagen, dass der Kanon der Schriften schon in sich selbst ein schönes Beispiel für den differenzierten Konsens darstellt, in dem die gemeinsame Referenz auf die einzige souveräne Autorität Christi die Einheit zwischen den kirchlichen Autoritätsmodellen und -praktiken sichert und zwar in Bezug auf Differenzen jeglicher Art in der Lebensweise der Gemeinden.

304. Die Anerkennung des biblischen Kanons, insbesondere des Neuen Testaments, bezeugt die Autorität der Schriften über die Kirche und für sie. Außerdem ist sie ein gemeinschaftlicher Akt, in dem die Kirchen sich als miteinander verbunden sowie als Teilhaberinnen desselben Glaubens anerkennen, denn diejenigen Schriften, in denen man tatsächliche Differenzen in der Lehre feststellen konnte, wurden nicht in den Kanon aufgenommen.

Schlussfolgerungen über die Schrift

305. Zum Abschluss dieses Weges wollen wir einige Schwerpunkte zusammentragen, die uns bei der Fortsetzung unserer Untersuchung über die Lehrautorität als Inspiration dienen sollen. Zuerst stellen wir in den Zeugnissen der neutestamentlichen Tradition eine offensichtliche Vielfalt fest in der Art, die kirchliche Autorität zu begründen. Indem sie diese innerhalb eines Kanons zusammenfasste, nahm die post-apostolische Kirche diese jedoch als tatsächliche Einheit wahr.

306. (Die Autorität Jesu.) Die Erzählungen der Evangelien legen den Akzent auf die Autorität, die Jesus von Beginn seines öffentlichen Wirkens an vom Vater erhält. Dabei handelt es sich um die Autorität, das Reich Gottes zu verkündigen, dessen Mysterium Jesus durch die Übereinstimmung zwischen seinen

Worten und seinen befreienden Taten der Heilung und der Vergebung enthüllt.

307. Jesus hat die Autorität von Gott seinem Vater erhalten, mit dem Auftrag, durch seine Worte und Taten die Ankunft von Gottes Herrschaft und vom Heil der Menschen zu verkündigen. In seiner Art diese auszuüben, gibt Jesus das Beispiel einer Autorität des reinen Dienstes – einer Autorität, die sich der Gabe des Heils verschrieben hat.

308. (Die übermittelte Autorität.) Jesus bleibt in der Zeit der Kirche gegenwärtig, allerdings auf eine andere Weise. Er behält seine ganze Autorität über sie, aber er übt sie nicht mehr durch seine sichtbare Präsenz aus, weil er sie seit Ostern seinen Jüngern anvertraut hat. Er hat sie ihnen als Bevollmächtigte übertragen. Er hat sie tatsächlich übergeben, aber er gibt sie nicht auf und gibt sie nicht ab. Die in der Kirche ausgeübte Autorität wird stets eine Verwaltung sein, die auf den einzigen Meister und Herrn verweist, der in seiner Kirche gleichzeitig abwesend und anwesend ist. In der Kraft des Geistes werden die Jünger sie in der Wahrheit nach dem Beispiel ihres Herrn ausführen können.

309. Diese Autorität wird auf verschiedene Weise übermittelt. Zuerst wird sie denen gegenüber kommuniziert, die Jesus gekannt haben und später auch gegenüber anderen wie Paulus. Mit der Zeit erreicht sie die Jünger und die Gemeinden der folgenden Generationen und führt zur Ausprägung vielfältiger amtlicher Institutionen.

310. Wie die Briefe an die Kolosser, an die Epheser sowie die Pastoralbriefe bezeugen, wird die Autorität der post-apostolischen Kirche von der apostolischen Kirche empfangen.[9] Auch erklärt die post-apostolische Kirche, dass es notwendig ist, sich dem Evangelium zu unterstellen, welches die Apostel übermittelt haben. Trotz deren Ableben bleibt die Kirche apostolisch und dieses Merkmal ist endgültig.

311. (Die Ausübung der Autorität.) Dieser Prozess verläuft nicht ohne diverse Krisen, von denen die Schriften des Neuen Testaments zeugen, wie beispielsweise der Konflikt zwischen Petrus

9 Dieselbe Orientierung findet sich in den Katholischen Briefen sowie in Kapitel 21 des Johannesevangeliums.

und Paulus unter anderem über die Frage, ob den Christen heidnischer Herkunft die Befolgung des jüdischen Gesetzes auferlegt werden sollte oder wie die Legitimierung von Verantwortlichen nach dem Tod der ersten Zeugen erfolgen sollte. Das Neue Testament zeigt Mittel auf, diese Krisen zu bewältigen und durch die beständige Rückkehr zum Evangelium aus ihnen herauszufinden.

312. Für das Neue Testament ist die Form des Dienstes (diakonia) die Form der Autorität schlechthin, nicht nur in der Person Christi, sondern auch in der Person allderjenigen, die in der Kirche mit Verantwortung ausgestattet sind.

313. Wir sehen, wie sich im Neuen Testament nicht nur die Autorität der Schrift (des Alten Testaments) bestätigt, sondern auch die des Wortes der Zeugen des Christusereignisses, welches in der Abfassung des Neuen Testaments, der Glaubensbekenntnisse und der ersten Liturgien konkret wird. Wir sehen auch, wie eine Typologie der mit Autorität ausgestatteten Personen (Zeuge, Prophet, Jünger…) sich herausbildet und wir beobachten, dass sich die Weitergabe der Autorität über den Tod der ersten Zeugen hinaus bestätigt. Schließlich stellen wir fest, dass die Gemeinden dabei eine aktive und verantwortliche Rolle spielen. Kurz gesagt beschreibt das Neue Testament bei der Ausübung der Autorität ein erstes Wirken verschiedener Instanzen – der personalen, kollegialen und gemeinschaftlichen. Ausgehend von den Angaben des Neuen Testaments über dieses Wirken, müssen wir jene Modelle ausmachen, die imstande sind, uns bei der Ausübung der Lehrautorität in der Kirche unserer Zeit zu helfen.

Kapitel IV
Vorschläge für die Lehre

314. In den ersten drei Teilen unserer Arbeit haben wir aufmerksam und respektvoll zahlreiche Angaben zusammengetragen, die uns bei unserem Anliegen gegenwärtig bleiben werden. Wir haben eine „Anamnese“ durchgeführt. Ab jetzt wollen wir einen Beitrag leisten, der unsere Gruppe für die schwierige Frage der Lehrautorität in der Kirche in Dienst nimmt. Dieser neue Abschnitt versteht sich als „therapeutisch“.

315. Wir werden zuerst versuchen, gemeinsam zu sprechen, indem wir all das herausfiltern, was, wie uns scheint, zwischen unseren Kirchen ein Gegenstand des Konsenses sein kann. Wir wissen, dass der Bereich des Konsenses zugleich geteilt und *differenziert*[1] sein kann, je nach unseren jeweiligen Traditionen und Praktiken (I). Anschließend werden wir in ruhiger aber klarer Weise die zwischen uns bleibenden Divergenzen zu diesem Thema ansprechen, welche innerhalb unseres Konsenses hinsichtlich der Autorität des Evangeliums über die Kirche bestehen (II). Schließlich werden wir einige Vorschläge machen, die bei der Umkehr dieser Divergenzen und bei der Ausweitung unseres Konsenses helfen können (III). Dieses Vorgehen in drei Etappen wird die Struktur dieses Kapitels bilden.

I. Ein differenzierter Konsens

316. Um den „differenzierten Konsens“ zu verstehen, wie er sich in den kirchlichen Praktiken zeigt, müssen wir nacheinander die Autorität der *Texte*, die der *Personen*, die Rolle der *in-*

---

1 Wir verstehen das Wort „differenziert“ in dem Sinn, wie es in der *Gemeinsamen Erklärung zur Rechtfertigungslehre* verwendet wurde – der lutherisch-katholischen Lehrvereinbarung, die am 31. Oktober 1999 in Augsburg feierlich unterzeichnet wurde. Der zentrale Konsens besteht in der Frage des Glaubens an Jesus Christus als Heiland, in der Rechtfertigung aus Glauben, etc. Allerdings trägt und enthält er eine gewisse Zahl von *Unterschieden*, die nicht mehr als *Gegensätze* verstanden werden.

stitutionellen Instanzen und schließlich die Probleme, die durch ihr Wirken aufgeworfen werden, in den Blick nehmen. Selbstverständlich ist jede Autorität „verbindlich“, d. h. zugleich verpflichtend und mit dem Evangelium verbunden. Dabei vergessen wir nicht, dass es eine Hierarchie zwischen den vielfältigen Lehrautoritäten gibt. Schließlich sollten wir nicht nur die Autoritäten der Vergangenheit in Betracht ziehen, sondern auch die gegenwärtigen Autoritäten, die uns für die Zukunft des Glaubens bereit machen.

1. Die Autorität der Texte

317. Folgende Texte haben für den christlichen Glauben Autorität: zuerst und vor allem die *Heilige Schrift*, dann die *Glaubensbekenntnisse*, die *symbolischen und dogmatischen Konzilsdokumente*, die *Liturgien*, die *Katechismen*, die *disziplinarischen Texte* sowie gewisse *ökumenische Dokumente*, deren Autorität heute zu den Erstgenannten hinzukommt. Offensichtlich existieren verschiedene Autoritätsgrade zwischen diesen vielfältigen Texten, die nicht alle auf dieselbe Stufe gestellt werden können.

318. Gemeinsam bekennen wir die *souveräne Autorität der Heiligen Schrift*. Wir erkennen ihren Wert als letztgültige Norm (*norma normans*) für den Glauben der Christen an. Denn durch sie empfangen wir das authentische Zeugnis des Wortes Gottes und das Evangelium. Alle anderen Aussagen, die für den Glauben eine Autorität darstellen (*norma normata*), müssen sich an ihrem Zeugnis messen lassen. Der Logik der Inkarnation zufolge vollzieht sich die Offenbarung Gottes durch den Ausdruck eines menschlichen Wortes, welches den Glaubenden erreicht. Diese Verstrickung von dem, was im Heiligen Geist von Gott kommt, und dem, was im Glauben vom Menschen kommt, prägt auf verschiedenen Ebenen jegliche Ausübung von Autorität in der Kirche.

Die Verkündung der Autorität der Schrift hatte ihren Platz im dritten Teil unserer Arbeit, in dem wir die Begründung der in der Kirche ausgeübten Lehrautorität in der Schrift überprüft haben. In der aktiven Anerkennung dieser letztgültigen Norm wollen wir nun Vorschläge für die Lehre verfassen.

319. Wir erkennen auch die Autorität der *Glaubensbekenntnisse* an. Diese haben ihren Ursprung im Neuen Testament selbst.[2] Sie haben einen Wert als Bekenntnis und als Lehre. Ihre Rolle besteht darin, in kurzen und strukturierten Formeln das Wesentliche bzw. die zentralen Aussagen der biblischen Botschaft zusammenzutragen. Sie sind ein bedeutender Ausdruck der Glaubenstradition.

320. Zwischen den Glaubensbekenntnissen und der Schrift vollzieht sich die gegenseitige Auslegung in einem stetigen Hin und Her: Die Kirche rekapituliert die ausufernde Vielfalt der Schrift in der Einheit des Bekenntnisses, das sich wie eine Grammatik bzw. wie das Wesentliche ihrer Botschaft darstellt. Das Bekenntnis wiederum behält seinen Sinn nur in der Verbindung zur Priorität der Schrift. In diesem Sinne lässt sich sagen, dass die Konfessionen die Schrift interpretieren und dass die Schrift ihrerseits das normative Auslegungskriterium der Bekenntnisse bleibt, die in ihrem Dienst stehen. Die Bekenntnisse liefern eine Synthese der Schrift zu einem bestimmten Zeitpunkt und für eine bestimmte Kultur, während die Schrift zu jeder Zeit die Kirchen durch ihre Glaubensbekenntnisse hindurch anspricht.

321. Im Besonderen gilt das für die altkirchlichen Symbole, wie beispielsweise das apostolische Glaubensbekenntnis. Selbst wenn die Apostel es nicht selbst geschrieben haben, so haben die abendländischen Kirchen es doch als Träger einer apostolischen Autorität aufgefasst. Ebenso haben die Kirchen in Ost und West das Glaubensbekenntnis von Nizäa-Konstantinopel als erneuerten Ausdruck des apostolischen Glaubens angenommen, zu einer Zeit, als der trinitarische und christologische Glaube in Frage gestellt wurde. Und auch die Definition von Chalcedon stellt ein christologisches Glaubensbekenntnis dar, auch wenn diese niemals einen liturgischen Status besessen hat.

---

2 Jesus mit einem Titel: Röm 10,9; Phil 2,11; 1 Kor 12,3; Apg 18,5 und 28; 1 Joh 2,22; Apg 8,36-38; Jesus tot und auferstanden: 1 Kor 15,3-5; Apg 2,14-39 (Kerygma); Jesus Christus im Fleisch gekommen: 1 Joh 4,2; 2 Joh 7; zweigliedrige Formeln, Gott und Christus: 1 Kor 8,6; 1 Tim 2,5-6; dreigliedriges Modell, Vater, Sohn, Geist: 1 Kor 12,4-6; Eph 4,4-6.

322. Die Glaubensbekenntnisse aus moderner Zeit, die von den Kirchen am Ausgang des 16. Jahrhunderts verfasst wurden (z. B. das Augsburger Bekenntnis und das Bekenntnis von La Rochelle für die Lutheraner und die Reformierten), folgten derselben Notwendigkeit, selbst wenn sie gewiss auch der Feststellung und Bestätigung der jeweiligen Identität dienten und den Forderungen nach einem zeitlich angemessenen gemeinsamen Zeugnis nachkamen (vgl. die Barmer Theologische Erklärung von 1934 oder das Glaubensbekenntnis der Presbyterianischen Kirche in Südafrika von 1973)[3].

323. Gemeinsam und erstrangig erkennen wir die Autorität der *vier ersten ökumenischen Konzilien*[4] an, denn deren Entscheidungen haben es erlaubt, die Kirchen auch in solchen Momenten in der Authentizität des Glaubens zu bewahren, wo diese in Gefahr war. Dieser oder jener Punkt der apostolischen Botschaft ist damals zum Gegenstand eines „Bekenntnisstandes" (*status confessionis*) geworden, d. h. dass die dazu eingenommene Haltung für entscheidend im Blick auf die Gemeinschaft im Glauben angesehen wurde. Die Autorität der Konzilien stand in Treue zu der Wahrheit, die in der Schrift niedergelegt wurde. Deshalb wurde die gelungene Abhaltung eines Konzils auch als ein neues Pfingsten betrachtet.

324. Seit den Spaltungen des 5., 11. und 16. Jahrhunderts hat jede Kirche in der Folge die Weitergabe und Regulierung des Glaubens durch konziliare, synodale oder symbolische Texte gesichert. Diese Dokumente wollen stets als Norm verstanden werden, die sich der Autorität der Schrift unterstellt (*norma normata*). Der Grad der Autorität variiert bei einem jedem Dokument. Er ist abhängig davon, inwieweit sich die Versammlung oder die Person, die es erlässt, dadurch verpflichten möchte.

---

3 Die Barmer Theologische Erklärung von 1934 widersprach strikt der Position der „Deutschen Christen", die versucht waren, gewissen Ideen der Nationalsozialisten zu folgen. Das Glaubensbekenntnis aus Südafrika bekämpfte den Rassismus der Apartheid. In beiden Fällen wurden diese Brennpunkte zum „Bekenntnisnotstand" (*status confessionis*) erklärt, d. h. zu einem Glaubenskriterium, welches darüber entscheidet, was christlich ist und was nicht.

4 D. h. Nizäa (325), Konstantinopel I (381), Ephesos (431) und Chalzedon (451); es ist nicht zu vergessen, dass die orientalisch-orthodoxen Kirchen das vierte nicht anerkennen.

Seit den Trennungen sind die durch diese dogmatischen, synodalen oder symbolischen Texte aufgestellten Bezugspunkte für die verschiedenen Kirchen nicht mehr dieselben, was für die Zukunft die Frage nach der Verbindlichkeit dieser Texte für eine jede Kirche aufwirft.

325. Im Namen des traditionellen Prinzips *die Norm des Gebets, ist die Norm des Glaubens (lex orandi, lex credendi)* erkennen wir an, dass die Liturgien, die Interpreten der Schrift auf der Ebene des Gebets sind. Sie sind Teil der Identität der Kirchen, deren Gemeinschaft sie aussagen und konstituieren. Die großen Liturgien der Taufe, der Eucharistie oder zu anderen Anlässen sind Dokumente, die eine Autorität für den Ausdruck des Glaubens besitzen.

326. Die alte Kirche übermittelte den Glauben an ihre erwachsenen Katechumenen durch eine *Katechese*, die meistens ausgehend vom Glaubensbekenntnis entwickelt, das bei der Taufe gesprochen wurde. Im Lauf der Geschichte wurde die Erwachsenenkatechese von *Katechismen* abgelöst, die sich je nachdem an Kinder oder Erwachsene richteten. Das 16. Jahrhundert war in dieser Hinsicht eine Blütezeit, sowohl in den reformatorischen Kirchen als auch in der Katholischen Kirche. Die in den Kirchen lange Zeit rezipierten und praktizierten katechetischen Texte sind auch wichtige Zeugen für den Glauben.

327. In der Reihe der autoritativen Texte dürfen wir nicht die *juristischen Dokumente* vergessen, ob es sich nun um solche mit größerer Reichweite handelt, wie in der Katholischen Kirche der *Kodex des kanonischen Rechts* der Lateinischen Kirche und der *Kodex der Kanones der Orientalischen Kirchen,* oder um Texte mit regionaler Reichweite, die oft *Disziplin, Konstitution (Verfassung), Agende* oder *Artikel* genannt werden und in den reformatorischen Kirchen vorkommen. Es besteht eine tatsächliche Ähnlichkeit zwischen diesen Dokumenten, auch wenn sie nicht zur gleichen Ordnung gehören. Diese juristischen Dokumente sind nicht nur einfache Regelwerke. Sie streben die praktische, pastorale und gemeinschaftliche Umsetzung des Glaubens und des christlichen Lebens an. Sie besitzen Autorität und stellen ebenfalls Referenzen für die Lehre dar.

328. Wir beobachten heutzutage auch, wie ein neuer Typ von autoritativen Dokumenten auftaucht: die *Dokumente ökumeni-*

scher Übereinstimmungen (z. B. die *Leuenberger Konkordie* zwischen den reformierten und den lutherischen Kirchen in Europa5, die *Gemeinsame Erklärung zur Rechtfertigungslehre* zwischen den Kirchen des Lutherischen Weltbunds und der Römisch-Katholischen Kirche oder die Gemeinsame Erklärung von Reuilly[6]). Wenn zwei oder mehr Kirchen sich in der Lage fühlen, gemeinsam eine Erklärung zu unterschreiben, die eine Übereinstimmung im Glauben ausdrückt, und daraus die Konsequenzen zu ziehen (wie in der *Charta Oecumenica*[7]), so bedeutet das, dass die eine wie die andere, unabhängig von der Reichweite ihrer Übereinstimmung, für sich die Autorität der getroffenen Übereinkunft anerkennt. Weil diese Dokumente erst vor Kurzem verabschiedet wurden, dauert ihre Rezeption noch an und der genaue Grad ihrer Autorität wird sich erst in der Zukunft zeigen.

329. Kann die Autorität der schriftlichen Dokumente ausreichend sein? Nein, aus dem einfachen Grund, dass ein Text nur einen Sinn bekommt in einer lebendigen Gemeinschaft, die ihre Verbundenheit mit ihm anerkennt. Dies ist der Sinn der altkirchlichen Festlegung des schriftlichen Kanons. Zudem erfordert jeder Text über die Zeit eine beständige Interpretationsarbeit, die das persönliche und das gemeinschaftliche christliche Gewissen sowie die institutionellen Instanzen ausüben.

330 Die vorangegangene Aufzählung der als autoritativ akzeptierten Texte zeigt deutlich, dass ihre Abfolge Teil einer stets

---

5 Diese Konkordie wurde 1973 zwischen den lutherischen, reformierten und unierten Kirchen Europas unterzeichnet und verhalf diesen Kirchen zur vollständigen Gemeinschaft in Predigt und Sakramenten. Seit 2003 trägt die Gemeinschaft den Namen *Gemeinschaft Evangelischer Kirchen in Europa (GEKE).*

6 Diese Erklärung wurde 2001 von den Anglikanischen Kirchen Großbritanniens und den lutherischen und reformierten Kirchen Frankreichs unterzeichnet. Sie stellte eine sichtbare Einheit in Bezug auf die Predigt und die Sakramente her und ermöglichte die gegenseitige eucharistische Gastfreundschaft. Allerdings erlaubt sie keinen vollständigen Austausch der Pfarrer. Vgl. *Appelés à témoigner et à servir*, Les Bergers et les Mages, Paris, 1999.

7 Das Dokument wurde 2001 in Straßburg zwischen den Vertretern der Konferenz Europäischer Kirchen (KEK) und dem Rat der Europäischen Bischofskonferenzen (CCEE) unterzeichnet. Es etablierte Leitlinien „für eine wachsende Zusammenarbeit zwischen den Kirchen in Europa". Vgl. Arbeitsgemeinschaft Christlicher Kirchen in Deutschland, *Charta Oecumenica*, Ökumenische Zentrale, Frankfurt am Main, 2003.

erneuerten Interpretation ist, die sich an den Fragen der Gesellschaft, ihrer Kultur und ihrer Geschichte orientiert: Derzeit sind das die Säkularisierung, die Weiterführung des ökumenischen Dialogs, der jüdisch-christliche Dialog und die interreligiösen Diskussionen. Diese Notwendigkeit gilt auch für den Text der Schrift selbst, sofern die Gemeinschaft der Glaubenden sich nicht damit begnügen möchte, ihn wie eine tote Rede zu wiederholen.

Die Autorität der Texte führt uns daher zur Betrachtung der Autorität von Gemeinschaften und Personen, die diese produzieren.

2. *Die Autorität von Gemeinschaften und Personen*

331. Es versteht sich von selbst, dass die Texte, deren Autorität wir anerkannt haben, nicht für sich allein stehen. Als Texte sind sie Buchstaben, die durchaus auch „toter Buchstabe“ bleiben können. Sie existieren im Inneren eines Kreislaufs des kirchlichen Lebens, der von Gottes Geist belebt wird und sie gewinnen Sinn und Kraft in einer Gemeinschaft von Menschen. Das lebendige Evangelium, welches die Herzen berührt und den Glauben weckt, der verwandelt und rechtfertigt, wurde einem Volk durch eine kontinuierliche Weitergabe anvertraut, die auf die Predigt der Apostel zurückgeht. In ihrer Folge geben die antiken Kirchenväter ein unverzichtbares Beispiel für diese Weitergabe. Sie praktizierten eine lebendige und aktualisierte Schriftlektüre im Dienst der Gemeinden und im Dialog mit den Fragen, welche von der Kultur und dem sozialen Leben ihrer Zeit gestellt wurden. So wurde die Schrift der Kirche gegeben, die sie bewahrt und die durch sie bewahrt und geordnet wird.

332 Deshalb müssen wir nun die Gemeinschaften und Personen in Betracht ziehen, die im Bereich des Glaubens Autorität haben: *die lebendige Tradition des Glaubens, die Autorität des christlichen Volkes und das Phänomen der Rezeption, die Autorität der Person und des Gewissens, die Lehre der Kirchenväter, der Doktoren und der Theologen.*

333. Wir erkennen die Autorität des Glaubens an, der von den Aposteln weitergegeben wurde, d. h. durch ihre lebendige Pre-

digt, deren bevorzugte Zeugin die Schrift ist. In ihren vielfältigen Äußerungen ist diese Tradition der Nährboden für die Abfassung der neutestamentlichen Bücher. Die apostolische Tradition ist zeitlich eher anzusetzen, denn den authentischen Glauben der ersten Kirchen gab es lange vor der Abfassung der Bücher des Neuen Testaments und vor ihrer Zusammenstellung zu einem autoritativen Kanon.

334. Wir wollen diese lebendige und ursprüngliche Tradition nicht mit der Fülle der postapostolischen Traditionen verwechseln, die das Leben der Kirche bereichert, verändert und manchmal auch entstellt haben. Aber wir meinen, dass diese ursprüngliche Tradition sich erhalten hat, um die Kirchen in der Treue zum apostolischen Glauben zu bewahren. Ihr ist es zu verdanken, dass die heutigen Kirchen überzeugt sind, im Glauben der Apostel zu leben. Im Herzen eines Zeugnisses und eines Einsatzes für den Glauben hat sie die Botschaft der Schrift bis zu uns übermittelt. Sogar die Reformation selbst hat diese Tradition mit Verweis auf Augustinus anerkannt:

> „Wenn man es so machte [wie Augustinus es empfiehlt], dann würde es dazu kommen, dass die Konzilien die ihnen gebührende Majestät [Autorität] erhielten, die Schrift aber unterdessen an einem höheren Platz stünde und den Vorrang hätte, so dass es nichts gäbe, das ihrer Richtschnur nicht unterworfen würde. So nehmen wir die alten Synoden [Konzilien] wie die zu Nizäa, zu Konstantinopel, […], die zur Widerlegung von Irrtümern gehalten worden sind, gern an, wir verehren sie als heilig soweit es die Glaubenssätze betrifft. Denn sie enthalten nichts als eine reine und ursprüngliche Auslegung der Schrift.“[8]

Aber wo soll man die großen Zeugen und die Orte finden, wo diese Tradition sich ausdrückt?

335. Wir erkennen die Lehrautorität des christlichen Volkes in seiner Gesamtheit an. Die christliche Tradition nennt dies den *Sinn der Gläubigen* (*sensus fidelium*) oder *Sinn des Glaubens* (*sensus fidei*). Das Zweite Vatikanische Konzil beispielsweise sagt mit Bezug auf Augustinus: „Die Gesamtheit der Gläubigen, welche die Salbung von dem Heiligen haben (vgl. 1 Joh 2,20.27),

---

8 Calvin, *IC*, IV, IX, 8.

kann im Glauben nicht irren. Und diese ihre besondere Eigenschaft macht sie durch den übernatürlichen Glaubenssinn des ganzen Volkes dann kund, wenn sie, von den Bischöfen bis zu den letzten gläubigen Laien, ihre allgemeine Übereinstimmung in Sachen des Glaubens und der Sitten äußert." (*LG*, 12) Eine Erklärung der ARCIC[9] spricht in demselben Sinn von der „christlichen Autorität": „Wenn die Christen auf diese Weise handeln und sprechen, so erkennen die Menschen das Wort Christi, das die Vollmacht inne hat."[10] Und Luther schreibt: „Dies ist ein geistliches Priestertum, allen Christen gemeinsam, dadurch wir alle mit Christus Priester sind. [...] So wird auch ein jeglicher Christ selbst von Gott unterwiesen und gelehrt (Jes. 54, 13). [...] Und Jes 11,9: ‚Die Erde ist erfüllet mit der Erkenntnis Gottes, wie Wasser das Meer bedeckt'. Daher kommt es, dass Christus gemäß Joh 6,45 spricht: ‚[...] Sie werden alle von Gott gelehrt sein."[11] Und: „Darum sollen und müssen alle Lehrer dem Urteil der Zuhörer unterworfen sein mit ihrer Lehre."[12]

336. Eine konkrete Weise, in der die Autorität des ganzen Volkes Gottes ausgeübt wird, ist das Ereignis der *Rezeption*. Die Rezeption ist das komplexe Phänomen, das in die Zeit eingebettet ist und einigen Schwankungen unterworfen sein kann und in dessen Verlauf das Volk der Christen eine bestimmte Lehre annimmt, die es von den kirchlichen Autoritäten empfangen hat, und sie sich zu eigen macht. Die Rezeption kann nicht auf juristischem Weg angeordnet werden, sie findet statt oder findet nicht statt und lässt sich erst im Nachhinein feststellen. Sich zu eigen machen bedeutet nicht nur, eine vernommene Rede zu akzeptieren, sondern viel mehr, sie zu leben und sie in Fleisch und Blut des kirchlichen Lebens übergehen zu lassen. Rezeption bedeutet viel mehr als einfach Gehorsam, Ignoranz oder Ablehnung: Sie trägt auf ihre Weise dazu bei,

---

9 ARCIC steht für *Anglican Roman Catholic International Commission*, die internationale ökumenische Dialogkommission zwischen der Römisch-Katholischen Kirche und den Anglikanischen Kirchen.

10 ARCIC, *Authority in the Church I*, Venedig, 1976, Nr. 3.

11 Luther, *Vom Missbrauch der Messe*, 1521, I; *WA* 8, S. 486-487.

12 Luther, *Daß ein christliche Versammlung oder Gemeine Recht und Macht habe, alle Lehre zu urtheilen und Lehrer zu berufen, ein und abzusetzen, Grund und Ursach aus der Schrift*, (1523); *WA* 11, S. 410.

einer Entscheidung „Sinn zu geben“, manchmal auch jenseits der Absicht ihrer Verfasser. Die Rezeption bezeugt, dass es sich bei der ausgeübten Autorität tatsächlich um einen Dienst an den Empfängern gehandelt hat, um einen Akt des Heils. Wenn sie vollkommen fehlt, heißt das, dass der Text in der Kirche keine Früchte getragen hat. Im ersten Fall kann man von der Autorität der Rezeption eines Textes sprechen, welche die Autorität der Instanz, die ihn verfasst hat keinesfalls ersetzt, aber die mit ihr einhergeht.

337. Wenn das christliche Volk in seiner Gesamtheit eine Lehrautorität darstellt, so deswegen, weil *jeder Getaufte* mit einer Verantwortung und demzufolge auch mit einer Autorität in Glaubensfragen ausgestattet ist. Dies ist die Autorität seines Gewissens, in dem Gottes Geist wohnt. Das zu sagen bedeutet nicht, den Inhalt des Glaubens formell der freien Untersuchung zu unterstellen,[13] sondern dass der Akt des Glaubens nicht anders als frei sein kann und im Gewissen vollzogen werden muss. Das Gewissen bleibt für jeden Glaubenden die letzte Entscheidungsinstanz. Sein Glaubensgehorsam verleiht ihm auch eine Autorität im Glauben. Dies hat Irenäus zum Ausdruck gebracht, als er von dem geistlichen Jünger sprach, der über alles richtet und von niemandem gerichtet wird.[14]

338. Diese Autorität des Gewissens ist eine besondere Herausforderung, denn sie gründet sich auf die Fügsamkeit gegenüber Gottes Geist. Sie rechtfertigt weder die vielfältigen „Schwärmereien“, noch führt sie zum religiösen Individualismus. Sie ist einfach der Nährboden für den Sinn der Gläubigen (*sensus fidelium*).

339. *Durch seine Taufe* hat jeder *Glaubende* die Aufgabe, nach seinen Möglichkeiten über die Lehre zu wachen und insbesondere über die Predigt zu urteilen. Dies ist die Konsequenz des allgemeinen Priestertums der Glaubenden.[15] Selbstverständlich

---

13 Der Ausdruck *freie Untersuchung* ist mehrdeutig: Er kann in einem abwertenden Sinn verstanden werden, wie es meistens in der Katholischen Kirche der Fall war. Richtig zu verstehen ist er als das treue Gewissen im Hören auf den Heiligen Geist. Vgl. *oben* Nr. 124, 127, 132-134.

14 Vgl. *CH*, IV, 33.1.

15 Dieser eher evangelische Ausdruck entspricht dem katholischen Ausdruck „königliches Priestertum der Getauften“.

wächst die Autorität jedes Einzelnen mit seinen christlichen Eigenschaften. Die Autorität von geistlichen Menschen, von Märtyrern oder Mystikern, in einigen Fällen auch von Dichtern oder von Künstlern, d. h. von denjenigen, die starke geistliche Erfahrungen machen und die fähig sind, andere auf dem Weg ihres Glaubens zu erleuchten, wird in allen Kirchen anerkannt. In der Ordnung des geistlichen Lebens gibt es Weise, deren Zeugnis Autorität hat und als Referenz dient.

340. Unter den getauften Christen üben *die Pastoren, die Doktoren und die Theologen* der Kirche eine Autorität im Dienst der Authentizität des Glaubens aus. Die Autorität können sie zu ihren Lebzeiten ausüben, aber für die Bedeutendsten von ihnen, geht diese noch weit über ihren Tod hinaus. Die Autorität der Väter der alten Kirche, die zu jener Epoche gehörten, in der die Kirche aufgebaut wurde, hat einen besonderen Wert, weil sie den theologischen Ort des „Konsenses der Väter" begründet. Diese Referenz ist von bleibendem Wert, selbst wenn dieser Konsens niemals in allgemeiner Weise überprüft werden kann und nur ein moralischer Konsens bleibt.

341. Jeder *Amtsträger*, der von der Kirche für die Predigt und die Katechese ausgesendet wird, ist mit einer besonderen Verantwortung ausgestattet und demzufolge auch mit einer besonderen Autorität für die Weitergabe des Glaubens. Das Gleiche gilt für diejenigen, die ihnen in ihrem Amt zugeordnet sind („Älteste", „Priesterräte" oder „Gemeinderäte" der lutherischen und reformierten Tradition, verantwortliche Laien sowie Laien mit kirchlichen Aufgaben von katholischer Seite); ebenso haben Eltern, die den Glauben an ihre Kinder weitergeben, sowie Patinnen und Paten Anteil an dieser Autorität. Predigt und Katechese sind die „Orte", an denen diese Lehrautorität ausgeübt wird.

3. *Die Autorität der institutionellen Instanzen*

342. Um diesen vielfältigen Autoritäten zu gestatten, in Harmonie und Einheit zu wirken, gibt es in den Kirchen institutionelle und ministerielle Instanzen, die den Auftrag haben die Gemeinden in der Einstimmigkeit des Glaubens zu bewahren,

indem sie eine treue Aktualisierung der Evangeliumsbotschaft vorschlagen. Diese Instanzen sind nicht nur deshalb notwendig, um Unordnung und Verwirrung zu verhindern, sondern auch, um zu bezeugen, dass die christlichen Gemeinden ihren Glauben aus dem Evangelium empfangen, welches ihre letztgültige Autorität darstellt.

343. Die institutionellen Instanzen sind heute je nach Kirche verschieden und es existieren mehrere Ordnungen, vor allem die episkopale Ordnung und die presbyterial-synodale Ordnung[16]. Aber alle Kirchen erkennen ihnen eine entscheidende Rolle zu, ob es sich nun um Bischöfe, Priester oder Pastoren, Doktoren, Konzilien oder Synoden handelt. Bevor wir in ausführlichere Betrachtungen zu diesem Thema einsteigen, wollen wir gemeinsam daran erinnern, dass diese Instanzen sich in das dreifache Verhältnis des gemeinschaftlichen, kollegialen und personalen Prinzips einfügen müssen. Wie wir in unserem Dokument zum Thema *Das Amt der Kommunion in der universalen Kirche*[17] dargelegt haben, sind wir der Ansicht, dass diese Trilogie zur Struktur der Kirche gehört.

344. *Die gemeinschaftliche Dimension:* Wenn das Volk Gottes jenes ist, dem das lebendige Evangelium anvertraut wurde, so muss die Ausübung der Autorität in beständiger Gemeinschaft mit ihm erfolgen sowie in einem Klima von Einverständnis und Austausch. „Through this continuing process of discernmerit and response, in which the faith is expressed and the Gospel is pastorally applied, the Holy Spirit declares the authority of the

---

16 Das in den aus der Reformation hervorgegangenen Kirchen weithin praktizierte presbyterial-synodale System sieht eine Kirchenleitung bestehend aus zwei gewählten, kollegialen Organen vor: einem Rat, der die lokale Gemeinde leitet (Presbyterium bzw. Kirchenvorstand) und einer regionalen oder nationalen, übergemeindlichen Instanz (der Synode, die in parlamentarischer Weise tätig ist), die jene Fragen behandelt, die allein auf lokaler Ebene nicht bearbeitet werden können. Die Zusammensetzung dieser Organe ist gemischt: eine Hälfte oder zwei Drittel sind Laien; eine Hälfte oder ein Drittel sind Pastoren oder Diakone. Dieses System stellt eine Hierarchie von Versammlungen dar, die man als kollegialen Episkopat bezeichnen könnte. Manche, vor allem lutherische, Kirchen kombinieren dieses System mit einer Art des persönlichen Episkopats.

17 Vgl. Nr. 113-132 ab dem Neuen Testament und Nr. 133-162 bezüglich der Katholischen Kirche bzw. der reformatorischen Kirchen.

Lord Jesus Christ, and the faithful may live freely under the discipline of the Gospel. – Durch diesen stetigen Prozess von Urteilsbildung und Beantwortung, in dem der Glaube ausgedrückt und das Evangelium in seelsorgerlicher Absicht angewendet wird, macht der Heilige Geist die Autorität des Herrn Jesus Christus deutlich und der Glaubende kann frei leben, nach der Regel des Evangeliums."[18]

Das Volk drückt sein Einverständnis oder seine Ablehnung auf verschiedene Weise aus, im Besonderen durch das Phänomen der Rezeption.

In den reformatorischen Kirchen ist die Arbeit der – mit Entscheidungsbefugnis ausgestatteten – Synoden, die je nach Kirche zur Hälfte oder zu zwei Dritteln mit Laien besetzt sind, ein Ausdruck dieser gemeinschaftlichen Dimension. Die Arbeit der – nur beratenden – Diözesansynoden in der katholischen Kirche, die ebenfalls eine Beteiligung von Laien umfasst, stellt in anderer Form einen Ausdruck derselben Dimension dar.

345. *Die kollegiale Dimension:* Die kirchlichen Amtsträger, die in den Gemeinden mit der Regulierung des Glaubens beauftragt sind, um diese in vollkommener Treue zur Wahrheit des Evangeliums zu bewahren, üben ihre Autorität im Rahmen einer kollegialen Verständigung aus, insbesondere durch Synoden und Konzilien. Diese Verständigung beruft sich normalerweise auf die eigene Verantwortung von Theologen, die ihre Kompetenzen in den Dienst der Glaubensregulierung stellen. Diese Autorität ist immer der des Evangeliums unterstellt, wie es in der Schrift bezeugt wird. Paradoxerweise ist sie eine gehorsame Autorität – im Gehorsam des Glaubens selbst.

346. *Die persönliche Dimension:* Jedes Kollegium muss einen Vorsitz haben, damit es eine Lehrentscheidung treffen kann, ein behandeltes Problem abschließen kann und einer Einstimmigkeit Ausdruck geben kann. Diese zutiefst menschliche Gegebenheit wird im Neuen Testament durch die den Aposteln – insbesondere Petrus[19] – zugewiesene Rolle des Vorsitzes bezeugt, welche Konsequenzen die Kirchen daraus auch immer ziehen mögen. Die Autorität des persönlichen Vorsitzes reprä-

---

18 ARCIC, *Authority in the Church I*, Venedig, 1976, Nr. 6.

19 Vgl. *Le ministère de communion dans l'Église universelle*, Nr. 126-128.

sentiert, verantwortet und rekapituliert normalerweise in sich die der Gemeinschaft und des Kollegiums der Amtsträger. Heutzutage wird die Verbindung zwischen kollegialer und personaler Dimension in den Kirchen der Reformation und in der Katholischen Kirche auf verschiedene Weise gelebt.

4. *Das konkrete Funktionieren dieser Instanzen*

347. Zwischen diesen drei Dimensionen, nach deren Maßstab die institutionellen Instanzen arbeiten müssen, sollte normalerweise eine direkte Verbindung bestehen. Zwischen den drei Polen der Autorität ist ein ständiger Kreislauf notwendig. Wir stellen fest, dass dies nicht immer der Fall ist. Entgleisungen sind nicht nur möglich, sondern haben stattgefunden und finden auch heute noch statt. Gewisse Kirchen tendieren dazu, eine Dimension in einseitiger Weise zu bevorzugen zu Ungunsten der beiden anderen. In den von uns zu machenden Vorschlägen für die Umkehr der Kirchen werden wir darauf zurückkommen müssen.

348. Wenn sich ein neues Problem stellt, so ist es normal, dass die Überlegungen dazu in der Kirche eine Periode der Diskussion durchlaufen. Dabei gibt es nichts, wovor man sich fürchten müsste, auch wenn es immer schwierig ist, insofern jeder Glaubende versucht, dem Heiligen Geist zu gehorchen. Ein frühes Beispiel für eine solche Diskussion findet sich in Apostelgeschichte 15 mit der Entscheidung, die in Jerusalem in der Frage der Beschneidung getroffen wurde. Wenn die Überlegungen gereift sind, können die kollegialen und personalen Instanzen sich äußern und entscheiden.

349. Ein Konflikt ist immer möglich im Leben einer Kirche, die *stets zu reformieren* (*semper reformanda*) und *immer zu erneuern* (*semper renovanda*) ist. Das Wichtige besteht nicht darin, alles zu tun, um Krisen zu verhindern: so ein Unterfangen könnte sich gegen seine eigenen Absicht wenden und zu einer noch schlimmeren Krise führen. Es geht darum, Mittel zu ergreifen, um diesen Konflikt in eine dynamische und positive Realität zu verwandeln. Wenn die Akteure in einer Krise es verstehen, alle dem Evangelium gegenüber gehorsam zu blei-

ben, so kann diese Krise in gesunder und konstruktiver Weise geregelt werden. Die Konflikte der Vergangenheit – jene, die zu Spaltungen geführt haben, sowie jene, welche Versöhnungen erlaubten –, geben uns sowohl Beispiele für unangemessenes Handeln, als auch für erbauliches Verhalten, das es selbst in schwierigen Zeiten erlaubt, die Kirche aufzubauen. Normalerweise sollte die Krise zu einem Ausgang aus der Krise führen.

350. Aus den vorangegangenen Paragraphen geht hervor, dass die hauptsächlichen Schwierigkeiten, die uns noch immer trennen, nicht von der Anerkennung dieser unterschiedlichen Pole der Lehrautorität herrühren – denn die haben wir gemeinsam –, sondern von dem Verständnis das jede Kirche von deren konkretem Zusammenwirken hat. Unsere Ekklesiologien sind nämlich nach verschiedenen Logiken aufgebaut. Der Garant einer Lehrmeinung in der Katholischen Kirche ist das Lehramt. Für die reformatorischen Kirchen ist das Kriterium eine Glaubensbotschaft und zwar die von der Rechtfertigung. Dahinter steht die Idee, dass die Wahrheit sich von selbst in der Kirche durchsetzen wird und dass sie keine menschliche Garantie benötigt. Die Arbeit der Synoden, auf der einen und auf der anderen Seite, folgt nicht derselben Logik.

II. Eine Diagnose der bleibenden Divergenzen

351. Da unsere Unstimmigkeiten sich um das Verständnis, die Verwirklichung und das Zusammenwirken der verschiedenen Autoritätsreferenzen drehen, können wir dieselbe Bewegung als roten Faden aufnehmen – von den *Texten* zu den *Personen* und zu den *institutionellen Instanzen* – in der Absicht, das zu herauszufinden, was uns derzeit bei der Ausübung der Lehrautorität trennt.

Aber zuerst ist es notwendig, von den grundlegenden Gegebenheiten Kenntnis zu erlangen, die (1) unsere zwei Arten, die Kirche zu verstehen, bestimmen sowie (2) unsere zwei Traditionen, die Autorität auszulegen, die jeweils mit einer bestimmten Auffassung von dem erlösten Menschen verbunden sind. Diese grundlegenden Gegebenheiten führen zu zwei konkreten Gestalten (3), die bisweilen im allgemeinen Bewusstsein zu karikaturistischen Interpretationen Anlass geben. Eine etwas verlängerte Gegenüberstellung wird es erlauben, die Problematik unserer Divergenzen präziser einzuordnen.

1. *Gegensätzliche Positionen über die Kirche*

352. Die katholische Kirche bewahrt die episkopale und damit hierarchische Struktur, die sich in der postapostolischen Alten Kirche durchgesetzt hat. Diese Struktur beinhaltet eine stetige Ausübung der Lehrautorität, für die hauptsächlich die Bischöfe in Verbindung mit dem Papst verantwortlich sind sowie in einigen Fällen der Papst allein. Wie die orthodoxen Kirchen betrachtet auch die katholische Kirche diese episkopale Struktur als die einzig normale, denn in diesem Rahmen versteht sie ihre Apostolizität und ihre Katholizität.

353. Die Katholische Kirche hat die strukturelle Rolle der Synodalität und der Kollegialität auf der Ebene der Lehre stets anerkannt: Im Verlauf ihrer antiken und modernen Geschichte versammelte sie zahlreiche Konzilien und Synoden. Es ist allerdings auch wahr, dass sie mehr und mehr die persönliche Rolle der Autorität hervorgehoben hat, in der Person des Bischofs auf der Ebene der lokalen Kirche und in der des Papstes auf der Ebene der universalen Kirche. Das zentralistische Gefälle des zweiten Jahrtausends hat zu der konkreten Gestalt geführt, die heute die ihre ist.

354. Die aus der Reform hervorgegangenen Kirchen haben die in der mittelalterlichen Kirche herrschende kirchliche Macht bestritten. Die Reformatoren versuchten festzustellen, was trotz der Abweichungen in der Lehre und in der Praxis von der „wahren" Kirche Christi Bestand hat. Ihre Kriterien waren bestimmt von der Kraft des Wortes Gottes, das sich unter den Glaubenden verwirklicht, bei denen „das Evangelium einträchtig im reinen Verständnis gepredigt und die Sakramente dem göttlichen Wort gemäß gereicht werden"[20], in der „Gemeinschaft der Gläubigen […], die übereinkommen, diesem Wort zu

---

20 Augsburger Bekenntnis, Art. VII.

folgen und der wahren Religion, die davon abhängt"[21]. Diese Kriterien verliehen sowohl der Kirche als auch dem Pfarrer eine Rolle des Dienstes, die im Verhältnis zum Vorrang der Schrift zweitrangig war. Sie ließen jeder einzelnen Kirche die Freiheit, ihre Institutionen und ihr Wirken zu organisieren sowie ihre liturgischen Texte auszuwählen. Die Herausbildung einer neuen Ekklesiologie und die Einrichtung einer anderen Kirche waren nicht geplant gewesen und die konkrete Organisation der reformatorischen Bewegung war vor allem mit historischen und kontextuellen Faktoren verbunden. So überwog die Sorge um die lokalen kirchlichen Gemeinschaften und eine enge regionale und nationale Anbindung wurde erforderlich, zum Nachteil der Beschäftigung mit der universalen Kirche – wenngleich diese bei den Reformatoren sehr präsent gewesen war.

355. Aufgrund der Bestreitung der Lehre von der „Macht" des Papstes und der Bischöfe sowie dem in den meisten Fällen vollzogenen Bruch zwischen den neuen kirchlichen Autoritäten und den Bischöfen der Katholischen Kirche, haben die reformatorischen Kirchen, von denen einige das Bischofsamt behalten oder wiedereingeführt haben, zumeist eine presbyterial-synodale Struktur angenommen, die der synodalen und kollegialen Dimension der Kirche eine vorrangige Stellung einräumt.

356. Die Reformation bestand auf der für das Wesen der Kirche konstitutiven Spannung zwischen der „unsichtbaren" (oder „vor Gott" stehenden) und der „sichtbaren" (oder „vor den Menschen" stehenden) Kirche. Der erste Ausdruck bezieht sich auf die im Glaubensbekenntnis genannte wahre Kirche Jesu Christi, die grundsätzlich eine einzige bleibt jenseits der menschlichen Spaltungen. Die zweite hingegen macht die menschliche und institutionelle Wirklichkeit sichtbar, mit ihrer Schwerfälligkeit, ihren Hierarchien, ihren Konflikten und ihren Spaltungen. Die Struktur der Lehrautorität und des Amtes sowie die institutionelle Organisation gehören jedoch zu dem zweiten Aspekt und zum Zentrum der unsichtbaren Kirche. Sie stehen im Dienst des Wortes Gottes, dem sie nachgeordnet sind (ohne deswegen jemals zweitrangig zu sein!) und können deshalb die diversen Entwicklungen je nach Lebensraum und Epoche in sich einschließen.

21 Glaubensbekenntnis von La Rochelle, Art. XXVII.

Wenngleich der „Grund" der Kirche in Jesus Christus von keinem Menschen in Frage gestellt werden soll, sind ihre vielfältigen „Gestalten" nicht nur legitim, sondern sogar wünschenswert, weil sie den Ausdrucksreichtum des christlichen Glaubens sichtbar machen. Man sollte diese Unterscheidung von „Grund" und „Gestalt" dennoch nicht als Einwilligung in die Spaltung der Christenheit missverstehen. Denn diese verursacht trennende Gegensätze und resultiert nicht aus der reichen Vielfalt, sondern aus ihrer Ablehnung und aus dem gegenseitigen Ausschluss.

357. Die Frage, die der Katholischen Kirche am häufigsten gestellt wird, ist nun folgende: Gibt es eine einzige Gestalt oder ein einziges Modell für die Kirche? Das der hierarchischen katholischen Struktur? Können sich die beiden Strukturen – die hierarchisch-episkopale und die presbyterial-synodale – versöhnen und eine volle Gemeinschaft eingehen? Was ist der sakramentale Mangel (*defectus*) und was der Fehler in der Gemeinschaft und der Einheit, der aus katholischer Sicht die reformatorischen Kirchen belastet und umgekehrt: Was ist der Mangel an kollegialer Gemeinschaft und was das institutionelle Übergewicht, was aus Sicht der reformatorischen Kirchen die Katholische Kirche belastet? Bis wohin ist die Diskussion darüber möglich?

2. Gegensätzliche Positionen über die Autorität der Glaubenden

358. Die Art, wie die Katholische Kirche den Menschen betrachtet, der durch die glaubensvermittelnde Gnade gerettet ist, erlaubt es ihr, mit Sicherheit anzunehmen, dass die Autorität Christi den immer sündigen Menschen wahrhaftig anvertraut wurde und dass diese mit dem Geschenk des Heiligen Geistes in Wahrheit die der Kirche geschenkte Gabe ausdrücken können, die darin besteht, dass sie in der Wahrheit des apostolischen Glaubens bis in Ewigkeit bewahrt ist.

359. Die Katholische Kirche versteht die Lehrautorität als eine der drei „Gewalten",[22] die ihr anvertraut wurden, nämlich die,

22 Zu den drei Gewalten oder Funktionen gehören die Lehre (Doktrin), die Heiligung (Sakramente) und die Regierung (Jurisdiktion).

der ganzen Schöpfung in Wahrheit das Evangelium zu verkündigen. Als notwendige Folge beinhaltet diese Verkündigung ihre eigene Regulierung, damit die Authentizität des apostolischen Glaubens immer als anvertrautes Gut „bewahrt" wird. Das ist die Funktion des „Lehramtes", das zugleich die Verkündigung des Glaubens und seine Regulierung durch eine Folge von Texten und Dokumenten sichert, deren zeitlich und autoritativ erstrangige die Glaubensbekenntnisse sind. Sie wurden alle erlassen, um die apostolische Botschaft vorzuschlagen und zu interpretieren und dabei der zeitlichen und kulturellen Aktualität sowie den jeweils begegnenden Krisen und Anfechtungen Rechnung zu tragen.

360. Die Lehrautorität der Kirche macht sich von Fall zu Fall sowie in unterschiedlicher und angemessener Weise geltend. Manche spezielle Dokumente können schnell hinfällig werden. Die darin gewählten Formulierungen sind jeweils unter Berücksichtigung der genauen Absicht eines jeden Konzils und Papstes zu verstehen. Die komplexe Hierarchie der vielfältigen Dokumente vereinfachend kann man sagen, dass die Dokumente *von allgemeiner Geltung* für gewöhnlich den Anspruch einer *irrtumslosen* (indefectibile) oder *unfehlbaren* (infallibile) Autorität aufweisen.

361. Zu sagen, dass ein Dokument in irrtumsloser Weise erlassen wurde, bedeutet, dass die Katholische Kirche bei seiner Abfassung dem Evangelium und seiner Heilsmission nicht untreu geworden ist. In diesem Sinn hat sie nicht „geirrt", weil sie zu einer bestimmten Zeit angenommen hat, dass diese Lehre notwendig war für den Dienst des Glaubens und für die kirchliche Gemeinschaft. Diese Irrtumslosigkeit heißt keinesfalls, dass der in dem Dokument vertretene Inhalt unabänderlich ist. Es gibt zahlreiche Fähle von Lehren oder Dekreten mit universaler Reichweite, die im Vergleich zur lebendigen Glaubenslehre veraltet sind[23] oder die sogar aufgehoben wurden, um für neue Entscheidungen Platz zu machen.

---

23 In diesem Sinn ist der 22. *Dictus papae* von Papst Gregor VII. zu verstehen, der in Nr. 100 zitiert wurde und der besagt: „Die römische Kirche hat niemals geirrt und gemäß dem Zeugnis der Schrift wird sie niemals irren." Anzumerken ist, dass diese *Dictus papae* nicht mehr in die Sammlung des Denzinger aufgenommen werden (vgl. folgende Fußnote).

362. Ein Dokument wird dann ausdrücklich als *unfehlbar* verkündet, wenn die Instanz, die es erlässt – was nur ein ökumenisches Konzil oder der Papst *ex cathedra* (d. h. *vom Stuhl des Heiligen Petrus aus*) tun kann – ohne jeglichen Zweifel seine Absicht kund tut, dass es ihm einen unveränderlichen Charakter geben will. Es handelt sich dabei also um eine dogmatische Festlegung. Die Unumkehrbarkeit betrifft nicht die Formulierung als solche, die immer wieder verbessert werden kann, sondern die grundsätzliche Richtung der Behauptung. Sie drückt eine Richtung aus, die immer offen für Verbesserungen bleibt und zwischen den beiden Schenkeln eines ausreichend weit geöffneten Zirkels angesiedelt ist, wobei die außerhalb dieser beiden Schenkel liegenden Standpunkte ausgeschlossen werden.

363. Im Lauf der Geschichte hat die Entwicklung der diversen dogmatischen Festlegungen zur Konstruktion einer „Glaubenslehre" geführt. Ihre kumulative Wirkung hat einen ganzen Korpus von Lehrtexten hervorgebracht, deren Autorität jeweils von der rechtlichen Formalität abhängt.[24] Die Betonung liegt auf der Beständigkeit, d. h. auf der homogenen Entwicklung – und nicht auf der Weiterentwicklung – der Lehre durch die Jahrhunderte hindurch. Die als rechtskräftig angesehenen Texte aus der Vergangenheit werden stets von den neuen Texten angenommen, selbst wenn sie verbessert, vervollständigt oder korrigiert werden müssen.

364. Selbstverständlich gehorchen diese Dokumente den ungeschriebenen Gesetzen der Rezeption mit ihren Wechselfällen und ihren Überraschungen. Die Rezeption schafft den Übergang von der formalen Gültigkeit eines Dokuments zu ihrem Status als tatsächlichem Referenzpunkt. Denn die Texte werden immer in dem lebendigen Gewissen der Kirche weitergetragen, die ihren eigenen Glauben verkündet und übermittelt. So kann es

24 Das Werk *Enchiridion Symbolorum, definitionum et declarationum de rebus fidei et morum* wurde von H. Denzinger im Jahr 1854 ins Leben gerufen. Es ist die Sammlung der lehramtlichen Texte der Katholischen Kirche, von den ersten Bekenntnissen bis zu den jüngsten Verlautbarungen. Wenngleich es sich um offizielle Texte handelt, bleibt ihre Zusammenstellung dennoch die Leistung privater Theologen. Von Ausgabe zu Ausgabe wurde der Kritik zunehmend mehr Raum gegeben: manche Dokumente wurde entfernt, andere dafür hinzugefügt.

passieren, dass das Dokument eines regionalen Konzils allgemein rezipiert wird und dadurch eine beträchtliche Autorität erlangt,[25] während die Entscheidung eines ökumenischen Konzils dem Vergessen anheimfällt.[26]

365. Die Art, wie die reformatorischen Kirchen den durch die den Glauben wirkende Gnade gerechtfertigten Menschen betrachten, bewirkt einen grundsätzlichen Vorbehalt gegenüber einer jeglichen menschlichen Autorität, die in der Kirche ausgeübt wird. Diese Kirchen berufen sich spontan auf Christus, auf das Evangelium und auf die souveräne Autorität der Schriften, unabhängig von der tatsächlichen Ausübung der Autorität durch die kirchlichen Instanzen. Als Inhaber der Autorität sehen sie immer den gerechtfertigten Menschen, der dennoch Sünder bleibt. Die Annahme, dass der Glaubende zwar von Gott vollkommen begnadigt wurde, aber dennoch in seinem Leben vollkommen unter dem Einfluss des „alten Menschen“ steht, gilt auch für die Kirche: Obwohl gänzlich begnadigt in Christus und daher irrtumslos und unfehlbar in ihrer Verkündigung des Evangeliums, ist sie auch wirklich Sünderin in ihrer menschlichen Wirklichkeit (und zwar nicht nur aufgrund der Sünde ihrer Mitglieder), ihrer Organisation und ihren Entscheidungsinstanzen. Selbst wenn die reformatorischen Kirchen dem göttlichen Partner des Bundes vollkommen vertrauen, so gehen sie doch davon aus, dass sein menschlicher Partner dessen Gabe stets auf anfällige und unsichere Weise empfängt.

366. Wie im geschichtlichen Abschnitt dargelegt, unterbreiteten die evangelischen Reformatoren ein von dem der Katholischen Kirche stark unterschiedenes Verständnis der Lehrautorität, das auf vier Hauptreferenzen beruht, die durch das Verhältnis zwischen dem Innerlichen und dem Äußerlichen miteinander verbunden sind.[27] Zwischen diesen beiden Orten voll-

---

25 Z. B. die Canones des Konzils von Orange (529) über die Gnade.

26 Z. B. die Verurteilung der Drei Kapitel durch das Zweite Konzil von Konstantinopel (553), das gegen die Ansichten von Theodor von Mopsuestia, Ibas von Edessa und Theodoret von Kyrrhos Stellung bezog, deren Lehre man für „zu nestorianisch“ hielt. Vgl. *oben* Nr. 69-75.

27 Vgl. *oben*, Nr. 127f. Im inneren Bereich die souveräne Autorität der Schrift (1. Referenz), die dem inneren Zeugnis des Heiligen Geistes im Gewissen der Glaubenden (2. Referenz) anvertraut ist. Im äußerlichen (oder „sichtbaren“)

zieht sich eine „Dialektik der permanenten und gegenseitigen Regulierung". Die Gemeinschaft hilft dem Risiko der individualistischen Entgleisung ab und die Glaubenden sorgen dafür, dass die kirchliche Autorität nicht „den Heiligen Geist knebelt". Weiter oben haben wir gesehen, wie dieses bewegliche Gleichgewicht der persönlichen Gewissensfreiheit in der Lehre den Vorrang gegenüber jeder gemeinschaftlichen Instanz geben konnte und dadurch die doktrinale Einheit der evangelischen Kirchen erheblich in Frage stellte.

367. Weil die Schrift und die Glaubensbekenntnisse im Lauf der Geschichte stets aktualisiert werden müssen, vertraut die protestantische Tradition die Autorität über die Regulierung der Glaubensinhalte den Doktoren der theologischen Fakultäten aus dem Mittelalter an. Die „Synoden" ihrerseits nehmen die andere Aufgabe der Autorität war und zwar die einer gemeinschaftlichen Instanz der Überprüfung, Entscheidung und Anwendung. Zwischen diesen beiden Instanzen besteht eine Gewisse Spannung, die Momente des Zusammenwirkens aber auch des Konflikts hervorbringt.

368. Wo die katholische Auffassung auf Beständigkeit und Geradlinigkeit setzt, sieht die evangelische Auffassung im Kern der Lehrautorität eine grundsätzliche Dialektik der „totalen" Ambivalenz der Gegensätze am Werk, getreu dem Prinzip: *Gerechtfertigter und Sünder zugleich (simul iustus et peccator)*. Diese Sicht gilt ebenfalls für das Verhältnis der Autorität zur Wahrheit: Irrtumslosigkeit und Unfehlbarkeit, Heiligkeit und Reinheit, aber auch Zufall und geschichtliche Bedingtheit, Sünde und Fehlbarkeit, Untreue und Mangel an Glauben kennzeichnen die Ausübung der Lehrautorität. Der linearen Beständigkeit stellt die evangelische Auffassung den Bruch zugunsten einer stets zu erneuernden Kirche (*semper reformanda*) entgegen, ermöglicht durch das Evangelium, welches ihr Lehrer bleibt.

Bereich das öffentliche Zeugnis der Kirche als „gemeinschaftliche Person der Glaubenden" (3. Referenz) und die normativen Glaubensbekenntnisse (4. Referenz), die allerdings stets für die Überarbeitung und die Neubestimmung offen bleiben.

3. *Zwei gegensätzliche und vereinfachende Bilder der Kirche*

369. Es ist nicht verwunderlich, dass zwei so unterschiedliche Auffassungen von der Kirche und von ihrer Lehrautorität dazu beitragen, ein sehr vielfältiges Bild zu geben, dass sich in einer gewissen Zahl volkstümlicher „Clichés" ausdrückt, die zwar nicht gänzlich einer Grundlage entbehren, die sich allerdings manchmal bis zur Karikatur hin steigern können. Diese gegensätzlichen Bilder hier zusammenzutragen, könnte dabei helfen, Risiken zu erkennen, die durch ein Abdriften in der Lehre auf beiden Seiten gegeben sind und außerdem die Punkte in den Blick zu nehmen, wo für die Zukunft eine Umkehr notwendig ist.
370. Obwohl wir keinesfalls den Anspruch erheben, dass das Bild der Katholischen Kirche sich in dieser Sichtweise erschöpfen würde, können wir erkennen, dass sie oft wie eine große hierarchische Pyramide erscheint, in der das Kirchenvolk – die „Laien" – letztlich wenig Platz einnehmen. Sie wird vornehmlich wie ein Apparat von Geistlichen wahrgenommen, in dem die Bischöfe, allen voran der Papst, quasi das Wortmonopol innehaben. Die Rede von der „lehrenden Kirche" und der „lernenden Kirche" ist dadurch zu einem geläufigen Ausdruck geworden – ein Verständnis, das man in der Heiligen Schrift vergeblich sucht. Die katholische Institution wird oft bis in ihre geringsten Erscheinungsformen sakralisiert. Die Zeichen des Respekts gegenüber einem jeden Repräsentanten der Hierarchie können sich bis zum Personenkult steigern. Durch den Einfluss des Zweiten Vatikanums und die Überlegungen mancher kritischer Katholiken gegenüber ihrer Kirche bekommt dieses versteinerte und klassische Bild heutzutage aber auch Risse.
371. Auch im Ausdruck ihrer Lehre erscheint die katholische Kirche wie eine Instanz, die sich beständig und autoritär in zahlreiche Dinge einmischt, besonders auf dem Gebiet der Ethik, wobei die Diskussion stets auf ein Minimum beschränkt wird. Sie wird als Apparat wahrgenommen, in dem die Theologen stark überwacht werden, in dem alles von oben herab durch die Autorität der Hierarchie entschieden wird und in dem die offizielle Meinung aufgezwungen wird. Die Gewissensfreiheit wird zwar anerkannt, sie stellt aber nur eine zweitrangige und bedingte Bezugsgröße dar. Oft wird angenommen, dass ein

Katholik das glaubt, was das Lehramt ihm zu glauben vorschreibt und sich dabei an die vom Lehramt vorgeschriebenen Ausdrucksformen hält.

372. Die reformatorischen Kirchen erscheinen wie kleine regionale Einheiten, deren Autonomie zu einer gewissen Zersplitterung in der Lehre geführt hat. Sie reduzieren ihre Institutionen auf ein Minimum und ihre Synoden funktionieren nach dem demokratischen Modell des Mehrheitsentscheides, was manchmal zu überraschenden Einsprüchen führt. Da dem individuellen Gewissen solch ein großer Platz eingeräumt wird, hält man die Idee wach, dass die evangelischen Christen sich allein daran gebunden fühlen. Es scheint, dass die Lehrautorität für sie niemals eine endgültige Grenze darstellt. Die Ausdrucksfreiheit im Bereich des Glaubens fördert ein Klima der Verwirrung und wird durch den Gemeinschaftssinn der Verantwortlichen nicht ausreichend kompensiert. Die reformatorischen Kirchen zeigen einen Mangel an Offenheit, an Interesse und an Sensibilität für die universale Kirche. Eines der Hauptprobleme innerhalb dieser Ekklesiologie ist das Verhältnis zwischen den lokalen Kirchen und der universalen Kirche, ebenso wie das Verhältnis zwischen individuellem Gewissen und kirchlichem Konsens.

373. Auf der Ebene der Lehre ist das vom Gewissen anerkannte Wort Gottes die letztgültige Instanz, welche die evangelischen Glaubenden am Glauben festhalten lässt. In der Praxis können manche sagen: „Ich glaube das, was das Evangelium sagt und was der Geist mir zu verstehen gibt", oder noch einfacher „Ich glaube, was mein Gewissen mir befiehlt". Eine zweifellos noch größere Zahl würde sagen: „Ich glaube, was ich kann in einer solidarischen Gemeinschaft"; oder auch: „Ich glaube das, was ich glaube, das heißt, ich weiß, an wen ich geglaubt habe." Diese Gestalt des Glaubens erscheint vielen anderen Christen als eine individualistische Herausforderung und wenig kompatibel mit den Bedürfnissen einer universalen Gemeinschaft im selben Glauben.

4. *Eine unterschiedliche Betrachtung der Texte*

374. Katholiken und Protestanten haben nicht dieselbe grundsätzliche Haltung den Texten gegenüber. Dieser Unterschied

beginnt schon bei *der Schrift* selbst. Die eine wie die andere Seite erkennt ihre „Irrtumslosigkeit" an, d. h. die Tatsache, dass sie die Wahrheit über das Heil des Menschen sagt – unter den Protestanten selbst allerdings mit wichtigen und bisweilen strittigen Nuancen zwischen Fundamentalismus und Liberalismus. Auf die folgende Frage würden Katholiken und Protestanten nicht in derselben Weise antworten: „Inwiefern ist die Schrift für mich in einem bestimmten Punkt verbindlich?" Die Berufung auf die Schrift in ihrer Gesamtheit kann zu einem Slogan werden, während manche ihrer Aussagen unsere kulturellen Befindlichkeiten stören.

375. Hinsichtlich ihrer Haltung zur biblischen Exegese sind sich katholische und evangelische Gelehrte immer näher gekommen. Inzwischen gibt es einen engen und fruchtbaren Austausch; die einen wie die anderen erkennen die wissenschaftliche Bedeutung der Ergebnisse des anderen an. Hinsichtlich der Autorität des biblischen Textes sind die Lehrpositionen allerdings weiterhin von großen Unterschieden geprägt. Evangelische Christen fühlen sich durch die grundlegende Lehre von der Rechtfertigung aus Glauben gebunden, oder sogar in noch stärkerem Maß von den Bedürfnissen ihres persönlichen Gewissens dem Wort Gottes gegenüber, und sie kümmern sich weniger um die theologischen Lehraussagen oder die offiziellen Entscheidungen. Den Katholiken liegt viel mehr daran, die durch die aktuelle Forschung der Sozialwissenschaften und die Exegese freigelegte Wahrheit mit der Wahrheit des Glaubens zu versöhnen, so wie diese sich in der traditionellen Lehre der Kirche ausdrückt. Die Art, wie man die von der Kirche weitergegebene Autorität des Wortes Gottes in der redaktionellen Vielfalt und Bedingtheit des menschlichen Wortes betrachtet, ist nicht dieselbe.

376. Die Autorität der *Glaubensbekenntnisse* auf der einen und der anderen Seite funktioniert nicht nach demselben Prinzip. Von katholischer Seite ist sie eine in ihrem Inhalt absolute und unveränderliche Referenz; auf evangelischer Seite wird ihre Autorität bedingter und zurückhaltender eingeschätzt. Dieser Unterschied, der hinsichtlich der alten Bekenntnisse noch weniger spürbar ist, wächst mit dem 16. Jahrhundert. Für die katholische Seite stellen die neuen Glaubensbekenntnisse eine

zusätzliche Erklärung zu den alten Bekenntnissen dar. In den Lutherischen Kirchen sind die Bekenntnisschriften des 16. Jahrhunderts nicht notwendigerweise Referenzen, welche die Gemeinden kennen, selbst wenn sie unverändert geblieben sind und ihre theologische Normativität bewahrt haben. Manche protestantischen Kirchen haben im 20. Jahrhundert andere „Glaubenserklärungen" entwickelt, aber diese Texte haben nicht denselben Grad an Autorität wie die alten Bekenntnisse. Aufgrund der schwierigen Situation, in der viele davon entstanden sind, sind sie von kontextuellem und beschränktem Wert.

377. Auch wenn die biblische Exegese beträchtliche Fortschritte darin gemacht hat, den Akt der Textinterpretation[28] einvernehmlich zu begreifen, so lässt sich das Gleiche doch nicht von der Auslegung der *kirchlichen, konziliaren oder symbolischen* Dokumente behaupten. Diese Disziplin hat noch einen merklichen Rückstand, auch wenn ihr Thema bereits Gegenstand von bedeutenden und fruchtbaren Studien gewesen ist. Für die reformatorischen Kirchen stellt sich hier eine entscheidende Frage: Wie und wo zeigen sich die aktuellen Entwicklungen der reformatorischen Tradition?[29] Welche Texte haben heute Autorität und wie? Mit anderen Worten: Was ist heute die konfessionelle Identität der Erben der Reformation? In diesem Bereich lauern auf uns alle zwei Versuchungen: der Relativismus und der Literalismus.

378. Der Relativismus ist eine spezifisch protestantische Versuchung. Bei der Betrachtung der alten Dokumente betont er deren beschränkte, kulturell bedingte, historische und weitgehend veraltete Seite. Den gegenwärtigen, als revidierbar eingeschätzten Dokumenten, gesteht er wenig Autorität zu. Diese Versuchung kann auch gewisse katholische Milieus betreffen.

379. Der Literalismus gegenüber lehramtlichen Texten ist eher eine spezifisch katholische Versuchung. Die Sorge darum, die unabänderliche Äußerung des Glaubens immer in Ehren zu halten, hat zur maximalistischen Auslegung von gewissen Do-

28 Der wissenschaftliche Begriff dafür ist *Hermeneutik*.

29 Als Beispiel kann hier das Glaubensbekenntnis der Reformierten Kirche Frankreichs von 1938 angeführt werden, das zu Beginn einer jeden synodalen Versammlung feierlich gesprochen wird.

kumenten geführt, wie denen von Trient und dem Ersten Vatikanum, auch auf die Gefahr hin, den Bereich der Indefektibilität (Irrtumslosigkeit) auf den der Unfehlbarkeit zu reduzieren. Darüber hinaus befördert er innerhalb der katholischen Meinung gewisse Tendenzen, die päpstlichen Dokumente als ein Arsenal von überzeitlichen und autoritativ gleichwertigen *Beweissprüchen (dicta probantia)* anzusehen, die hervorgeholt werden können, um zweifelhafte Anliegen zu verteidigen.

380. Mit Blick auf einige der eben genannten Thesen lässt sich interessanterweise feststellen, dass auch die Autorität der Bekenntnisschriften aus dem 16. Jahrhundert – besonders in der lutherischen Tradition – zu einer literalistischen Lesart Anlass geben kann, sobald man in jeder Umformulierung und in jedem Versöhnungsversuch auf dem Gebiet der Lehre spontan eine unakzeptable Vernachlässigung der gedanklichen Kraft der Reformatoren erblickt. Erst kürzlich haben dafür einige negative Reaktionen ein Beispiel geliefert, die im Vorfeld der lutherisch-katholischen Übereinkunft über die Rechtfertigung aus Glauben abgegeben wurden.

5. *Eine unterschiedliche Betrachtung von Gemeinschaften und Personen*

381. Zwar erkennen Katholiken wie Protestanten die Autorität des Gewissens und die des Volkes aller Christen in seiner Gesamtheit an. Aber man bemerkt ein Übergewicht bei der Berufung auf das individuelle Gewissen bei den Protestanten, zu Lasten der Regulierung, die der Bezug auf die allgemeine Gemeinschaft aller gläubigen Christen bewirkt, während die Katholiken mit Vorliebe die Autorität des Gottesvolkes in den Blick nehmen, dessen Einstimmigkeit als ein unfehlbarer Ausdruck des Glaubens anerkannt wird. Dies ist die schon weiter oben erwähnte Lehre des *Sinns der Gläubigen (sensus fidelium)* oder des *Glaubenssinns (sensus fidei)* aller Gläubigen.

382. Aus diesem Grund sind auch die Autonomie des einzelnen Glaubenden, ebenso wie das Verhältnis des persönlichen Gewissens zur Autorität, nicht dieselben auf der einen wie auf der anderen Seite. Auf katholischer Seite wird das Recht des Ge-

wissens mit Nachdruck bestätigt. In gewisser Weise wird es sogar als absolut verstanden, weil ein Wille, der sich von seinem Gewissen entfernt stets etwas Schlechtes ist.[30] Thomas von Aquin geht so weit, zu sagen, dass an Christus zu glauben, was ein Gut in sich ist, zu etwas Schlechtem werden würde, wenn die Vernunft es dem Gewissen als etwas Schlechtes vorschlagen würde. Das Recht auf religiöse Freiheit verbietet jeglichen Zwang gegenüber einem verirrten Gewissen, selbst wenn es sich als unüberwindlich erweist. Der zum Katholizismus konvertierte Newman zögerte nicht, sich nach der Festlegung der päpstlichen Unfehlbarkeit in diesem – anderen – Ton zu äußern: „Wenn ich – was höchst unwahrscheinlich ist – nach einem Dinner einen Toast auf die Religion ausbringen müsste, würde ich auf den Papst trinken. Aber zuerst auf das Gewissen. Dann erst auf den Papst."[31]

Dennoch ist ein verirrtes Gewissen nicht als solches gut. Um in konformer Weise ausgeübt zu werden, verpflichtet das Recht auf das Gewissen jeden zur Verantwortung, nach der Wahrheit zu suchen und sich dabei ‚nach bestem Gewissen' zu informieren. Falls daraus ein Widerspruch gegenüber den Inhabern der Lehrautorität in der Kirche entsteht, so liegt die Beweislast bei dem Gewissen.

383. Obwohl die Katholische Kirche die Autorität des *Sinnes der Gläubigen* (*sensus fidelium*) unzweideutig verkündet, bleibt sie doch sehr zurückhaltend, wenn es darum geht, diese zu befragen und zu berücksichtigen. Ihrer institutionellen Logik nach, müssen die Dinge durch den Bischof, der über den Glauben seines Volkes wacht, von der Basis zur universellen Autorität hinauf übertragen werden. Aber der Weg, der von der Autorität der Texte, vom Papst und von den Bischöfen zu den Gläubigen hin führt, hat in Wahrheit immer Vorrang gegenüber dem, von der Autorität der Gläubigen hin zu den Texten und den verantwortlichen Amtsträgern. Auf der evangelischen Seite dagegen, wo die Institution der Synode den lokalen Kirchen näher steht, kann der Bezug auf den kirchlichen Konsens von der momentan herrschenden Meinung

30 Thomas von Aquin, *Summa Theologica*, Ia IIae, q. 19, Art. 5.

31 John Henry Newman, *A Letter addressed to the Duke of Norfolk* (1874), Kap. 5.

abhängig sein. In diesem Fall könnte eine mit relativer Mehrheit bzw. mit nur einer Stimme Mehrheit getroffene synodale Entscheidung sich nur mit einer relativen Repräsentativität durchsetzen, wodurch eher Unstimmigkeiten und neue Spannungen entstehen werden als ein einheitlicher Konsens.

384. Wer ist der Lehrer des Glaubens? Wer übernimmt die Aufgabe, über das Evangelium zum wachen und wer stellt fest, was ihm entspricht? Auch hier fällt die Antwort unterschiedlich aus. Auf katholischer Seite ist die Ausübung des Lehramts über den Glauben dem Papst und den Bischöfen vorbehalten. Die Theologen haben zweifellos eine wichtige Rolle in der Kirche und leisten einen unverzichtbaren Dienst bei der Ausübung des Lehramtes, insbesondere im Fall der Konzilien. Sie werden regelmäßig zu Konsultationen gebeten. Dennoch verfügen sie nicht mehr über die Lehrautorität, die ihnen im Mittelalter an den Theologischen Fakultäten zugestanden wurde.[32] Sie haben kein Stimmrecht und sie versehen ihren Dienst unter der Autorität des Lehramtes.

385. Auf evangelischer Seite stellen die Theologen einen der Pole der Lehrautorität dar. Den Lehrern der theologischen Fakultäten hat die Reformation stets eine große Autorität für den Ausdruck der Glaubensinhalte zuerkannt. Die Autorität der Synoden, die sich in diesem Fall aus Laien und Pastoren zusammensetzen, wirkt als gemeinschaftliche Regulierung des Denkens der Theologen.

386. In Bezug auf das episkopale Amt bleibt die Groupe des Dombes bei ihren Vorschlägen und Standpunkten, die sie in ihrem Dokument von 1976 vorgetragen hat.[33] Darin stellt sie die neutestamentliche Grundlage der *episkope* vor und zeigt, dass diese *episkope* das bloße Amt der *episkope* übersteigt. Dennoch ist die dominierende Gestalt dieses Amtes die des persönlichen Bischofsamtes im Moment des Übergangs zwischen der apostolischen zur postapostolischen Kirche.[34] Das

---

32 Vgl. *oben*, Nr. 102.

33 Vgl. *Le ministère épiscopal*; vgl. *Pour la conversion des Églises*, S. 81-114. (= *Für die Umkehr der Kirchen. Identität und Wandel im Vollzug der Kirchengemeinschaft*, Lembeck, Frankfurt am Main, 1994)

34 Vgl *ibid.*; Nr. 23: „In dem Moment, wo das Neue Testament das Amt des Episkopos skizziert, werden die apostolischen Schriften ebenso wenig als Teil

Dokument bestätigt, dass „die Episkope die Kollegialität mit dem persönlichen Vorsitz vereint" (Nr. 31) und sie in der Struktur der Kirche verortet.[35]
Nichtsdestotrotz ist unsere Gruppe sich der Tatsache bewusst, dass ihre Positionen keine allgemein anerkannte Übereinstimmung zwischen den Kirchen darstellen und dass die Divergenzen in der Frage der Begründung und der Normativität des Bischofsamtes zahlreich sind. Im Rahmen einer Reflexion über die Lehrautorität in der Kirche ist die Frage des episkopalen Amtes in kollegialer oder personaler Form ein Scheidepunkt und ein Ort ständiger Diskussionen.

387. Auf katholischer Seite hat das Erste Vatikanische Konzil die in bestimmten Fällen und unter bestimmten Bedingungen bestehende Unfehlbarkeit des Papstes festgeschrieben. Dadurch ist der Papst befugt, die Unfehlbarkeit der gesamten Kirche auszudrücken. In ihrer grundsätzlichen Ausrichtung wird diese Lehre als unabänderlich angesehen, aber auch als verbesserungswürdig in ihrer Bedeutung und in ihrem Ausdruck. Diese Unfehlbarkeit betrifft nur den Bereich der Lehraussagen und nicht den des Lebens der Päpste[36] oder der Kirche, wie die kürzlich von Papst Johannes Paul II. vorgenommenen Reuehandlungen sowohl in Rom als auch in Jerusalem und in Osteuropa ganz offiziell anerkannt haben.

388. Auf protestantischer Seite stellt diese Unfehlbarkeitslehre in mehrerer Hinsicht eine Schwierigkeit dar. Das Verständnis selbst erscheint zweischneidig, denn in der Umgangssprache wird unter *Unfehlbarkeit* schnell *Sündlosigkeit* verstanden. Der *fehlbare* Mensch ist der, der *Fehler machen*, *scheitern* und auch *sündigen* kann. Es hat durchaus nicht den Anschein, als ob die

---

der Schrift angesehen, wie das Episkopat als ein Teil des Amtes. Dennoch haben die Kirchen unter der Leitung ihres jeweiligen Episkopos nach und nach den Kanon der Schriften angenommen. Angesichts dessen ist anzuerkennen, dass die Kirchen, die sich unwiderruflich auf die Schrift bezogen, annahmen, dass diese auch das Amt ihres Episkopos begründete."

35 Vgl. *ibid.*, Nr. 31: „Der Absicht Christi treu zu folgen bedeutet, diese Struktur zu respektieren, ohne zu versuchen, aus dem Neuen Testament ein einziges und normatives Organisationsmodell abzuleiten."

36 Das deutsche Wort *unfehlbar* verweist gleichzeitig auf die Idee der *Sündlosigkeit* und auf die der *Fehlerlosigkeit*, den *fehlen* bedeutet auch *verfehlen, einen Fehler machen, sündigen*.

Päpste in der Geschichte „fehlerfreie“ Menschen gewesen wären. Auf der anderen Seite erscheint die Idee, dass die Unfehlbarkeit auf den Schultern eines einzigen Menschen ruht, nicht gerechtfertigt, selbst wenn man der grundsätzlichen Annahme von der Unfehlbarkeit der Kirche beipflichten würde.
Außerdem wurde der Idee der Unfehlbarkeit der Vorwurf gemacht, ein juristisches, lateinisches und abstraktes Vokabular zu verwenden, das von dem der Schrift weit entfernt und in dem das Thema des Bundes vorherrschend ist. Darin hält der göttliche Partner sein Versprechen; seine Treue ist es, welche die Kirche während einer gemeinsamen Geschichte in Treue bewahrt. Schließlich hat die Ausübung der päpstlichen Autorität die Katholische Kirche im Verlauf der Geschichte dazu veranlasst, dem christlichen Glauben neue Erörterungen[37] hinzuzufügen, die über das Zeugnis Schrift weit hinausgehen.

6. *Ein unterschiedliches Funktionieren der Instanzen*

389. Es ist klar, dass die katholische Kirche von den drei Dimensionen der kirchlichen Amtsausübung – gemeinschaftlich, kollegial und personal[38] – in der Geschichte die persönliche Dimension zu Lasten der beiden anderen bevorzugt hat. Einer fast tausendjährigen Dynamik folgend hat sie den Zentralismus immer weiter vorangetrieben, insbesondere im Bereich der Lehrautorität. Es besteht dort ein reales Ungleichgewicht, selbst wenn dieses sich eher in der Praxis zeigt als in der Lehre.
390. Ebenso klar ist es, dass die reformatorischen Kirchen die gemeinschaftliche und die kollegiale Dimension bevorzugen, einige kongregationalistische Kirchen zeigen sogar die Tendenz, nur die gemeinschaftliche Dimension zu wählen. Angesichts der dem bischöflichen Amt in der Katholischen, der Anglikanischen sowie den orthodoxen und anderen Kirchen zuerkannten Rolle, hat dieses Ungleichgewicht auch einen doktrinalen Aspekt.
391. Daraus folgt, dass die Aktivität der Synoden je nachdem

---

37 Z. B. die Mariendogmen.

38 Vgl. *Le ministère de communion dans l'Église universelle*, Nr. 133-162; Vgl. *Pour la communion des Églises*, S. 210-221.

sehr unterschiedlich ausfällt. Auf katholischer Seite ist die Rolle der Synoden streng begrenzt, ob es sich um die Dreijahressynode der Bischöfe in Rom, die Kontinental- oder die Diözesansynode handelt. Alle Synoden versammeln sich nur in regelmäßigem Anstand. Ihre Einberufung und ihre Zusammensetzung gehen immer von der Initiative des Papstes oder des Bischofs aus. Normalerweise haben sie Stimmrecht, aber nur als beratende Stimme. Die Freiheit auf Seiten derjenigen die sie einberufen haben, ihre Vorschläge anzunehmen oder nicht, bleibt von ihnen selbst unberührt.

392. Auf evangelischer Seite sind die Synoden der übliche Weg, auf dem die Lehrautorität ausgeübt wird. Sie versammeln sich regelmäßig und verfügen über ein volles Stimmrecht. Die von diesen Synoden getroffenen Entscheidungen sind nur für die Kirchen verbindlich, die diese einberufen haben, was eine überregionale Entscheidung extrem schwierig macht. Außerdem können die eingegangenen Verpflichtungen von einer nächsten Synode wieder in Frage gestellt werden, was es schwierig macht, dauerhafte Entscheidungen zu treffen. Die Frage der Repräsentativität der in die Synode delegierten Personen ist ebenfalls in diesem Zusammenhang zu erwähnen. Ihr Mandat ist oft von kurzer Dauer, was ein Nachteil hinsichtlich ihrer Ausbildung als Synodale sowie ihres Bewusstseins für die Tragweite der zu treffenden Entscheidungen sein kann.

393. Auf protestantischer Seite arbeiten die Synoden nach dem demokratischen Mehrheitsprinzip, manchmal unter Verwendung einer qualifizierten Mehrheit. Ist dieses Prinzip ausreichend kritisch? Ist der Heilige Geist immer auf Seiten der momentanen Mehrheit? Die Geschichte der Kirche kann das leicht mit Nein beantworten. Auf katholischer Seite folgt man der Tradition der alten Kirche, die von den orthodoxen Kirchen besonders respektiert wird, und sucht in den Versammlungen normalerweise nach einer – zumindest moralischen – Einstimmigkeit. Dabei besteht allerdings das Risiko, sich an oberflächliche Kompromisse zu halten. Sollte der Heilige Geist denn stets auf Seiten der Einstimmigkeit zu finden sein, selbst wenn diese vollkommen künstlich sein kann?

394. Die Katholische Kirche versammelt auch allgemeine und ökumenische Konzilien. Diese Konzilien haben volles Stimm-

recht, aber sie stehen unter der Autorität des Papstes, der als einziger das Recht hat, sie einzuberufen, und sie benötigen seine Bestätigung, damit ihre Entscheidungen in der Kirche Anwendung finden.
Aufgrund ihrer Betonung der lokalen Kirche haben die reformatorischen Kirchen seit dem Reichstag von Augsburg keinem allgemeinen Konzil mehr eine normative Autorität übertragen, wenngleich sie sich regelmäßig in den konfessionellen Weltbünden zusammenfinden (z. B. Anglikanische Gemeinschaft, Lutherischer Weltbund, Reformierte Weltallianz), um dort über ihre zukünftige Ausrichtung zu debattieren. Keiner Organisation der Konfessionsfamillien übertragen sie eine Autorität für die Lehre oder die Kirche, so dass die vollständige Entscheidungsgewalt immer bei den Synoden der einzelnen Kirchen bleibt. Ihr regionales oder nationales Verständnis von einem Konzil stimmt nicht mit dem der Katholischen Kirche überein. Das ganze Gewicht ihrer Auffassung liegt auf dem Vorrang der Versammlung gegenüber ihrem Vorsitzenden.
395. Diese Ansammlung von Divergenzen mag entmutigend scheinen. Die Divergenzen betreffen das ureigene Verständnis der Kirche sowie die Fähigkeiten des erlösten Menschen. Sie zeigen sich hinsichtlich aller Orte und aller Formen der Autorität, die uns dennoch gemeinsam sind. Selbst wenn die untersuchten Divergenzen nicht alle trennend sind, ist es doch so, dass sie in ihrer Widersprüchlichkeit zumindest unterschwellig in unseren Dialogen präsent sind und sich darin als ein Hemmnis erweisen. Wir wollten diese Fragen nicht aussparen und haben es stattdessen vorgezogen, uns gegenseitig mit dem Rücken zu der Wand zu stellen, die uns noch immer trennt.
396. Wir mussten diese Darstellung unserer Unterschiede und Divergenzen bis zu Ende führen, weil der ökumenische Dialog nur dann konstruktiv sein kann, wenn er sich auf eine ehrliche und hellsichtige Bestandsaufnahme stützt. Wenn es aber so ist, wird man sagen, besteht dann überhaupt Hoffnung auf eine Versöhnung zwischen Protestanten und Katholiken über dieses entscheidende Problem der Lehrautorität in der Kirche, von dem doch alle anderen abhängen? Besteht angesichts der Radikalität dieser Divergenzen überhaupt eine Hoffnung, diese zu überwinden? Handelt es sich um zwei kirchliche Gegebenheiten der Ge-

schichte, die unvereinbar und unversöhnlich sein könnten? Unsere ökumenische Überzeugung lässt uns an der Hoffnung festhalten, dass diese Wand nicht unüberwindlich ist. Es bleiben noch zahlreiche Passagen und Übergänge, über die wir nun einen Überblick geben wollen.

III. Vorschläge zur Überwindung dieser Divergenzen

397. Katholiken und Protestanten führen seit fast vier Jahrzehnten einen Dialog und haben eine gewisse Zahl von Übereinstimmungen über die Glaubenslehre unterzeichnet[39] Zweifellos wurden die meisten Übereinstimmungen auf der Ebene von Kommissionen getroffen und nur wenige davon sind von den kirchlichen Autoritäten ratifiziert worden. Dennoch ist dieser Umstand vielversprechend, weil er zeigt, dass die Kirchen fähig sind, einander im Bereich der Lehre zu vertrauen und gemeinsam Texte zu unterzeichnen, von denen sie annehmen, dass der Partner ihnen denselben Wert und dieselbe Reichweite zuerkennt – vielleicht sogar dieselbe Autorität – wie sie selbst. Das was angesichts der jeweiligen theoretischen Positionen der verschiedenen Kirchen unmöglich schien, wurde durch den Willen, einander zuzuhören und sich anzuerkennen, ermöglicht.

398. Die aktuelle Situation der Trennung kann durch eine doppelte Bemühung der Umkehr überwunden werden, die jede Kirche einerseits für sich selbst und andererseits gegenüber der

39 Die Liste der ökumenischen Lehrvereinbarungen – auf internationaler, nationaler, regionaler, bilateraler und multilateraler Ebene und mit offiziellem oder halboffiziellen Charakter – ist bereits so lang, dass es unmöglich ist, sie hier anzugeben. Der Logik unserer Untersuchung folgend, denken wir an all jene Dokumente, an denen Katholiken und Protestanten teilgenommen haben; aber es gibt darüber hinaus auch zahlreiche andere Konstellationen: bilaterale, lutherisch-reformierte und lutherisch-anglikanische; sowie trilaterale, lutherisch-reformiert-anglikanische, und andere. In französischer Sprache liegt eine Sammlung dieser Texte in folgendem – interaktiv erweiterbaren – Buch vor: A. Birmelé und J. Terne, *Accords et dialogues œcuméniques, bilatéraux, multilatéraux, français, européens, internationaux*, Les Bergers et les Mages, Paris 1995. Für Deutschland: *Dokumente wachsender Übereinstimmung. Sämtliche Berichte und Konsenstexte interkonfessioneller Gespräche auf Weltebene*, Bd. 1-4, 1983-2012.

anderen Kirche vollziehen muss. Diese Bemühung der Umkehr umfasst ihrerseits zwei Bereiche: die Ausweitung der bereits bestehenden Konvergenzen in der Lehre einerseits und des praktischen Umgangs und der konkreten Umsetzung der Autorität andererseits. Im Folgenden werden wir *gemeinsam* die Bemühungen erörtern, die notwendig sind, um die heute trennenden Divergenzen und Widerstände soweit wie möglich in komplementäre Unterschiede zu verwandeln.

Im fünften Teil dieses Dokuments werden wir Vorschläge machen, die sich nacheinander an die Katholische Kirche und an die reformatorischen Kirchen wenden und die sowohl eine doktrinale als auch eine praktische Dimension aufweisen.

399. Die Divergenzen sollten uns aber nicht die wesentlichen Übereinstimmungen vergessen lassen, die wir im ersten Abschnitt dieses Kapitels aufgedeckt haben, insbesondere die dreifache gemeinschaftliche, kollegiale und personale Ausübung der Autorität. Sie müssen auch den konvergenten Zeugnissen des Neuen Testaments gegenüber gestellt werden, die wir herausgestellt haben und die für uns einen normativen Bezugspunkt darstellen.

400. Wir dürfen die Lehrautorität und ihre notwendige institutionelle Form nicht mit der konkreten Gestalt ihrer Ausübung zu einem bestimmten Zeitpunkt verwechseln. Wir müssen unterscheiden, was zum Sein der Kirche gehört und was zu seinen vielen konkreten Umsetzungen, die das Resultat von bedingten und veränderlichen historischen Entwicklungen sind, in dem Sinn, dass die Kirche *immer reformiert werden muss (semper reformanda)*. Auf der einen wie auf der anderen Seite stellt man Brüche und Verzerrungen fest zwischen der verkündeten Lehre und der vollzogenen Praxis, auf evangelischer Seite eher durch einen Mangel und auf katholischer Seite eher durch ein Übermaß und eine Überprofilierung.

1. Für eine Versöhnung über die Kirche und die Heilswirkung

401. Wir sprechen hier in Kürze einige Punkte an, deren Tragweite bei weitem die eigentliche Absicht dieses Dokuments übertrifft. Aber wir müssen zumindest auf sie hinweisen, sofern

sie die Chance auf eine Versöhnung in Fragen der Ausübung der kirchlichen Lehrautorität von vornherein bedingen.

402. Unser Verständnis des Mysteriums der Kirche ist noch nicht vollständig versöhnt, insbesondere was das Verhältnis von ihrer Sichtbarkeit und ihrer Unsichtbarkeit sowie von innen und außen angeht. In welchem Sinn wird die bedingungslose Gabe Gottes durch Christus und den Heiligen Geist menschlichen Personen anvertraut und durch ihr Amt empfangen und weitergegeben? Dabei geht es um die Freiheit, die der Kirche zugestanden wird: Wie weit darf sie gehen, wenn sie die Schrift interpretierend weiterentwickelt (z. B. in Lehren, Dogmen etc.) und welche Autorität darf sie diesen Weiterentwicklungen geben? Wie weit wollen wir anerkennen, dass die Personen, die in unseren Kirchen die Lehrautorität vertreten, mit dem Beistand des Heiligen Geistes handeln? Unsere Übereinstimmung in diesen grundlegenden Anliegen muss noch erheblich weiter gehen.

403. Unter welchen Bedingungen können wir anerkennen, dass die eine Kirche Jesu Christi in einer sichtbar verfassten Kirche besteht? Dieselbe Diskussion muss über die Kriterien geführt werden, die es einer jeden Kirche erlauben, in einer anderen als in sich selbst die eine Kirche Jesus Christi zu erkennen. Zuerst müssen wir überprüfen, ob wir die Ansicht teilen können, dass die auf Christus gegründeten Kirchen in verschiedenen „Gestalten“, „Organisationen“ und „Typen“ existieren können. Wenn das der Fall ist, muss man sich fragen, in welchem Maß die Instanzen der Lehrautorität und ihre Struktur entscheidend für das Mysterium der Kirche sind, oder ob sie nicht nur praktische Werkzeuge sind, um die Wirklichkeit der sichtbaren Kirche auszudrücken. Kann die katholische Weise das Lehramt zu verstehen, selbst zu den Glaubenswahrheiten gehören?

404. Müsste der Respekt der drei Dimensionen der Kirche – gemeinschaftlich, kollegial und personal – nicht eine Versöhnung über die episkopale Struktur der Kirche erlauben?[40] Die Geschichte zeigt, dass diese Struktur je nach Zeitpunkt auf sehr verschiedene Weise funktioniert hat. Sie ist mit verschiedenen

40 Vgl., *Le ministère de la communion dans l’Église universelle*; Kommission für Glauben und Kirchenverfassung: *Taufe, Eucharistie und Amt (BEM)*.

Organisationsformen vereinbar. Sie könnte nach verschiedenen Systemen zwischen den Kirchen ausgeübt werden, die sich im 16. Jahrhundert getrennt haben und so die Instanzen der jeweiligen Traditionen respektieren. Die Dialoge über „Kirche und Rechtfertigung" gehen in diese Richtung.

405. Die Dokumente zu den bereits getroffenen Lehrvereinbarungen über die Rechtfertigung aus Glauben müssten es erlauben, daraus gewisse Konsequenzen für die Lehrautorität in der Kirche abzuleiten. Auch wenn ihre institutionelle Umsetzung immer ambivalent ist – zugleich gerechtfertigt und sündig (*simul iustus et peccator*) –, kann man nicht dennoch gemeinsam anerkennen, dass eine Aussage einfach aus der Perspektive des Glaubens wahr ist, d. h. eine bestimmte Referenz schaffen, die von beiden Seiten anerkannt wird, selbst wenn sie immer verbesserungswürdig bleibt und auf ein reicheres und vollständigeres Verständnis des Evangeliums ausgerichtet?

2. *Für eine Versöhnung über die Texte*

406. Für die Texte, deren Autorität wir zusammen anerkennen – d. h. zuerst die Schrift, dann die Glaubensbekenntnisse und die Konzilsdokumente der alten Kirche –, müssen wir die Prinzipien für eine gemeinsame doktrinale Auslegung noch erarbeiten. Dabei geht es nicht um eine wissenschaftliche Exegese, sondern – mit deren Hilfe – um die Fähigkeit, das zu erkennen, was uns gemeinsam im Glauben verbindet. Wie wird die Autoritätsbeziehung gelebt, welche die Glaubenden mit den Texten unterhalten?

407. Die Rezeption des Schriftkanons ist ein Bekenntnisakt seitens der Kirchen, analog zum Glaubensbekenntnis. Hat die im 16. Jahrhundert in diesem Punkt vollzogene Spaltung in der heutigen exegetischen, historischen und doktrinalen Situation nicht längst ihre Triftigkeit verloren? Wäre nicht eine Vereinbarung zwischen allen Christen unter Berücksichtigung der Unterscheidung zwischen proto- und deuterokanonischen Schriften möglich,[41] wobei man der Richtung folgen würde, welche die

41 Als *protokanonisch* werden die Bücher des Alten Testaments bezeichnet, die

ökumenischen Bibelübersetzungen bereits aufgezeigt haben (in Frankreich die TOB, in Deutschland die Einheitsübersetzung etc.)?

408. Für die nach der Trennung des 16. Jahrhunderts entstandenen Dokumente (Glaubensbekenntnisse, Konzilstexte, symbolische Texte), muss sich jeder für sich bemühen, eine Unterscheidung vorzunehmen zwischen dem, was in diesen Dokumenten aus Glaubenssicht nicht zeitgebunden ist und den historischen, kulturellen und polemischen Ausdrücken, die damals das Resultat der bestehenden Konfliktsituation waren. Wir müssen uns fragen, inwiefern und worin genau sie heute für uns noch verbindlich sind.[42] Welcher Teil davon ist kontextuell bedingt – und daher reformulierbar oder veränderlich – und wo zeigt sich darin ein Geist, den es zu bewahren gilt? Angesichts der Atmosphäre, in der sie abgefasst wurden, sowie mancher Inhalte, können wir nicht den Anspruch haben, dass unsere Partner ihre formelle Zustimmung zu diesen Texten geben. Beispielsweise können die Katholiken nicht das Augsburger Bekenntnis in seiner Gesamtheit unterschreiben, ebenso wenig wie die Protestanten alle Dekrete des Trienter Konzils. Aber die Studie über die Aufhebung der Lehrverurteilungen hat einen richtigen Weg vorgezeichnet.[43] Jeglichen Litteralismus, Anachronismus und Relativismus gilt es zu vermeiden.

409. Wir müssen klar darüber sein, auf welche Weise die alten Dokumente für uns heute noch verbindlich sind, da die Kirchen gemeinsam ein neues Dokument unterzeichnet haben. In den

---

auf Hebräisch verfasst sind. Einige spätere Schriften auf Griechisch werden als deuterokanonisch bezeichnet. Bereits die Juden waren in dieser Frage geteilter Meinung. Die palästinensischen Juden auf der einen Seite behielten in ihrem Kanon nur die protokanonischen Schriften. Auf der anderen Seite fügte die alexandrinische Richtung die deuterokanonischen Schriften hinzu. Die alte Kirche war dem alexandrinischen Kanon der Septuaginta gefolgt. Im 16. Jahrhundert griff Luther wieder auf den hebräischen Kanon zurück.

42 Ein Beispiel dafür ist der Dialog zwischen Lutheranern und Mennoniten über die Aufhebung der Verurteilungen des 16. Jahrhunderts gegen die Wiedertäufer, die, obwohl sie zur Zeit ihres Erlasses zutreffend waren, den aktuellen ökumenischen Partner heute nicht mehr treffen. Vgl. *Accords et dialogues œcuméniques, op. cit.,* VII, 12-14.

43 *Lehrverurteilungen – kirchentrennend? Rechtfertigung, Sakramente und Amt im Zeitalter der Reformation und heute*, hrsg. von K. Lehmann und W. Pannenberg, Herder, Freiburg 1986.

Punkten, zu denen eine offizielle – wenngleich auch differenzierte – Vereinbarung im ökumenischen Dialog unterzeichnet wurde, sollten wir uns ab sofort nicht mehr auf unsere jeweiligen konfessionellen Texte berufen – auch nicht in polemischer Weise. Jede Kirche sollte davon ausgehen, dass in dem neuen Text das berücksichtigt wurde, was in ihren eigenen konfessionellen Texten an bleibend Gültigem enthalten war. Wir sollten bedenken, dass wir von der Autorität des neuen Textes zusammengehalten werden, der nun unterzeichnet wurde. Jede Kirche sollte das neue Dokument zu seinen konfessionellen oder lehramtlichen Schriften zählen. Für den Fortgang der ökumenischen Suche scheint uns eine Übereinstimmung über dieses methodische Vorgehen unverzichtbar zu sein.

410. Müsste es nicht möglich sein, durch eine Fortsetzung der Praxis, welche die *Gemeinsame Erklärung zur Rechtfertigungslehre*[44] in Gang gesetzt hat, gemeinsam einen Korpus von Lehrvereinbarungen zu erstellen, dessen Autorität gemeinschaftlich festgelegt und anschließend von allen anerkannt wird? Dieser Korpus würde selbstverständlich alle altkirchlichen Glaubensbekenntnisse sowie die Entscheidungen der ersten ökumenischen Konzilien enthalten. Er könnte zunehmend die offiziellen Lehrvereinbarungen rezipieren, welche die Kirchen unterzeichnet haben. Bereits heute würde eine gewisse Zahl der erreichten Ergebnisse diese offizielle Anerkennung verdienen. Die nach dem 16. Jahrhundert entstandenen katholischen und evangelischen Dokumente, auf die unsere Kirchen sich weiterhin beziehen, würden dann im Lichte dieser Übereinstimmungen gelesen werden. Unter Berücksichtigung der dreifachen gemeinschaftlichen, kollegialen und personalen Dimension würde ein neuer Korpus von Lehraussagen entstehen, der dem Aufbau der Einheit in der Lehre[45] dienen würde, auf welche die Kirchen hoffen.

---

44 Vgl., *unten*, Nr. 415.

45 „Einheit in der Lehre" heißt nicht „Uniformität in der Lehre". Sie betrifft die Punkte des Glaubens, die für eine authentische Gemeinschaft der Kirchen für notwendig gehalten werden. Vgl. *unten,* Nr. 451.

3. *Für eine Versöhnung in der Frage der Gemeinschaften und Personen*

411. In der Frage der Verbindung zwischen dem Zeugnis des einzelnen Gewissens und dem Gewissen der bestehenden Gemeinschaft müssen wir noch nach einer Versöhnung suchen. Als die Reformatoren die Bedeutung des gelebten Glaubens auf Seiten der Glaubenden aufwerteten, hatten sie kein individualistisches Gewissen im Sinn, sondern das Bewusstsein des Glaubenden vor seinem Gott und des Glaubenden in der Kirche – zwei Aspekte, die heutzutage zu oft vergessen werden. Dieses Anliegen der Versöhnung ist entscheidend für die Lehre, von seinen praktischen Folgen ganz zu schweigen.

412. Im Lauf unserer Diskussionen haben wir eine bedeutende Übereinstimmung in Bezug auf den Status entdeckt, den die offizielle Predigt für die Kirche besitzt. Die Kirche ist grundsätzlich unfehlbar in ihrem Glaubenszeugnis und die Predigt ist einer der „strategisch" wichtigsten Orte, an dem die Lehrautorität ausgeübt wird. Die Kirchenväter waren Prediger. Die Predigt ist verkündetes Evangelium! Der Glaubende empfängt das Wort Gottes durch den Glauben der Kirche! In gewissem Sinn sagt der treue Prediger seinen Zuhörern *das, was der Herr sagt (haec dicit Dominus)*. Es wäre wünschenswert, dass die Kirchen gemeinsam die konkreten Bedingungen der Predigtausübung und der Lehre ausdrücken könnten, damit diese Vorgabe vollständig respektiert wird.

413. In Bezug auf das Problem der Unfehlbarkeit erkennen wir zwischen uns einen Unterschied in der Tradition, in der Herangehensweise und in der Wahrnehmung. Die Katholische Kirche unterstreicht klar deren Bedeutung für die Lehre: Die Unfehlbarkeit einer Lehrinstanz garantiert die Irrtumslosigkeit einer Aussage. Die reformatorischen Kirchen nähern sich dem Problem auf viel existenziellere Weise: Die Rede von der Unfehlbarkeit impliziert die Sündlosigkeit, die der Kirche nicht zugestanden werden kann. Gemeinsam können wir dennoch in Betracht ziehen, dass der sündige Anteil der Kirche, die Wirklichkeit von Gottes Geschenk nicht in Frage stellt, das die Kirche in der Wahrheit erhält. Der Missbrauch oder der falsche Einsatz der Autorität stellt nicht die Autorität als solche in Frage, sondern ist der Sünde zuzurechnen.

413. Auf katholischer Seite wurde die Frage einer „Re-Rezeption“ der vom Ersten Vatikanum festgelegten päpstlichen Unfehlbarkeit einst von Pater Yves Congar gestellt, der später zum Kardinal kreiert wurde. Heute erkennt die Katholische Kirche vollständig an: „Außerdem kommt es bisweilen vor, dass eine dogmatische Wahrheit zunächst in unvollständiger, aber deshalb nicht falscher Weise ausgedrückt wird und später im größeren Zusammenhang des Glaubens und der menschlichen Erkenntnisse betrachtet und dadurch vollständiger und vollkommener dargestellt wird. [...] Ferner ist es auch schon geschehen, dass [...] manche von jenen Formeln verschwunden sind zugunsten neuer Ausdrucksweisen, die, vom Lehramt vorgelegt oder gebilligt, den gleichen Sinn klarer und vollständiger wiedergeben.“[46] Wäre jetzt nicht der Moment gekommen, das Dogma des Ersten Vatikanums, das derzeit ein Stein des Anstoßes sowohl für die evangelische wie auch für die orthodoxe Tradition ist, zu reformulieren und im Rahmen einer Ekklesiologie der *Communio* zu verorten?[47]

4. Für eine Versöhnung über die Arbeit der Instanzen

415. Die *gemeinsame Erklärung* des Lutherischen Weltbunds und der Römisch-Katholischen Kirche *über die Rechtfertigungslehre* kann als exemplarisch angesehen werden, selbst wenn sie nur eine der Traditionen und Kirchen verpflichtet, die aus der Reformation hervorgegangen sind. Sie ist ein hoffnungsvolles Ereignis, weil sie von den anerkannten und verantwortlichen Autoritäten jeder Seite unterzeichnet wurde. Noch sind nicht alle ekklesiologischen Konsequenzen aus diesem Ereignis gezogen worden. Dass die unterzeichnende Instanz auf katholischer Seite den Papst vertrat und dass auf lutherischer Seite die Kirchen in ihren Synoden entschieden und ihrer Vertretung durch den Präsidenten, die Vizepräsidenten und den Generalsekretär der Föderation zugestimmt hatten, zeigt, dass es denkbar wäre,

46 Kongregation für die Glaubenslehre, Erklärung *Mysterium Ecclesiae*, Nr. 5, *DC* 1636 (1973), S. 667.
47 Vgl. *unten*, Nr. 476.

dass die Kirchen bei wichtigen Entscheidungen ihre Lehrautorität an eine gemeinsame Instanz delegieren würden. Der Dialog über die Lehre würde auf diese Weise von einem Dialog auf der Ebene von Kommissionen zu einem Dialog zwischen den Lehrautoritäten der Kirchen werden.

416. Auf katholischer Seite scheint es dringend geboten zu sein, dass das Phänomen der Rezeption auch in der Lehre Berücksichtigung findet. Zwar hat die Rezeption in dieser Kirche gewiss immer stattgefunden, so wie sie auch zurzeit stattfindet. Aber sie wird noch nicht als theologische Größe in Betracht gezogen, die bei der offiziellen Auslegung von früheren Dokumenten eingreifen muss.

417. Es ist angebracht, dem Leser am Ende dieses Abschnitts den Spannungsbogen des aktuellen Kapitels in Erinnerung zu rufen. Denn daraus ergibt sich sein Sinn. Wir haben zuerst den großen Bereich der Konsense angesprochen, die uns bereits vereinen. Wir taten dies in der Hoffnung, dass diese Übereinstimmungen in Zukunft fähig sein werden, Unterschiede auszuhalten, die sich soweit gewandelt haben, dass sie nicht mehr trennend sind. So haben wir die Grundlage für das gelegt, was einmal ein *differenzierter Konsens* werden könnte.

418. Anschließend haben wir alle Divergenzen und alles, was die Versöhnung im Moment noch entscheidend behindert, ehrlich angesprochen. Wir haben nicht versucht, die Tatsachen durch einen oberflächlichen Irenismus kleinzureden. Denn wir sind überzeugt davon, dass wir hoffen können, unsere Schwierigkeiten eines Tages zu überwinden, wenn wir sie offen ansprechen. Wir haben auch darauf bestanden, dass die Divergenzen meistens zum Konsens dazu gehören.

419. Schließlich haben wir in der Hoffnung auf Versöhnung einige, wenn auch ganz bescheidene, Lösungsstrategien in der Lehre aufgedeckt. Wenn die Divergenzen stark sind, so ist der Konsens es ebenfalls. Zur Bewältigung der Aufgabe haben wir uns von historischen und exegetischen Untersuchungen leiten lassen, die in uns aufs Neue die Bereitschaft geweckt haben, uns durch den jeweils anderen befragen zu lassen. Wir denken nicht, dass wir alles gelöst haben, sondern wir sind vielmehr der Ansicht, dass eine neue Öffnung in der Lehre ein weitreichendes Arbeitsprogramm für den aktuellen und den zukünftigen

ökumenischen Dialog freilegen kann. Wir hoffen, dass die Autoritäten unserer Kirchen sich in zwei Etappen dafür engagieren werden: zuerst in der gemeinsamen Forschung und anschließend in ökumenischen Vereinbarungen.

420. Wir denken, dass wir dem Eindruck widersprechen können, wonach es sich um zwei grundsätzlich verschiedene und unvereinbare Kirchenverfassungen handelt, insbesondere dann, wenn jede Kirche die Lehre der drei Dimensionen der Autorität – gemeinschaftlich, kollegial und personal – anerkennt und in der Praxis ausgewogen umsetzt. Die Unterscheidung zwischen dem, was zur *Essenz* der Kirche gehört – mit anderen Worten zu ihrer *Struktur* – und dem, was zu ihren *Organisationen und Institutionen* gehört, müssen wir auf der einen wie auf der anderen Seite anerkennen und in Ehren halten. Hier muss nochmals betont werden, dass Einheit und Gemeinschaft nicht mit Uniformität gleichzusetzen sind.

421. Vorschläge zur Überwindung der Schwierigkeiten, die in diesem Kapitel festgestellt wurden, haben wir bereits formuliert. Im nächsten Kapitel werden wir diese weiterentwickeln und verschiedene Vorschläge für die Umkehr unserer Kirchen formulieren. Zweifellos gehen bei einem solchen Thema Lehre und Praxis Hand in Hand, wenngleich sie auch ihre Eigenheiten bewahren. Trotz der bleibenden Unterschiede, die es zu überwinden gilt, kann der heutzutage erreichte Konsens in der Lehre zu neuen Verhaltensweisen führen, bei denen wir zunehmend die Vorgehensweise unserer Partner in unsere eigene Praxis integrieren. Umgekehrt wird uns eine gemeinsame Art, die Lehrautorität zu respektieren, zu leben und in der Kirche zu verwalten helfen, das was uns heute noch als trennend erscheint in einer einigenden und erneuernden Weise zu betrachten.

Kapitel V
Für die Umkehr der Kirchen

422. Für diese letzte Etappe unseres Dokuments haben wir uns vorgenommen, eine gewisse Anzahl von Vorschlägen zu entwickeln, die so konkret wie möglich aussehen und auf die Umkehr der Kirchen hinwirken sollen. Dabei nehmen wir Bezug auf die Lehre der Schrift und auf die Öffnung, welche die doktrinalen Überlegungen erlauben, die wir bis hierher angestellt haben. Indem wir den Weg der immer größeren Verständigung einschlagen und indem wir uns so sehr wie möglich mit unseren Partnern beschäftigen, können wir voranschreiten und zweifellos eines Tages den Weg zu einer vollständigeren Versöhnung in der Lehre entdecken. Unsere Handlungsweisen bleiben nicht ohne Einfluss auf unsere Denkweisen. Unsere grundlegenden Divergenzen hinsichtlich der Kirche und der Fähigkeiten des erlösten Menschen können so in einem neuen Licht erscheinen. Wir werden daher jene Punkte aufzeigen, in denen wir meinen, dass die Autorität auf andere Weise verstanden und ausgeübt werden könnte, nämlich gerechter, nachvollziehbarer und in größerer Übereinstimmung mit dem Glauben, der uns weitergegeben wurde.

423. Die Entfernung zwischen dem, was wir in Fragen der Lehrautorität schon gemeinsam anerkennen, und dem, was uns noch zur Versöhnung ruft, eröffnet einen weiten Raum für die Umkehr unserer Gemeinschaften. Wir haben gesagt, dass die in unseren Kirchen ausgeübte Autorität nicht einfach nur eine menschliche Angelegenheit ist, sondern ein Geschenk, welches wir von Christus erhalten haben. Dieses Geschenk ruft uns dazu auf, für die Einheit, die Heiligkeit, die Katholizität und die Apostolizität der Kirche ein besseres Zeugnis zu geben und damit auch ihren vier „nota“ oder „Merkmalen“, die sie aufgrund ihrer Stiftung auszeichnen und die zugleich eine Gabe und eine Aufgabe sind. Die Kirche ist „schon“ heilig, durch die Gabe Gottes und in dem Maße wie sie, zur Heiligkeit berufen, diese zu ihrer Berufung und zu ihrer Daseinsberechtigung macht. Sie ist es „noch nicht“, weil die Heiligkeit, die sie noch nicht vollkommen

erreicht hat, zum Unvollendeten gehört. Der Stand des Christen in der Kirche – zugleich als Gerechtfertigter und als Sünder – nimmt diese Sicht des „schon“ und „noch nicht“ in derselben Weise auf.

424. Die Autorität hat ihren Ursprung in Gott. Ihr Auftrag besteht darin, über die Einheit zu wachen. Sie steht im Dienst der Heiligung der Glaubenden und damit der Heiligkeit der gesamten Kirche. Die Autorität, deren Ziel es ist, die Katholizität der Kirche zu überwachen, ist mit der Gemeinschaft verbunden. Sie muss dafür Sorge tragen, dass eine fruchtbare Spannung zwischen den Anforderungen der Gemeinschaft und der legitimen Vielfalt besteht. Sie kann nicht einfach nur eine Regierung sein. Die Autorität gehört schließlich zur Apostolizität der ganzen Kirche, einer Apostolizität, die sie nach Gottes freiem Willen gründet und sie missionarisch sein lässt.[1] Dies ist das Anliegen der Autoritätsausübung in der Kirche und dies ist der Grund für unseren Appell zur Umkehr.

425. Wir müssen den Unterschied zwischen *Reform* und *Umkehr* beachten. Die Reform der Kirche vollzieht sich über ihre Theologie, ihre Institutionen, ihre Funktionsweise, ihre Sprache und ihre Praxis. Sie trifft Entscheidungen, die Veränderungen einleiten können. Aber sie kann nur dann Erfolg haben, wenn sie von dem Konsens des christlichen Volkes getragen wird, das davon überzeugt ist, dass es diese Veränderungen akzeptieren muss, um das Evangelium in noch treuerer Weise zu bezeugen. Seit Pater Congar sein berühmtes Buch *Vraie et fausse réforme dans l'Église*[2] (*Wahre und falsche Reform in der Kirche*) schrieb und vor allem seit dem Zweiten Vatikanum hat die katholische Kirche vollkommen anerkannt, dass es notwendig ist, ihre Institutionen ständig zu reformieren.[3]

---

1 „'Missionarisch' zu sein heißt für die Kirche, zu anderen Generationen, anderen Kulturen und neuen menschlichen Ambitionen zu sagen: „Du fehlst mir“ – nicht so, wie der Grundherr über das Feld seines Nachbarn redet, sondern so wie ein Liebender.“ M. de Certeau, „Autorités chrétiennes“, in *Études*, Oktober 2000, S. 378-379 (erste Veröffentlichung in *Études*, Februar 1970).

2 Cerf, Paris, 1. Auflage 1950, 2. Auflage 1968.

3 Das Thema der Reform der Kirche findet sich im Dokument *UR* des zweiten Vatikanischen Konzils, Nr. 6, sowie in der ersten Enzyklika von Papst Paul VI., *Ecclesiam suam* von 1964.

Die Umkehr ist eine geistige Haltung und eine Dynamik, die wir bereits umfassend beschrieben haben.[4] Sie ist eine Anforderung im Blick auf die Heiligkeit der Kirche. In gewisser Weise ist sie die Innenseite einer jeden Reform und die Bedingung ihrer Möglichkeit. Wenn sie von allen Mitgliedern des christlichen Volkes geteilt wird, führt sie zu einem Wetteifern zwischen den Glaubenden und den Verantwortlichen und erlaubt es, das das verzerrte Antlitz unserer Gemeinschaften zu reinigen. Wir hoffen, dass die vielen von uns vorgeschlagenen Punkte der Umkehr in institutionellen Reformen Wirklichkeit werden können.

426. Eine Umkehr lässt sich jedoch nicht anordnen. Sie hat etwas Unvorhersehbares, wodurch sie sich von einem freien und willentlichen Akt unterscheidet. Sie ist mehr als nur ein Wandel, selbst wenn sie eine Entwicklung im Denken einschließt und zu einer Reform des kirchlichen Lebens führen kann. Sie kann allerdings vorbereitet werden. Eine solche Vorbereitung setzt voraus, dass die Kirchen sich auf allen Ebenen darum bemühen, ihre Mängel, Versäumnisse und Widerstände in Bezug auf ihre Berufung anzuerkennen. Jeder Appell zur Umkehr ergeht in dieser Perspektive und in der Erwartung eines „Augenblicks der Gnade“, in dem er durch die Kraft des Geistes Früchte tragen wird.

427. Um die Einheit und die Gemeinschaft untereinander wiederzufinden, müssen die Kirchen daher abschätzen, in welchem Umfang sie einer Umkehr zustimmen sollten, sowohl was ihr Verständnis der Autorität als auch deren Umsetzung betrifft. Die Aufrufe, welche die Groupe des Dombes dazu in ihrem Dokument *Für die Umkehr der Kirchen* geäußert hat, bleiben auch heute noch gültig. Sie betreffen nicht nur die Treue zum Evangelium und zur Tradition. Es geht auch um die Glaubwürdigkeit der Heilsverkündigung, mit der die Christen den beauftragt sind und für die sie keine andere Ambition hegen sollen, als die, in der Schule des Meisters zu bleiben, der am Vorabend seiner Passion seinen Jüngern die Füße wusch und ihnen sagte: „Ich habe euch ein Beispiel gegeben“ (Joh 13,15). Die Umkehr der Autorität kann nur eine Umkehr im Dienst des Herrn selbst

---

4 Vgl. *Für die Umkehr der Kirchen, op. cit.*

sein, die sich unter der schöpferischen, bewahrenden und leitenden Wirkung des Heiligen Geistes erfüllt.

428. Wir sprechen in dem vollen Bewusstsein unserer zuvor benannten Divergenzen über die Kirche. Wir werden uns jedoch nicht, wie in der Vergangenheit, nacheinander zuerst an die Katholische Kirche und dann an die reformatorischen Kirchen wenden. Wir werden eine gewisse Zahl von konkreten Punkten ansprechen und dazu eine gemeinsame Überzeugung – wenn nötig auch eine gemeinsame Situation – äußern, von der aus wir versuchen werden, gewisse, sich daraus ergebende Anfragen abzuleiten, denen die verschiedenen Kirchen zustimmen können. Das wird es erlauben, einander „überschneidende" Appelle zu äußern. Manche davon richten sich an die Kirche, der ein jeder von uns angehört; andere meinen die Kirchen unserer Schwestern und Brüder.

429. Unser roter Faden orientiert sich an dem, was wir über die notwendige „Zirkulation" der Autorität zwischen Texten, Gemeinschaften und Personen gesagt haben sowie an der dreifachen gemeinschaftlichen, kollegialen und personalen Dimension. Auch wenn wir dabei ganz unausweichlich auf die Frage der Ämter zu sprechen kommen werden, ist es nicht unsere Absicht das schon Gesagte zu wiederholen, sondern uns auf die Ordnung anderer Arten der Autorität zu konzentrieren.

I. Die Texte betreffend

1. Unser Bezug zur Schrift

430. Beide Seiten stimmen darin überein, dass *die Ausübung der Autorität in der Kirche zuerst auf der Autorität und dem Zeugnis der Schrift gründen muss*. Der Vorrang der biblischen Autorität stellt das Herzstück der Reformation dar. Auf Seiten der Katholischen Kirche wurde diese oberste Autorität auf dem Zweiten Vatikanum bestätigt: „Die Kirche hat die Heiligen Schriften immer verehrt [...]. In ihnen zusammen mit der Heiligen Überlieferung sah sie immer und sieht sie die höchste Richtschnur ihres Glaubens, weil sie, von Gott eingegeben und ein für alle Male niedergeschrieben, das Wort Gottes selbst

unwandelbar vermitteln" (*DV* 21). Ebenso „sei das Studium des heiligen Buches gleichsam die Seele der heiligen Theologie" (*DV* 24).

431. Die Autorität von Jesus selbst, die von den Aposteln empfangen und weitergegeben wurde, ist im Kanon der Schriften als Glaubensnorm niedergelegt worden und zwar in dem Maße, wie die Zeit die nachfolgenden Generationen von ihren Ursprüngen entfernte. Für die Nachfolger der Apostel war es eine Notwendigkeit, sich auf eine Autorität beziehen zu können.

432. Die Schrift wirft unaufhörlich das Problem ihrer Interpretation auf. Die in ihrem Fall ausgeübte Autorität ist stets eine Autorität des Gehorsams gegenüber ihrer Botschaft. Sie ist ein *Zeugnis des Glaubens* im *Dienst der Gemeinschaft*, zu der alle Christen berufen sind. Gemeinsam bekennen wir, dass die Schrift stets durch das Zeugnis und mit dem Beistand des Heiligen Geistes zu interpretieren ist. Wir erkennen an, dass für diese Interpretation die in der Kirche ausgeübten menschlichen Vermittlungen unumgänglich sind.

433. Die durch das Zweite Vatikanum vorgenommene Klarstellung sowie die Wiederherstellung des Gleichgewichts von Schrift, Tradition und Lehramt wurden als entscheidend anerkannt. Darum erwarten wir von der Katholischen Kirche und ganz besonders von ihrem offiziell für die Auslegung der Schrift verantwortlichen Lehramt, stärker zu zeigen, inwiefern ihre Lehrentscheidungen von der Schrift geleitet und ihrem Zeugnis unterstellt sind. Zu diesem Zweck könnten sie darauf achten, bei ihrem Vorgehen das Bischofskollegium, die bewährtesten exegetischen Ergebnisse sowie den *sensus fidelium* mehr als bisher hinzuzuziehen. Wir bitten sie, in ihrer Sprache und ihren Stellungnahmen darauf zu achten, die Ergebnisse des ökumenischen Dialoges über die Lehre so weit wie möglich zu berücksichtigen.

434. Angesichts der als hierarchisch und monarchisch empfundenen Modelle, die ihnen mit den Kategorien des Evangeliums unvereinbar schienen, haben die Reformatoren eine Auffassung der Autorität verteidigt, die auf der zweifachen Vermittlung durch die Schrift und durch den Heiligen Geist beruht: Auch das Prinzip „allein durch die Schrift" (*sola scriptura*) würde nicht in

legitimer Weise ausgeübt werden, ohne die Anrufung des Zeugnisses des Geistes.[5]

Wir erwarten von den reformatorischen Kirchen, dass sie in ihrer Praxis die kirchliche Dimension dieser Auslegung geltend machen, besonders wenn neue Probleme auftauchen und dass sie es verstehen, mit Autorität klare Positionen in den Punkten zu vertreten, in denen die Autorität der Schrift sie dazu verpflichtet. Das *sola scriptura* darf nicht wie ein Individualismus vor Gott verstanden werden. Das erfordert auch eine Klärung über die Autorität die den Synoden und den Theologen zuerkannt wird. Eine neue Haltung ist von großer Wichtigkeit, sowohl für ihre eigenen Gläubigen als auch für die anderen Kirchen. Diese Bemühung muss von dem Versuch begleitet sein, soweit wie möglich nach Verständigung und Übereinstimmung mit den anderen Kirchen zu suchen.

435. Bei der Interpretation der Schrift sind die reformatorischen Kirchen heute eingeladen, ihren Blick umzukehren und die vor dem 16. Jahrhundert ausgeübte kirchliche Autorität als vollständigen Teil ihres eigenen kirchlichen Erbes anzuerkennen. Sie würden darin dem Beispiel der Reformatoren folgen, die sich oft auf die Kirchenväter bezogen haben. Aber der in dieser Epoche vollzogene Bruch hat bewirkt, dass sie ihre Verwurzelung in der weiteren kirchlichen Tradition zum großen Teil vergessen haben. Ihr Festhalten an dem Prinzip „allein durch die Schrift" und ihre eigene historische Entwicklung haben sie dahin geführt, das Erbe der Jahrhunderte vor der Reformation als wichtige Referenz ihres Glaubens und ihrer Theologie zu unterschätzen. Trotz gewisser ekklesiologischer Gegebenheiten, die von den institutionellen Autoritäten der mittelalterlichen Kirche falsch betont wurden, bitten wir sie, die Autorität der Tradition anzuerkennen und zwar nicht als eine zweite Quelle

5 „Wer innerlich vom Heiligen Geist gelehrt ist, verharrt fest bei der Schrift, und diese trägt ihre Beglaubigung in sich selbst; daher ist es nicht angebracht, sie einer Beweisführung und Vernunftgründen zu unterwerfen. Die Gewissheit aber, die sie uns gewinnt, die erlangen wir durch das Zeugnis des Geistes. Gewiss verschafft sich die Schrift ganz von selbst durch ihre eigene Majestät Ehrfurcht, aber sie ergreift uns erst dann recht und ernstlich, wenn sie durch den Geist in unserem Herzen versiegelt ist.", Calvin, *IC*, I, VII, 5.

neben dem Evangelium, sondern als unersetzbaren Reichtum für die Übermittlung der Schrift und ihrer Botschaft.

436. Das Zeugnis der Schrift ist auch ein Beispiel und eine Herausforderung, wie die Autorität in einem Klima der Heiligkeit ausgeübt werden kann und zwar in Übereinstimmung zwischen dem, was man sagt und dem, was man tut. Jesus wurde als „der Heilige Gottes“[6] erkannt. Dies geschah aufgrund der zweifachen Autorität, welche die Menschenmenge ihm zusprach: der Autorität seiner Lehre und der Vollmacht, vom Bösen zu befreien und Krankheiten zu heilen. Seine vollmächtige Rede wurde von Handlungen begleitet, die diese „überprüften“. Sie erging stets innerhalb einer Beziehung. Diese Art Jesu, die Autorität auszuüben muss eine Norm für die Kirchen sein.

Wir fordern alle Kirchen auf, darauf zu achten, dass die Verkündung des in der Schrift begründeten Evangeliums in demselben Klima vollzogen wird und dass die Übereinstimmung zwischen der geführten Rede und der tatsächlichen Praxis dabei deutlich herausgestellt wird. Es ist notwendig, die Merkmale und die Funktionsweisen einer solchen Autorität zu erinnern, damit das Evangelium in Wahrheit von unseren Mitmenschen verstanden werden kann.

2. *Glaubensbekenntnisse, Konzilstexte und andere Dokumente: Die Hierarchie der Texte*

437. Gemeinsamen rezipieren wir die Glaubensbekenntnisse und die doktrinalen Entscheidungen der ökumenischen Konzilien der alten Kirche. Übereinstimmend erkennen wir die Notwendigkeit, eine gemeinsame Glaubensäußerung zu formulieren. Jede unserer Kirchen hat seit der Trennung ihren Glauben in konfessionellen, symbolischen, konziliaren und anderen Texten ausgedrückt. Bei der Autorität dieser verschiedenen Dokumente gibt es eine Hierarchie. Heutzutage unterzeichnen die Kirchen offizielle neue Lehrvereinbarungen. Alle diese Doku-

6 Durch Simon Petrus (Joh 6,69) und auch durch einen Dämon, der sich nicht täuschte (vgl. Mk 1,21-28; Lk 4,31-37).

mente werfen Interpretationsprobleme auf, bei denen Litteralismus und Relativismus vermieden werden müssen.

438. Von der Katholischen Kirche erwarten wir, dass sie, ohne diese aufzuwerten, darüber aufklärt, auf welchen unterschiedlichen Ebenen der doktrinalen und disziplinarischen Autorität die vom römischen Lehramt herausgegebenen Texte stehen und welchen unterschiedlichen Grad der Verpflichtung sie den Gläubigen auferlegen. Wir erwarten, dass sie sich bemüht, den Unterschied zwischen unabänderlichen und veränderbaren Lehren besser darzustellen. Wir bitten sie, das Prinzip der „Hierarchie der Wahrheiten" innerhalb des Korpus der Glaubenslehre[7] anzuwenden und die Rezeption stärker einzubeziehen, die bereits eine Umkehr zum inneren Dialog darstellt. Wir bitten sie, darauf zu achten, dass ihre Dokumente, die umgehend von den Medien verbreitet werden, einen pastoralen und leicht zugänglichen Ton anschlagen, nicht nur für ihre Gläubigen, sondern für alle unsere Mitmenschen.

Schließlich bitten wir sie, alles zu fördern, was im Zusammenhang mit der rechten Interpretation (*Hermeneutik*) der alten Texte steht, insbesondere die Unterscheidung zwischen der (möglicherweise unveränderlichen) Sinnrichtung und der (stets für Verbesserungen offenen) Ausdrucksweise. Die bereits mit den orientalisch-orthodoxen Kirchen beschlossenen christologischen Vereinbarungen sind in diesem Sinn ein glücklicher Präzedenzfall.[8] Wir hoffen dass ein ähnlicher Prozess, der durch die *Gemeinsame Erklärung zur Rechtfertigungslehre* bereits eingeleitet wurde, mit den reformatorischen Kirchen vollzogen werden wird, in dem die vom Trienter sowie die vom Ersten Vatikanischen Konzil behandelten Bereiche bearbeitet werden sollten.

---

7 Die Organisation und die Hierarchisierung dieses Korpus hängt nicht von einer Wahrheit der Lehre ab, die grundsätzlicher ist als alle anderen, sondern *von der Beziehung, die ein jedes Element der Lehre zum Grund des Glaubens unterhält*: dem Heilswillen von Vater, Sohn und Geist.

8 Es geht um die offiziellen Vereinbarungen in der Christologie, welche die Päpste Paul VI. und Johannes Paul II. mit den jeweiligen Autoritäten der orientalisch-orthodoxen Kirchen unterzeichnet haben. Ihr Anliegen bestand in einer Lehrvereinbarung über den Sinn des christologischen Glaubensbekenntnisses, ohne jedoch den Partnern Begriffe von Chalzedon aufzuzwingen, die strittig geblieben waren (insbesondere die „zwei Naturen").

439. Von den reformatorischen Kirchen erwarten wir, dass sie klar machen, welche Autorität sie heute den alten Glaubensbekenntnissen zuerkennen bzw. ihren konfessionellen Referenztexten (Augsburger Bekenntnis, Bekenntnis von La Rochelle, etc.) und dass sie die Kriterien erhellen, welche die graduellen Identitätsunterschiede zwischen den einen und den anderen begründen. Wir bitten sie zu prüfen, ob gewisse momentane exegetische Schlüsse nicht in gewissen Fällen dazu neigen, die Bedeutung der Glaubensbekenntnisse zu unterschlagen. Bei der Interpretation ihrer konfessionellen Texte bitten wir sie, die historischen Umstände stärker zu berücksichtigen, ebenso wie die Notwendigkeit einer Aktualisierung. Im Allgemeinen bitten wir sie darum, den kirchlichen Instanzen der Glaubensregulierung (besonders den Synoden sowie den Superintendenten und Präsidenten von Regional- und Synodalräten) die Autorität zuzuerkennen, die sie benötigen, um die Glaubenden in ihrer Treue zum Evangelium und zum kirchlichen Glauben zu begleiten, in der Sorge um die innere Gemeinschaft einer jeden sowie untereinander.[9]

440. Wie bitten die Kirchen, klar zu sagen in welchem Maß sie ihren Glauben wiedererkennen in den Schlussfolgerungen der Dokumente der vielen ökumenischen Kommissionen, die sie beauftragt haben. Sie würden auf diese Weise zum Prozess ihrer Rezeption und zu ihrem Fortschritt beitragen.

Ebenso bitten wir sie, deutlich zu machen, welche Autorität sie den ökumenischen Dokumenten zuerkennen, die sie bereits unterzeichnet haben. Diese Dokumente müssten ab sofort zum lehramtlichen Korpus der Katholischen Kirche und zum konfessionellen Korpus der reformatorischen Kirchen gehören. Bei diesem Ersuchen fühlen wir uns ermutigt durch das vielversprechende Beispiel des christologischen Bekenntnisses, das zwischen der Katholischen und den orientalisch-orthodoxen Kirchen unterzeichnet wurde und von dem der *Gemeinsamen Erklärung zur Rechtfertigungslehre* zwischen der Katholischen Kirche und den Lutherischen Kirchen. Derartige Dokumente

---

9 Einige evangelische Traditionen der fundamentalistischen Richtung stellen die Kirchen der Reformation vor eine Herausforderung durch ihre Art, das *sola scriptura* zum Nachteil aller anderen Instanzen der Regulierung zu verstehen.

sind die ersten Spuren einer gemeinsam von der Katholischen Kirche und den anderen Kirchen ausgeübten Autorität. *Sie lassen hoffen auf den Tag, an dem wir mit einer Stimme das Amt der Lehrautorität ausüben können*, in demütiger Treue gegenüber dem Wort Gottes und im geduldigen Hören auf das, was der Geist den Kirchen sagt.

II. Die Gemeinschaften betreffend

441. Die nun folgenden Ersuchen sind im Rahmen einer Ekklesiologie der Communio zu verstehen. Sie zielen auf den Respekt der Person eines jeden Glaubenden, welcher die Bedingung dafür ist, dass jeder erkennt, dass der Glaube nur gemeinsam und geschwisterlich gelebt werden kann, nicht nur in den Gemeinden, den Basisgemeinschaften, den lokalen und regionalen Kirchen, sondern auch in der Gemeinschaft (Communio), die alle Kirchen vereinen muss. Es geht darum, dass jeder Gläubige, im Namen der ihm durch die Taufe vermittelten Autorität, zu den Überlegungen und der Lehre der Kirche in jeder Epoche verantwortungsvoll seinen Teil beitragen kann.

1. Die Autorität des Gewissens

442. Gemeinsam erkennen wir die Autorität des persönlichen Gewissens als letztgültige Instanz einer jeglichen menschlichen Entscheidung an. Wenn hier von Gewissen die Rede ist, so verstehen wir darunter ein verantwortliches Gewissen, das alles in seiner Macht stehende tut, um sein eigenes Urteil zu bilden, d. h. ein christliches Gewissen, das versucht, auf den Geist zu hören. Nur das innere Zeugnis des Heiligen Geistes kann garantieren, das eine lehramtliche Äußerung über das Wort Gottes eine göttliche Wahrheit vermittelt. Bei Irenäus konnten wir beobachten, wie wichtig die geistliche Lektüre der Schrift für die alte Kirche war, d. h. die Besinnung auf den „geistlichen Jünger“ und dessen Interpretation. Diese Lektüre ist gänzlich vereinbar mit der Glaubensregel. Allerdings bleiben unsere Arten, uns auf das Gewissen zu beziehen, sehr unterschiedlich.

443. Von der Katholischen Kirche erwarten wir, dass sie stärker darauf achtet, in ihrer Lehre über verschiedene Bereiche des Glaubens und der Sitten, Bezug auf das Gewissen und die Erfahrungen der Glaubenden zu nehmen und auf diese Weise dem Handeln des Geistes in den Herzen zu vertrauen. Dieser Bezug, der in den Texten der am meisten anerkannten Theologen (wie etwa Thomas von Aquin) zur Genüge vorkommt, ist oft nicht ausdrücklich präsent. Unserer Ansicht nach muss die komplexe Beziehung zwischen der Autorität des Gewissens und der Autorität des ihm äußerlichen Lehramtes genauer erklärt werden. Außerdem bitten wir darum, das Gewicht des gemeinsamen Gewissens der Katholiken, das in Raum und Zeit nachhaltig geteilt wird, mehr zu berücksichtigen, selbst wenn es nicht beanspruchen kann, den allgemeinen Glaubenssinn sämtlicher Gläubiger darzustellen.

444. Von den reformatorischen Kirchen erwarten wir, dass sie die christlichen Anforderungen bei der angemessenen Ausübung des Rechts auf Gewissensfreiheit unterstreichen und dass sie gewisse Missverständnisse in der Auffassung von der „freien Untersuchung" ausräumen, die es mit der spirituellen Unabhängigkeit und der individuellen religiösen Erfahrung übertreiben. Eine legitime „freie Untersuchung" kann nur durch die Gnade und das Handeln des Heiligen Geistes erfolgen und nicht ohne den gemeinschaftlichen Ausdruck des Glaubens. Sie muss mit dem „Sinn der Kirche" durchgeführt werden, einer Kirche, die den lokalen und den gegenwärtigen zeitlichen Kontext überschreitet.10 Die Umkehr, zu der die evangelischen Kirchen berufen sind, entspricht dem, was im Sinne der Kirche und ihren vier „notae" bisweilen als Untreue verstanden werden konnte. Dazu ist es notwendig, das Problem der Autorität in der Kirche im Zusammenspiel mit dem Gehorsam gegenüber Jesus Christus wiederaufzunehmen sowie die Frage, inwieweit das Recht auf individuelle Gewissensfreiheit zum Konsens der Kirche dazugehört.

---

10 Auf dem Reichstag in Worms (1521) antwortete Luther den Autoritäten der etablierten Kirche und des Kaiserreichs, dass es „gefährlich" sei, „wider das eigene Gewissen zu handeln". Gegen die Forderungen der römischen Autoritäten vor Ort berief er sich auf sein Gewissen und auf das Konzil.

445. Anders als man gemeinhin annimmt, haben die Reformatoren des 16. Jahrhunderts den mehrdeutigen Begriff der „freien Untersuchung" niemals verwendet. Die Unterscheidung zwischen der „Autoritätsreligion" und der „Religion des Geistes"[11] trifft nur unter der Bedingung zu, dass die Gegenwart des Geistes nicht einfach auf ein Spiegelbild der menschlichen Seele reduziert wird, welches sich in der spirituellen Erfahrung des Individuums zeigt. Bei dem, was manchmal als „protestantische Spiritualität" bezeichnet wird, handelt es sich eigentlich um eine Trennung von Geist und Kirche: „Heutzutage stellt man sich den Geist, mehr oder weniger, als wesentlichen Widerspruch zu all dem vor, was „die Kirchen" repräsentieren. [...] Die Kirche wird stets verdächtigt, die Feindin der individuellen Freiheit zu sein."[12] Ein solcher negativer Spiritualismus kann dazu führen, dass die Autorität des Geistes nur im Sinne des Prinzips der individuellen Freiheit eingefordert wird und zwar im Widerspruch zur institutionellen Autorität, insbesondere zu der der Kirche.

2. *Glaubenssinn der Gläubigen, Diskussion und Mitverantwortung*

446. Die christliche Autorität ist auch die, welche jeder Christ im Namen seiner Taufe und seiner Teilhabe am gemeinschaftlichen oder allgemeinen Priestertum innehat. Sie gehört dem ganzen Volk Gottes, dem der „Glaubenssinn" innewohnt. Wir wissen, wie schwierig es ist, dieser Autorität der Gläubigen und der Gemeinschaft im konkreten Leben der Kirchen seinen richtigen Platz zu geben und dafür zu sorgen, dass sie eine echte Mitverantwortung im Zusammenspiel mit der institutionalisierten Autorität erhält. In diesem Punkt ist auf Seiten der Katholischen Kirche oft ein Mangel, auf Seiten der reformatorischen Kirchen hingegen ein Übermaß festzustellen.

---

11 Vgl. A. Sabatier, *Les religions de l'autorité et la religion de l'esprit*, Librairie Fischbacher, Paris, 1899.

12 Regin Prenter, *Le Saint-Esprit et le renouveau de l'Église*, Delachaux & Niestlé, Neuchâtel/Paris, 1949, S. 6.

447. *Beratungen* und *Diskussionen* haben in unserer Kultur im Allgemeinen ihren Platz. Entscheidungen müssen im Verlauf dieser Prozesse reifen, um am Ende angemessen zu sein. Die Kirchen können sich nicht alle Formen der demokratischen Diskussion zu eigen machen. Die Geschichte lehrt uns allerdings, dass sie auch nicht ohne einen bestimmten kulturellen Austausch mit den im Verlauf verschiedener Epochen auftretenden Handlungsweisen arbeiten können.

448. Von der Katholischen Kirche erwarten wir, dass sie das Prinzip der Mitverantwortung soweit wie möglich in die Tat umsetzt, im vollen Respekt vor der Würde der Laien, der Männer und Frauen, welche die tatsächlichen Partner des Evangeliums sind, sowie vor der Eigenverantwortung derjenigen, die eines der zahlreichen Ämter bekleiden.

Wir bitten sie, insbesondere dann wenn sich ein neues Problem hinsichtlich des Glaubens oder der Sitten stellt, der Diskussion in den lokalen Kirchen die nötige Zeit einzuräumen, bevor sie eine endgültige Entscheidung trifft. Wir bitten darum, dass diese Diskussion vom Dialog mit den anderen Kirchen begleitet wird und dass sie es erlaubt, Klarheit über die entscheidenden Anliegen zu gewinnen, erste leidenschaftliche Reaktionen einzuordnen und leichter zu einem Konsens zu gelangen, der die Umsetzung der richtigen Entscheidung voran bringt.

449. Von den reformatorischen Kirchen, denen die Diskussionskultur vertrauter ist, erwarten wir, dass sie darauf achten, dass der Respekt vor den Unterschieden nicht die Notwendigkeit eines gemeinschaftlichen kirchlichen Standpunkts mit Bezug auf das Evangelium negiert. Wir erwarten, dass ihr Vorgehen es ihnen gestattet, die momentane Meinungsvielfalt mit den fundamentalen Glaubensanliegen zu konfrontieren und dabei auf die Standpunkte der anderen Kirchen zu achten. Darauf zu achten, dass die Diskussion vom Dialog mit diesen Kirchen begleitet wird. Dass er sich nicht unendlich hinzieht, auf Kosten einer klaren Entscheidung, die nach Mut verlangt. Muss das Wort den nicht verkündigt werden „ob man es hören will oder nicht“ (2 Tim 4,2)?

450. Wir bitten alle Kirchen, neu auftauchende Probleme des Glaubens und der Sitten gemeinsam zu diskutieren, sich zu verständigen, damit so oft wie möglich gemeinsame Entschei-

dungen getroffen werden können und gemäß dem Evangelium den Grundsatz der gegenseitigen Berichtigung anzunehmen. Eine solche, auf gegenseitigem Vertrauen basierende Arbeit wir es jeder Kirche erlauben, sich von anderen Traditionen hinterfragen zu lassen und die Gründe darzulegen, die zu unterschiedlichen Standpunkten führen können.

3. *Einheit heißt nicht Uniformität*

451. Der Begriff der Einheit, der lange das wichtigste Motiv der ökumenischen Bewegung war und sich auf das hohepriesterliche Gebet Jesu (Joh 17) bezog, ist heute zum Gegenstand des Misstrauens geworden: man unterstellt ihm, die Kirchen in die Uniformität führen zu wollen. Oft wird ihm deshalb der völlig legitime Begriff der Gemeinschaft (communio) vorgezogen, der bestimmte Bedeutungen aber nicht abdeckt. Der Standpunkt unserer Gruppe ist in dieser Hinsicht immer ganz klar gewesen. Wir haben die authentische Einheit einer versöhnten Kirche in Sinn, im vollen Respekt aller legitimen Unterschiede.[13]

452. Die Erneuerung der Ekklesiologie sowie eine ernsthafte ökumenische Partnerschaft haben uns erkennen lassen, dass die Vielfalt in hohem Maße einen inneren Wert der Einheit darstellt. Die Vereinbarung zwischen den orientalisch-orthodoxen Kirchen und der Katholischen Kirche über die Christologie sowie die *Gemeinsame Erklärung zur Rechtfertigungslehre* haben die Methode des *„differenzierten Konsenses"* in die Tat umgesetzt. Ein solcher Konsens über die für immer feststehenden Gegebenheiten des Glaubens ist in der Lage, Unterschiede auszuhalten, sowohl hinsichtlich der Lehre als auch hinsichtlich des gläubigen Beharrens einer jeden Konfession auf demselben Mysterium des Heils. Im letzteren Fall wurde nicht nur eine Lehrvereinbarung über das Verständnis des Heils, sondern auch eine Lehrvereinbarung über das Verständnis der Einheit der Kirche unterzeichnet. Haben die Kirchen auf diese Weise nicht einen Aktualisierungsprozess ähnlich dem der Festsetzung des

---

13 Über diesen Punkt haben wir uns in dem Dokument *Für die Umkehr der Kirchen* geäußert, als es um die konfessionellen Identitäten ging.

schriftlichen Kanons vollzogen, welcher ein Modell für die Vielfalt ist, die von der Einheit getragen wird?

453. Von der Katholischen Kirche erwarten wir, dass sie sowohl in der Lehre als auch in der Praxis zeigt, wie eine Lehrautorität im Dienst der Einheit ausgeübt werden kann, wobei auf jegliche Uniformität verzichtet wird. Zweifellos hat der säkulare Druck der Zentralisierung sie dazu geführt, im Namen des Glaubens Gebräuche des Glaubens, der Sprache und der Liturgie allgemein durchzusetzen, die zuweilen nur der Ausdruck von kulturell dominierenden Eigenheiten waren. Im Korintherbrief hat Paulus auf derselben Bewegung bestanden, allerdings in Bezug auf die Vielfalt der „Charismen" und die Gemeinschaft im Glauben. Das Zweite Vatikanum lehrt eine Ekklesiologie der Gemeinschaft und erklärt, dass die Katholische Kirche „in der Einheit ihrer Teilkirchen" existiert (*LG, 23*). Mehr denn je muss die Einheit heute der Vielfalt der kulturellen Situationen gerecht werden sowie der legitimen Pluralität der kirchlichen Erfahrungen. In diesem Sinn muss die Autorität sogar die Entstehung von solchen Ausdrücken des Lebens, der Spiritualität, der Liturgie und der Theologie fördern, die in authentischer Weise in der heutigen kulturellen Vielfalt verwurzelt sind, aber nichtsdestoweniger ihre Treue zum christlichen Glauben und ihre Zugehörigkeit zur universalen Kirche zum Ausdruck bringen.

454. Von den reformatorischen Kirchen, die sich in den jeweiligen nationalen oder regionalen Kontexten entwickelt haben, erwarten wir, dass sie den Anforderungen der wahrhaftigen Einheit der Kirche besser entsprechen. Ihre Umkehr, nicht nur zu einem Gewissen, sondern mehr noch zu einer Kultur der Einheit und der Gemeinschaft in der universalen Kirche steht noch aus. In dem glücklichen Ausdruck „differenzierter Konsens" darf das Adjektiv das Substantiv nicht überlagern und das Zögern aus Respekt vor den konfessionellen Identitäten darf nicht den notwendigen Verzicht verhindern, den es zur der Wiederherstellung der sichtbaren kirchlichen Einheit braucht.

III. In Bezug auf die kollegialen Autoritäten

455. Gemeinsam erkennen wir die dreifache gemeinschaftliche, kollegiale und personale Dimension der Autorität im Leben unserer Kirchen an. Aber wir wissen, dass die Katholische Kirche Schwierigkeiten bei der konkreten Einrichtung wirksamer synodaler Strukturen hat, weil ihr eine gewisse synodale Kultur fehlt.

456. Den reformatorischen Kirchen liegt das presbyterial-synodale System sehr am Herzen. Die sich mindestens einmal jährlich versammelnde Synode ist das oberste Organ der Lehrautorität.[14] Durch das Zweite Vatikanische Konzil hat die Katholische Kirche die aller drei Jahre in Rom stattfindende Bischofssynode eingeführt. Sie hat die regelmäßige Versammlung der Bischofssynoden eines Kontinents entwickelt. Sie hat außerdem die neue rechtliche Möglichkeit der Diözesansynoden geschaffen, bei der eine weitreichende Beteiligung von Laien möglich ist. Dennoch haben wir festgestellt, dass die den Synoden und ihren Entscheidungen tatsächlich zugestandene Autorität auf der einen und auf der anderen Seite sehr verschieden ist.

457. Die Autoritäten der Katholischen Kirche bitten wir, die Versammlung der Diözesansynoden zu fördern und diese nicht länger als eine Ausnahmeerscheinung zu betrachten, sondern als eine regelmäßig einzuberufende Instanz. Sie würden dadurch das Engagement der Gläubigen und ihre Teilnahme an der kirchlichen Verantwortung begünstigen, wie auch die Entwicklung einer synodalen Kultur in den lokalen Kirchen. Ein regelmäßiger Turnus würde das Bewusstsein für die Komplexität mancher Fragestellungen reifen lassen und ein Ausufern verhindern. Im Rahmen der Hierarchie würden sie der Erhaltung des notwendigen Gleichgewichts im Leben der Kirche dienen, d. h. der Vermittlung zwischen dem absteigenden Weg, von den Autoritäten zum Volk Gottes, und dem aufsteigenden Weg, zwischen diesem Volk zu seinen Autoritäten. Auf die von ihnen gestellten Fragen müssen sie eine angemessene Antwort erhalten.

---

14 Ihre Zusammensetzung haben wir *oben*, in Nr. 343, Fußnote 16 beschrieben.

458. Wir bitten die Autoritäten der Katholischen Kirche, die verantwortungsvolle Durchführung der Bischofskonferenzen nicht zu fürchten, schließlich entsprechen sie zu weiten Teilen der Versammlung von regionalen Synoden in der alten Kirche. Wir bitten darum, ihnen die Lehrautorität anzuerkennen, die sie in Gemeinschaft mit dem römischen Bischofssitz ausüben. Sie sind wirkliche Akteure der Gemeinschaft, nicht nur zwischen den Diözesen eines Landes oder einer Region, sondern auch innerhalb der universalen Katholischen Kirche. Sie sind ein Ort der Regulierung und der Unterscheidung und verantwortlich für die Eigenheiten kultureller Räume und die Anerkennung legitimer Unterschiede.

459. Wir bitten die Katholische Kirche darum, die Verfahrensordnung der aller drei Jahre stattfindenden Bischofssynode zu überarbeiten,[15] da diese heutzutage so streng gehandhabt wird, dass sie weder echte Diskussionen, noch die allmähliche Herausbildung eines klaren Standpunktes ihrer Mitglieder über die besprochenen Themen gestattet. Die Arbeitsmethode in zwei zeitlichen Etappen scheint nicht fruchtbar zu sein.[16] Wir wünschen uns, dass diese Synoden sich die nötige Zeit nehmen für einen wirklichen Austausch zwischen den Bischöfen und für die Abfassung eines synodalen Dokuments, so wie es in den ersten Jahren ihres Bestehens der Fall war. Wir wünschen uns auch, dass ihr in den wichtigeren Angelegenheiten ein Abstimmungsrecht zugestanden wird. Diese Synoden sind Verbindungsglieder innerhalb der römischen Kirche als konziliarem Organismus. Sie sind ein starker Ausdruck der Kollegialität.

460. Natürlich sind wir nicht so vermessen, die Einberufung eines Konzils vorzuschlagen! Aber wir nehmen gern den von vielen Kardinälen – insbesondere von Kardinal Martini auf der Europäischen Bischofssynode von 1999 – geäußerten Wunsch auf. Er sprach von „der Nützlichkeit, ja geradezu der Notwendigkeit eines kollegialen und verbindlichen Austauschs zwischen allen Bischöfen über gewisse entscheidende Anliegen, die im

---

15 Und in selber Hinsicht auch die Kontinentalsynoden.

16 Eine erste zeitliche Etappe, in der jeder Bischof Redezeit hat, und anschließend eine Etappe der Gruppenarbeit, an deren Ende die Redebeiträge in zusammenfassenden Vorschlägen wieder aufgenommen werden, allerdings ohne eine wirkliche Debatte im Plenum.

Verlauf der letzten vierzig Jahre aufgetreten sind." Er schlug vor:

> „im Verlauf des anbrechenden Jahrhunderts von Zeit zu Zeit allgemeine Treffen für den Austausch zwischen den Bischöfen anzusetzen, die es erlauben gewisse „heiße Eisen" in der Lehre und in der Kirchendisziplin zu diskutieren, die auf dem Weg der europäischen – aber nicht nur der europäischen – Kirchen regelmäßig als Konflikte auftauchen."[17]

Unter den in diesem Zusammenhang von Kardinal Martini genannten Themen waren:

> „die Stellung der Frau in Gesellschaft und Kirche, die Teilnahme der Laien an bestimmten kirchlichen Ämtern, Fragen der Sexualität, der kirchlichen Regelung der Ehe, der Bußpraxis, der Beziehungen zu den orthodoxen Schwesternkirchen und ganz allgemein die Notwendigkeit, die ökumenischen Hoffnungen zu beleben."[18]

461. Die Frage nach den Instanzen der Lehrautorität ist im Protestantismus ganz entscheidend. Das presbyterial-synodale System stößt sich allerdings an einem Rezeptionsprozess, der durch die akribische Berücksichtigung einer jeden kirchlichen Realität belastet wird. Die Frage nach dem dreifachen Ausdruck der gemeinschaftlichen, kollegialen und personalen Autorität stellt sich auch in der evangelischen Tradition und verlangt nach einem zuverlässigen Ausgleich. Die ordinierten Ämter können in dieser Hinsicht eine maßgebliche Rolle spielen.

462. Die reformatorischen Kirchen bitten wir darum, dass ihre Synoden bei Lehrentscheidungen mehr Respekt für die Glaubenstradition und die Katholizität der Kirche an den Tag legen. Die Verbindung zwischen den Gemeinden und ihrer Kirche muss gestärkt werden, ebenso wie die Verbindung mit den Kirchen in anderen Ländern. Denn die einer jeden Kirche zugestandene Selbstbestimmung steht in der Gefahr, eine Selbstgefälligkeit zu fördern, die durch soziokulturelle und nationale Eigenheiten noch stärker bedingt wird, als durch vorübergehende Meinungsbildungen. Für die korrekte Umsetzung der Autorität ist es notwendig, dass die Gemeinden die Entscheidungen der

17 *DC* 2213 (1999), Nr. 3, S. 950.
18 *Ibid.*, S. 951.

Synoden anwenden. In derselben Perspektive bitten wir die Kirchen darum, dass sie den Mut aufbringen, ihre konfessionellen Weltbünde mit einer Autorität auszustatten, die von allen Kirchen anerkannt wird. Wir bitten sie, stärker über die Repräsentativität ihrer Delegierten zu wachen, um zu verhindern, dass die Synodalentscheidungen wirkungslos bleiben und um die Autorität der Synode bei den Gemeinden in ihrem Verhältnis zur Autorität der ordinierten Amtsträger und der Laien deutlich zu machen.

463. Wir bitten die reformatorischen Kirchen also darum, in den konfessionellen Weltbünden ganz neue Prozesse der Entscheidungsfindung jenseits der regionalen und der nationalen Kirchen zu entwickeln. Evangelische Kirchen, die vollständig miteinander versöhnt sind, möchten wir zur Bildung von „Kirchengemeinschaften" ermutigen, als Zeichen dafür, dass die einst getrennten Kirchen sich mit Christus in ihrer Mitte aufeinander zu entwickeln können. Für das Zeugnis des Evangeliums in der Welt ist es wichtig, dass die Kirchen ihre Lehrgemeinschaft sichtbar nach außen darstellen und über so viele Angelegenheiten wie möglich gemeinsam entscheiden.

IV. In Bezug auf die Personen

464. Gemeinsam erkennen wir die Notwendigkeit, dass im Leben der Kirche eine Lehrautorität existiert, die von Personen ausgeübt wird. Doch ohne Zweifel gibt es bei dieser prinzipiellen Übereinstimmung auch die größten Divergenzen, sowohl was die ekklesiologische Begründung, als auch was die praktische Umsetzung dieser Art der Autorität betrifft. Wir haben in diesem Punkt keine gemeinsame Kultur und keine gemeinsamen theologischen und ekklesiologischen Motive für eine personalisierte Autorität. Deshalb wünschen wir uns, dass sich unsere Vorgehensweisen durch gemeinsame Bemühungen einander annähern, so dass wir in Zukunft Möglichkeiten einer vollständigeren Gemeinschaft erkunden können.

1. Die Autorität der Amtsträger

465. Die Katholische Kirche bitten wir, bei ihrem Vorgehen stärker auf das *Subsidiaritätsprinzip* zu setzen, über das sie in ihrer Soziallehre viel nachgedacht und gelehrt hat.[19] Dieses Prinzip beruht darauf, den Einzelnen keine Aufgabenbereiche zu entziehen, die sie aus eigener Initiative und mit eigenen Mitteln bewältigen können. Auch sollen einer höher stehenden Autorität keine Funktionen übertragen werden, welche die unmittelbar betroffenen Autoritäten normalerweise erfüllen können. In diesem Geist wünschen wir uns, dass Probleme und Konflikte in der Lehre zuerst auf lokalem Niveau geregelt werden können, d. h. innerhalb der Diözese. Falls eine Angelegenheit die Grenzen einer Diözese übersteigt, sollte sie von der Bischofskonferenz geregelt werden und sie sollte nur dann an Rom weitergegeben werden, wenn die Bischofskonferenz nicht in der Lage ist, in absehbarer Zeit eine Lösung dafür zu finden.

466. Wir bitten die reformatorischen Kirchen darum, das Misstrauen des Protestantismus gegenüber einer jeglichen persönlichen Autorität zu überdenken. In ihrer Gesamtheit erkennen sie das Amt des Superintendenten oder des Präsidenten des Regionalrates an und einige von ihnen haben sogar das Amt des Bischofs bewahrt. In Verbindung mit der Synode bilden diese Ämter die *episkope*. Aber der autoritative Status dieses persönlichen Amtes der Episkope wird nur unzureichend anerkannt, was zu einigen Missverständnissen in und zwischen den Kirchen führt. Eine stärkere Anerkennung des Amtes als Vorsitzender des Kirchenrates würde einen entscheidenden Fortschritt auf dem Weg der Einheit darstellen. Wir sind sehr bestrebt, auch hier zu einem differenzierten Konsens zu gelangen. Wir wünschen uns, dass die Kirchen in diesem Bereich merkliche Fortschritte machen zugunsten einer besseren Verbindung zwischen den drei Dimensionen der Autorität.

467. Die reformatorischen Kirchen bitten wir darum, anzuerkennen, dass tatsächlich Personen im Dienst der institutionellen Vermittlung der Schriftinterpretation tätig sind. Im Verlauf der

19 Vgl. Pius XI., Enzyklika *Quadragesimo anno* (1931); Johannes Paul II., *Centesimus annus* (1991), Nr. 48.

Geschichte sind die „Väter“ (Luther, Calvin u. a.) mit einer derartigen Autorität ausgestattet worden. Im Bereich der Lehre wird die Autorität der Doktoren und Pastoren im Prinzip klar anerkannt und der gesamten Kirche als Instanz empfohlen. Sie ist sogar der vorrangige Zweck ihres Amtes. Pastoren und Doktoren sollen in ihrem Amt eine Verbindung zwischen der Freiheit des Gewissens und der Gemeinschaftlichkeit in der Kirche herstellen.[20]

2. *Die Lehrautorität des Amts der Einheit und der Gemeinschaft*

468. In unserem Dokument *Le ministère de communion dans l'Église universelle* (*Das Amt der Gemeinschaft in der universalen Kirche)* haben wir ausführlich über die Autorität gesprochen, die dem Bischof von Rom in der Katholischen Kirche zuerkannt wird. Allerdings hatten wir damals nicht die Absicht, das Thema seines Lehramtes aufzugreifen und wir haben auch nicht über die gravierende Unstimmigkeit zwischen den Kirchen über die katholische Lehre von der Unfehlbarkeit des Papstes gesprochen.[21] Wir sind uns des anhaltenden Streits aus Gründen der Geschichte und der Lehre in diesem Punkt bewusst. Sogar die letzten Päpste haben das zugegeben. Johannes Paul II. äußerte sich in seiner Enzyklika *Ut unum sint* (*Auf dass sie Eins seien*) von 1995 dazu und erklärte, dass er: „die ökumenische Sehnsucht der meisten christlichen Gemeinschaften feststelle und die an mich gerichtete Bitte vernehme, eine Form der Primatsausübung zu finden, die zwar keineswegs auf das Wesentliche ihrer Sendung verzichtet, sich aber einer neuen Situation

---

20 In der *Institutio Religionis Christianae* spricht Calvin den Begriff der kirchlichen Macht an: „Sieh da, das ist jene gewaltige Macht, mit der die Hirten der Kirche, was für einen Namen sie auch tragen mögen, ausgerüstet sein müssen, damit sie nämlich aufgrund des Wortes Gottes zuversichtlich alles wagen, seiner Majestät alle Kraft und Herrlichkeit, alle Weisheit und Hoheit dieser Welt zu weichen und Gehorsam zu leisten zwingen.“ (*IC* IV, VIII, 9). Anders als die Apostel können die Pastoren in seinen Augen aber nicht behaupten, stets vom Heiligen Geist geleitet zu sein. Aufgrund dieser erheblichen Schwäche ist ihre Autorität stets verletzlich, unsicher und vorübergehend.

21 Vgl. *Le ministère de communion dans l'Église universelle*, Nr. 12 und Fußnote 9.

öffnet."[22] Er unterschied auf diese Weise zwischen der grundsätzlichen Aufgabe der Einheit, die dem Petrusamt zukommt, und den wechselnden Arten ihrer *Ausführung*. Eine solche Unterscheidung hat insbesondere Auswirkungen auf das Lehramt des Bischofs von Rom. Dieser hoffnungsvolle Ansatz ermutigt uns dazu, unsererseits einige Vorschläge und Wünsche zu formulieren.

469. Einige der reformatorischen Kirchen verstehen heute eher, dass ein Repräsentant, der für die sichtbare Einheit der Kirche und ihre Gemeinschaft steht und ihren Vorsitz führt, ohne sie zu regieren, eine interessante Möglichkeit für das kirchliche Leben sein könnte. Wenngleich diese Kirchen überzeugt sind, der Lehre der Apostel treu zu bleiben, haben sie es doch nicht immer verstanden, ihre Apostolizität für die Gegenwart sichtbar zu machen. In Aufnahme der klassischen und ihnen wichtigen Unterscheidung zwischen sichtbarer und unsichtbarer Kirche könnte man sagen, dass die evangelischen Kirchen die Idee der apostolischen Sukzession in die letzte Reihe des Schaufensters der sichtbaren Kirche verbannt haben.[23] Nach ihrem Verständnis der Kirche, als sichtbare und unsichtbare sowie als institutionelle und spirituelle Wirklichkeit,[24]

---

22 *Ut unum sint*, Nr. 95; *DC* 2118 (1995), S. 593.

23 Die Frage der apostolischen Sukzession in ihren zwei komplementären Bestandteilen (apostolische Sukzession der gesamten Kirche und apostolische Sukzession in dem durch den Herrn eingesetzten Amt) wollen wir hier nicht behandeln. Wir verweisen darauf, was wir dazu in vorangegangenen Dokumenten gesagt haben: *Teilkonsens über das kirchliche Amt (= Pour une réconciliation des ministères)*, in Herder Korrespondenz, 27 (1973), S. 36-39 (Nr. 10 und 11) und *Le ministère épiscopal*. Vgl. ebenfalls *Taufe, Eucharistie und Amt, op. cit.*, „Amt" Nr. 34-38.

24 „Eigentlich ist eine solche Unterscheidung nicht Teil der wahren Lehre der Reformation. Gemeinsam können wir die unauflösliche Verbindung zwischen dem Unsichtbaren und dem Sichtbaren behaupten. Es existiert nur eine einzige Kirche Gottes [...]. Durch seinen Geist hat Christus sie mit einer Mission und mit einem Amt in der Welt versehen [...]. Seit frühester Zeit war sie durch die Gnade Gottes mit den Mitteln der Ämter in notwendiger und ausreichender Weise ausgestattet, um ihre Mission zu erfüllen", *Vers une compréhension commune de l'Église*, Nr. 126; *DC* 2031 (1991), S. 646. Diese Überlegung stammt aus dem internationalen Dialog zwischen Katholiken und Reformierten und lädt die Protestanten ein, eine falschverstandene Unterscheidung zu überprüfen, die ein ebenso bequemes wie unhaltbares Alibi sein kann. Dies soll unser Echo auf diese Einladung zur Diskussion sein.

könnten die reformatorischen Kirchen Luthers „Simultanitätsprinzip" (*simul – simul*) konsequenter anwenden.[25]

470. „Auf evangelischer Seite [...] stellt man oft fest, dass die Einheit wie ein Zusatz zu den Unterschieden aufgefasst wurde, die bestenfalls einander tolerierten, wobei jede eifersüchtig über ihre Autonomie und ihre Bräuche wachte."[26] Die Zersplitterung der reformatorischen Kirchen hat zu einer konfessionellen Isolierung geführt, die der Einheit der Kirche, so wie die Schrift sie sich vorstellt, Schaden zufügt. Deshalb sind diese Kirchen aufgerufen, die Idee aufzugeben, der zufolge die bereits existierende unsichtbare Einheit der Kirchen ein einfaches Nebeneinander der Kirchen rechtfertigen würde, zu Lasten der Suche nach einer echten sichtbaren Gemeinschaft, in der das Evangelium mit einer neuen Autorität verkündigt werden kann. Das friedliche Zusammenleben ist noch nicht die Einheit.

3. *Die schwierige Frage der Unfehlbarkeit*

471. Selbst wenn die Frage der Unfehlbarkeit der Kirche, insbesondere die der päpstlichen Unfehlbarkeit, unter uns ein Gegenstand schwerer Auseinandersetzungen bleibt, sind wir dennoch der Meinung, dass wir dazu in diesem Kapitel nicht schweigen können, weil wir anderenfalls unsere Glaubwürdigkeit in den Augen unserer Leser verlieren würden.[27] Wir müssen jetzt damit beginnen, gemeinsam nach einer Lösung für diese Schwierigkeit zu suchen.

472. Erinnern wir uns an die Erklärungen aus dem vorangegangenen Kapitel[28], die dem Leser im Blick auf das korrekte Verständnis des *Unfehlbarkeits*dogmas stets präsent bleiben müssen. Die Unfehlbarkeit ist zuerst und vor allem die der ge-

---

25 Vgl., *oben*, Nr. 368.

26 *Für die Umkehr der Kirchen*, Nr. 190.

27 Wir gestehen gern zu, dass die formal ausgeübte päpstliche Unfehlbarkeit derzeit kein aktuelles Thema in der Katholischen Kirche ist, zumal sie seit ihrer Festlegung auf dem Ersten Vatikanum nur ein einziges Mal angewandt wurde. Auf symbolischer Ebene ist das Thema dennoch heikel und schmerzhaft; deshalb wollten wir ihm hier nicht ausweichen.

28 Vgl. *oben*, Nr. 387-388.

samten Kirche in deren Qualität als Garantin des apostolischen Glaubens: Aufgrund dieser Unfehlbarkeit – und mehr noch aufgrund ihrer Irrtumslosigkeit im Allgemeinen[29] – kann und muss sie Stellung beziehen gegen Äußerungen, die dem Inhalt des Evangeliums Schaden zufügen würden. Das Dogma der päpstlichen Unfehlbarkeit muss unter Berücksichtigung der weiter oben dargestellten historischen und theologischen Gegebenheiten interpretiert werden.[30] Es handelt sich *nicht* um eine „absolute" Unfehlbarkeit, nicht um eine „persönliche" Unfehlbarkeit und vor allem nicht um eine „losgelöste" Unfehlbarkeit.[31]

473. Erinnern wir ebenfalls daran, dass die Unfehlbarkeit der Kirche auch im evangelischen Bereich annehmbar ist. Schließlich betrifft sie das Zeugnis, welches die Kirche vom Evangelium gibt. Für Luther ist die Predigt, die dem Evangelium treu ist, unfehlbar („So spricht der Herr", *Haec dicit dominus!*). Aber dennoch handelt es sich nur um einen teilweisen Konsens, denn ihm gegenüber steht die Annahme, dass auch die Kirche „zugleich Gerechtfertigte und Sünderin" ist. Unfehlbar ist die Treue Gottes zu seinem Bund mit den Menschen, trotz der Fehler und der Versäumnisse der Menschen gegenüber seinem Wort. Selbst wenn die reformatorische Unterscheidung zwischen der „Sichtbarkeit" und der „Unsichtbarkeit" der Kirche die paradoxe Doppeldeutigkeit ihrer Wirklichkeit unterstreicht, kann die evangelische Ekklesiologie dennoch annehmen, dass die Kirche unfehlbar ist in ihrer Wirklichkeit als geistlicher Leib Christi und in ihrer Gewissheit der Gegenwart des Geistes bei ihrer apostolischen Mission in der heutigen Zeit. Paradoxerweise kann diese

---

29 Die Ausübung der Unfehlbarkeit bedeutet, dass die Richtung, in welche die jeweilige doktrinale Fragestellung entwickelt wird, unabänderlich ist. Die Irrtumslosigkeit zieht keine Unabänderlichkeit nach sich. Sie zeigt nur an, dass die Kirche bei der Formulierung einer veränderlichen Lehre nicht im Unrecht war, d. h. dass sie sich nicht geirrt hat im Blick auf ihre Heilsmission.

30 Vgl. *oben*, Nr. 196-199.

31 Vgl. *oben*, Nr. 203-206. Ebenfalls dazu: „Denn Petri Nachfolgern ward der Heilige Geist nicht dazu verheißen, dass sie aus seiner Eingebung heraus neue Lehren verkündeten. Ihre Aufgabe ist vielmehr, die von den Aposteln überlieferte Offenbarung oder das anvertraute Glaubensgut unter dem Beistand des Heiligen Geistes gewissenhaft zu hüten und getreu auszulegen." (Erstes Vatikanum, *Pastor aeternus*, Kap. 4, *DzH* 3070).

Ekklesiologie zugleich sagen, dass die Kirche in ihrer Geschichte durchaus fehlbar ist, in ihrer Gewissheit, für ihre Schwäche büßen zu müssen und in der Fehlbarkeit ihres menschlichen Zeugnisses von Jesus Christus.

474. Wir wünschen uns, dass die Unfehlbarkeit des päpstlichen Lehramts nur in Ausnahmesituationen zur Anwendung kommt: z. B. wenn der Bischof von Rom keine Möglichkeit hätte, den Episkopat (d. h. die Gesamtheit der Bischöfe) zu konsultieren, so wäre er nach bestem Wissen und Gewissen autorisiert, im Fall einer schweren Unstimmigkeit über den Glauben zu intervenieren – aufgrund der ihm obliegenden Pflicht und seiner Verantwortung im Dienst der kirchlichen Einheit. Aber selbst in solchen Situationen kann der Bischof von Rom nicht ohne die Zustimmung der Bischöfe handeln, in deren Gemeinschaft er steht. Wir sind der Meinung, dass eine solche Auslegung des katholischen Dogmas dessen eigentlichen Sinn respektiert und im Blick auf die kirchliche Einheit eine Notwendigkeit darstellt.

475. Ebenso bitten wir darum, dass die Existenz dieses Dogmas nicht zu einer stillschweigenden Höherbewertung der päpstlichen bzw. der vatikanischen Dokumente führt. Wir bitten auch darum, dass die Gläubigen dazu ermutigt werden, die verschiedenen Stufen der Autorität dieser Dokumente zu unterscheiden, ganz besonders aufgrund des Einflusses der Medien bei der Präsentation von Informationen zu religiösen Fragen.

476. Wir wünschen uns, dass die Katholische Kirche in naher Zukunft eine Neuformulierung des Unfehlbarkeitsdogmas vornimmt, damit dieses ganz klar in eine Ekklesiologie der Communio integriert wird. Diese Neuformulierung könnte im Rahmen eines zukünftigen Konzils erfolgen, bei dem die Delegierten der anderen Kirchen die ihnen zustehende Rolle spielen.

477. Während man diese Klarstellung abwartet, könnte die Katholische Kirche ihre Praxis beibehalten, das Dogma nur im Ausnahmefall und nach Rücksprache mit der gesamten Kirche – eventuell auch mit den anderen Kirchen – geltend zu machen. Die reformatorischen Kirchen könnten ihrerseits akzeptieren, dass dieses Dogma für ihre katholischen Brüder und Schwestern verbindlich ist, selbst wenn es nach reformatorischem Verständnis nicht zu den Glaubenswahrheiten gehört.

478. Wir bitten die reformatorischen Kirchen darum, nicht das gesamte katholische, päpstliche Lehramt als unfehlbar anzusehen. Eine derartige Verschmelzung wäre zugleich abwegig und gefährlich. Fast alle Interventionen des Papstes – abgesehen von den traditionellen Glaubensaussagen – sind nur Teil des authentischen Lehramtes.[32]
Wie schon in der Vergangenheit[33] bitten wir die reformatorischen Kirchen darum, sich ganz entschlossen die Frage nach dem Amt der Einheit der ganzen Kirche zu stellen.

V. Die Zirkulation der Autorität

479. Dieses letzte Thema betrifft noch einmal alle vorhergehenden, weil es ihre Verbindungen untereinander behandelt. So notwendig Überordnung und Unterordnung im Rahmen einer Hierarchie auch sein mögen, durch das, was die gute Nachricht des Evangeliums im Innersten ausmacht, werden diese Verhältnisse grundsätzlich verändert. Sie müssen „im Herrn“ gelebt und der Gemeinschaft der Christen zugeordnet werden, deren Quelle die Beziehung von Vater, Sohn und Heiligem Geist selbst ist. „Wir aber haben Gemeinschaft mit dem Vater und mit seinem Sohn Jesus Christus“ (1 Joh 1,3).34
480. Die Autorität ist deshalb nicht als das Recht bestimmter Christen über andere Christen zu verstehen (2 Kor 1,24), sondern als ein vom Herrn anvertrauter Dienst, damit die Glieder eines selben Leibes denselben Glauben teilen und damit sie durch die Qualität ihrer gegenseitigen Beziehungen gemeinsam von demjenigen Zeugnis ablegen, der sich selbst zum Diener gemacht hat. Die leitende Idee ist hier die Herstellung eines gerechten Gleichgewichts zwischen dem absteigenden und dem aufsteigenden Weg bei der Regulierung des Glaubens. Die Katholische Kirche bevorzugt den absteigenden Weg. Die reformatorischen Kirchen bevorzugen den aufsteigenden Weg. Beide Seiten müssen eine Umkehr vollziehen, allerdings in entgegen-

32 Dieser Begriff wurde *oben* definiert, Nr. 215-216.
33 Vgl. *Le ministère de la communion dans l'Église universelle*, Nr. 157.
34 Vgl. *oben*, Nr. 293.

gesetzten Richtungen. Nach dieser Feststellung können wir uns nun an alle Kirchen gemeinsam wenden und einige Punkte der Umkehr aufzeigen.

481. (*Die Regulierung des Glaubens.*) Die Ausübung der Lehrautorität verlangt nach *regulierenden Prozessen im Dienst der kirchlichen Gemeinschaft*. Diese institutionalisierte Regulierung sollte von allen akzeptiert werden und sie sollte die Teilnahme von allen einschließen. Sie erfordert besonders die Mitarbeit der lokalen und der regionalen Kirchen, ihrer Theologen und Pastoren. Sie muss in einem gegenseitigen Hin und Her zwischen den Autoritäten und dem Volk Gottes „zirkulieren".

482. Diese Glaubensregulierung muss mit einem geschärften Sinn für die Einheit im Glauben und die Gemeinschaft aller Christen erfolgen. Von katholischer Seite muss das Amt des römischen Bischofs als ein Amt der Einheit und der Gemeinschaft verstanden werden, das nicht nur für die Katholische Kirche, sondern im Blick auf die Gemeinschaft zwischen allen Getauften ausgeübt wird.[35] Seine Autorität ist sinnvoll im Rahmen einer Kirche, die eine Gemeinschaft von Kirchen ist. Auf evangelischer Seite sollte sich der Glaubenssinn stärker auf die Verwirklichung einer echten Gemeinschaft der Kirchen richten, mit sichtbaren Verbindungen und einer Autorität gegenüber der universalen Kirche.

483. (*Pluralität der Kulturen.*) Die Pluralität der innerhalb der Kirche weltweit gelebten Kulturen stellt noch einmal ganz neu die Frage nach der Regulierung des Glaubens. Auf der einen Seite setzt sie die Begegnung zwischen Kirchen innerhalb desselben kulturellen Raumes voraus und auf der anderen Seite einen Austausch über die Glaubensformulierungen zwischen verschiedenen kulturellen Räumen. Die lokalen und regionalen Kirchen spielen eine wesentliche Rolle bei einem solchen Prozess. Doch sind dafür auch ein Präsidium und ein Amt der Einheit von größter Wichtigkeit, um über seine Kohärenz zu wachen.

---

35 Papst Johannes Paul II. erinnerte daran: „Was die Einheit aller christlichen Gemeinschaften betrifft, gehört natürlich in den Bereich der Sorgen des Primats.", *Ut unum sint*, Nr. 95.

484. (*Die Art zu Lehren.*) In diesem Bereich lenken die Evangelisten unsere Aufmerksamkeit auf die Formen, die Jesus wählte, um die Jünger oder das Volk zu lehren: Gleichnisse und Reden. Das Gleichnis ist eine Sprache der Infragestellung, der Öffnung und der Freiheit. Darum gibt es diejenigen, die verstehen und diejenigen, die nicht verstehen, eine Beziehung oder die Verweigerung einer Beziehung zwischen Jesus und seinen Zuhörern. Das Wort Jesu, welches die Wahrheit ist, übt seine Autorität erst aus, wenn es rezipiert, empfangen, anerkannt wird und zwar als ein Wort, welches das schon vollbracht hat, wozu es einlädt.

Jesus lehrt auch in Form von *Reden*, die man nicht von der Erzählhandlung trennen kann. Die Verbindung zwischen dem Einen und dem Anderen macht deutlich, dass diese „Lehre" die Befreiung, die Heilung und die Vergebung betrifft. Die erste Rede im Matthäusevangelium beginnt mit den „Seligpreisungen", d. h. mit Worten, die das Glück und die Freude des Gottesreichs erklären und versprechen. Diese „Arten" des Sprechens gehören zur Wahrheit dessen, was gesagt wird und sie erlauben es, solchen Worten Vollmacht zu geben.

485. Wir bitten alle unsere Kirchen darum, stärker „zu den Herzen" ihrer Gläubigen und denen der Männer und Frauen unserer Zeit zu sprechen, mit Worten, die einladen und die fähig sind, die „Pilger" des Glaubens auf den Weg zu schicken. Wir bitten darum, dass die Art des Zeugnisses und der Verkündigung der guten Nachricht sowie der Aufruf zur wahren Freude den Wunsch zu glauben wecken und die unvermeidlichen normativen Ermahnungen ausgleichen. Dass in der Katechese der Zugang zum Glauben und der Weg im Glauben immer als Anliegen präsent sind und dass daraus eine Pädagogik entsteht, die zu einem ganzheitlichen Glauben führt.

486. (*Der differenzierte Konsens.*) Wir kommen noch einmal auf die Methode des differenzierten Konsenses zurück, die wir auf den vergangenen Seiten bereits mehrfach angesprochen haben. Sollten wir, anstatt dieselben Regeln und dieselben Elemente der Lehre in ihrer Vollständigkeit durchsetzen zu wollen, uns nicht eher eingeladen fühlen, gemeinsam herauszufinden, *wie und wie sehr das „Fundament" von jedem unserer Lehrsysteme bezeugt und in den Blick genommen wird in höchst komplexer*

und eigenständiger Weise? Die Tatsache dass Johannes Paul II. die Assyrische Kirche als „Schwesterkirche" bezeichnet hat,[36] obwohl sie weder denselben schriftlichen Kanon, noch dieselben sieben Sakramente hat, zeigt die Fruchtbarkeit dieses Ansatzes auf.[37] Wir könnten so auf ein Modell der Einheit zugehen, welches die Logik des differenzierten Konsenses vertritt, zu dem wir heute fähig geworden sind.

Zusammenfassung: Im Dienste einer gleichzeitig geschenkten und zu schaffenden Einheit

487 Das Neue Testament bezeugt, dass die Einheit der Christen nach dem Tod Jesu in der Einheit Jesu mit Gott verankert ist (Joh 17,11.21-22) und dass die Kirche als Leib Christi eins ist (Röm 12,5; 1 Kor 12,13.27; Gal 3,28), weil Christus nicht getrennt ist (vgl. 1 Kor 1,13), ebenso wie es nur einen Geist gibt (vgl. 1 Kor 12,4; Eph 4,4). Daher ist die Einheit der Kirche ein Geschenk, das jedem menschlichen Versuch, ihre Brüche zu heilen und die vollständige Gemeinschaft zwischen den Kirchen zu fördern, vorausgeht.[38] Die Rede über die Einheit hat deshalb einen dialektischen Charakter. Sobald man ihre Gegenwart beteuert, muss man hinzufügen, dass diese noch nicht da ist, und sobald man sie erwartet, muss man klarstellen, dass ihre Anwesenheit die Basis jeglicher Erwartung ist.
Die Umkehr zu einer weitreichenderen Auslegung der kirchlichen Einheit besteht unter diesem Blickwinkel darin, andere Stimmen aus der universalen Kirche zu hören, die den unerschöpflichen Reichtum des Evangeliums bezeugen. Da sich die

---

36 „Gemeinsame christologische Erklärung der Katholischen Kirche und der Assyrischen Kirche des Ostens", *DC* 2106 (1994), S. 1069-1070.

37 Vgl. H. Legrand, „Le consensus différencié sur la doctrine de la justification. Augsbourg 1999", *NRT* 124 (2002), S. 45, Fußnote 31.

38 Vgl. Cyprian von Karthago: „Weil dagegen das Volk Christi nicht zerrissen werden kann, wurde sein im ganzen gewobener und unzertrennlicher Rock von den Besitzern nicht geteilt. Ungeteilt, engverbunden und in eins verwoben, weist er auf die innig verknüpfte Eintracht unseres Volkes hin, auf uns, die wir Christus angezogen haben; mit dem geheimnisvollen Zeichen seines Kleides hat er die Einheit der Kirche deutlich kundgetan.", *Über die Einheit der katholischen Kirche*, I, 7.

Einheit der Kirche auf die Einheit im Werk des gestorbenen und auferstandenen Christus bezieht, bleibt sie zugleich verborgen und verheißen: verborgen, weil sie vom Schatten des Kreuzes verdeckt wird, verheißen, weil sie sich erst in dem Moment vollständig zeigen wird, in dem das österliche Licht die Dunkelheit der menschlichen Sünde endgültig vertrieben haben wird. Wie am Anfang wird in diesem Moment die Einheit der Christen geschenkt werden. Zwischen diesen beiden Zeiträumen ist es die Aufgabe der Kirche, die Einheit als ein vorweggenommenes Zeichen des Gottesreichs herzustellen und zu leben, damit sie nicht ihre wichtigste Berufung im Dienst der Welt und der Menschheit verleugnet.

Zusammenfassung

488. Am Ende dieser Untersuchung, in der wir aufrichtig versucht haben, über die Entwicklung unserer Traditionen in der Frage der Lehrautorität Rechenschaft zu geben, und in der wir die Aussagen der Schrift neu geprüft und anschließend sowohl das festgehalten haben, was uns bei der Äußerung der Lehre vereint, als auch das, was uns in der Praxis und der Ausübung der Autorität unterscheidet, ist es nicht möglich, eine endgültige Schlussfolgerung zu ziehen, weil der Gegenstand komplex ist und das Leben unserer Kirchen in seinem Kern und seiner ständigen Weiterentwicklung betrifft.

Dennoch sind wir zu *zwei Überzeugungen* gelangt:

489. In einer Gesellschaft wie der unseren, in der die Bezugspunkte zunehmend verschwimmen und in welcher der im Namen des Gewissens vertretene Individualismus über jegliche gemeinsame Bezugnahme triumphiert, während die persönlichen und gemeinschaftlichen Hoffnungen nicht gerade einen Aufschwung erleben, ist es umso dringlicher, dass die Kirchen den Glauben verkündigen und ihren tiefempfundenen Überzeugungen Ausdruck verleihen. Vielleicht erleben wir in unserer Minderheitssituation gerade eine ähnliche Zeit wie die frühe Kirche, mit mutigen Zeugen und Märtyrern, was aber keinesfalls die Äußerung der Autorität im Namen des uns bewegenden Glaubens ausschließt. Vergessen wir nicht, dass in jener Zeit wie auch in der Zeit Christi „Autorität zu haben" als überzeugende und überzeugte Rede verstanden wurde und nicht als überlegene Durchsetzung.

490. Wenn es wahr ist, was diese Untersuchung gezeigt hat, nämlich dass die Lehrautorität nicht mit den institutionellen Formen ihrer Ausübung verwechselt werden darf, so haben unsere Kirchen – katholisch wie evangelisch – noch einen langen Weg des anspruchsvollen, brüderlichen Dialoges vor sich. Eine der großen ökumenischen Fragen von heute und morgen, die sich allen unseren Kirchen in dieser Zeit der wiedergefundenen Brüderlichkeit stellt, wird in dem Kirchesein bestehen, das man den anderen Traditionen zuerkennt. Solange wie jede

Kirche für sich die Kriterien für das richtige Kirchesein oder für die korrekte Ausübung des Lehramts festlegt, solange jede ihr ekklesiologisches Recht geltend macht und die Mängel oder die Abweichungen bei der anderen unterstreicht, werden wir aus den aktuellen ökumenischen Sackgassen nicht herauskommen und auf dem Weg zu der verheißenen und in Christus bereits geschenkten Einheit nicht vorankommen.

491. Wir haben festgestellt, dass wir uns in den grundlegenden Punkten des Glaubens einig sind, ebenso wie über die Texte, deren Autorität wir als verbindlich ansehen und über die Rolle der Lehrautorität. Bei der Ausübung dieser Autorität setzen unsere Kirchen dieselben Elemente ein, allerdings einer anderen Logik folgend sowie unter Verwendung von unterschiedlichen Organisationen und Abläufen. Deshalb ist es notwendig, gemeinsam die Kriterien für das Kirchesein festzulegen: Unter welchen Bedingungen können unsere Kirchen sich gegenseitig als „Schwesternkirchen" anerkennen? Dies scheint uns die große Aufgabe des ökumenischen Dialoges zu sein. All das muss uns den Mut geben, unsere jeweiligen Traditionen ganz ungeschminkt zu überprüfen, in ihren Übertreibungen und ihren Mängeln, in ihren speziellen Akzenten, aber auch anhand der Karikaturen, die sie nach wie vor von den anderen Kirchen verbreiten.

492. Seit langer Zeit lädt die Groupe des Dombes zu einer „Umkehr der Kirchen" ein. Das hat sie in jeder ihrer Studien durchscheinen lassen in Form eines dringenden Appells an jeden Christen sowie an die Kirchen in ihrem gemeinschaftlichen und institutionellen Leben. Dabei handelt es sich für alle um eine echte Bemühung des „Wandels", bei dem es gilt, jenseits von Lippenbekenntnissen das sichere Ufer zu verlassen, um sich in die tiefen Wasser einer neuen geistlichen Fruchtbarkeit zu begeben, ohne dabei das Beste seiner speziellen Tradition aufzugeben.

493. Viele der Vorschläge in diesem Text verweisen auf einen Horizont, der noch weit entfernt ist. Urteilskraft und Wachsamkeit sind nötig, damit die Vorschläge zur Umkehr sich nicht in unerreichbare und nutzlose Träume verwandeln. Es sollten Stationen und Zwischenziele in den Blick genommen werden. Aber dennoch hat die Reise schon jetzt begonnen und jeder

kann dazu beitragen, dass ihr Verlauf vereinfacht oder ihr Ende eher erreichbar wird. Die Gestalt der Kirche öffnet und verändert sich in der Gestalt eines jeden Christen, einer jeden Gemeinde und einer jeden Gruppe, ob sie ökumenisch ist oder nicht. Der wahre Sinn einer Lehrautorität im Einklang mit dem Evangelium, d. h. die gegenseitige Anerkennung des jeweiligen Kircheseins, hängt auch von der Qualität unserer Begegnungen und unserer Zusammenarbeit ab.

494. Eine solche Erfahrung der Umkehr „dank dem Anderen" ruft mindestens dazu auf, die Ökumene nicht länger einfach mit einer friedlichen Koexistenz zu verwechseln, welche aufgrund der räumlichen Nähe notwendig ist. Sie setzt stets die Anteilnahme am Glauben und am Gebet voraus, das gemeinsame Erleben von Freude und Schmerz einer jeden Kirche sowie einen notwendigen Wandel in der Sprache, ohne dass all dies auf die eine Woche im Jahr beschränkt wird, die uns all das ausdrücklich in Erinnerung ruft.

Es geht darum, die Erfahrungen zu vermehren, die es erlauben, das Kirchesein der anderen nachzuvollziehen und zu schätzen[1] und so oft wie möglich, gemeinsame Entscheidungen zu treffen.[2]

495. Wie dieser Studie über die Lehrautorität und wie vielen offiziellen Texten theologischer Dialogkommissionen zufolge ist dieser Perspektivwechsel, dieser „Wandel" und diese Umkehr für die Sache der Einheit unverzichtbar. Der verstorbene Bruno Chenu hat sein letztes Buch mit folgenden Worten beendet:

> „Jeder Christ und jede Christin, wo auch immer er oder sie steht, ist berufen, ein „universaler kleiner Bruder" oder eine „universale kleine Schwester" zu sein. Dies könnte ein schöner Beitrag der Globalisierung sein, dass sie jeden Menschen offen macht für eine Identität, die nicht durch Widerspruch und Ausschluss gebildet wird, sondern durch die Beziehung mit den Anderen, im Bewusstsein der legitimen Andersheit und der unauslöschlichen Ähnlichkeit, damit endlich der paulinischen und der irenäischen Dynamik folgend „Gott alles in allen" ist (1 Kor 15,28)."[3]

---

1 Vgl. In der *Charta Oecumenica*, *op. cit.*, die Verpflichtungen der Nr. 2-7.

2 Vgl. J.-M. Tillard, „Quelle communion?", *Documents Épiscopat* 8, Juni 1995.

3 B. Chenu, *L'Église sera-t-elle catholique?*, Bayard, Paris, 2004, S. 159.

Das ist auch unser Gebet und unser geduldiger Kampf, der gemeinsam und von jedem an seinem Platz im Leben unserer Kirchen geführt wird.

Liste der Teilnehmenden

An der Erarbeitung dieses Textes während der Treffen von 1999 bis 2004 in der Abtei von Pradines haben teilgenommen:

Pater Jean-Noël Aletti
Pastor François Altermath
Pater René Beaupère
Pater Yves-Marie Blanchard
Pastor Daniel Bourguet
Pater Dominique Cerbelaud
Pastor Marc Chambron
Pater Jean-François Chiron
Pastor Gill Daudé
Pater Michel Deneken
Pater Claude Ducarroz
Schwester Françoise Durand
Pater Michel Fédou
Pastor Flemming Fleinert-Jensen
Pater Christian Forster
Pastor Michel Freychet
Pater Paul Gay
Pastor Gottfried Hamann
Pater Joseph Hoffmann
Schwester Nathanaël Kirchner
Pastor Guy Laserre
Pater Pierre Lathuilière
Pastor Michel Leplay
Pater Michel Mallèvre
Pastor Alain Massini
Schwester Christianne Méroz
Pastor Willy-René Nussbaum
Pastorin Elisabeth Parmentier
Pastor Jacques-Noël Pérès
Schwester Anne-Marie Petitjean
Pater Pierre Remise
Pater Louis Michel Renier
Pastor Antoine Reymond
Pater Bernard Sesboüé
Pastor Jean Tartier
Pastor Geoffroy de Turckheim
Pastor Denis Vatinel
Pastor Gaston Westphal

Abkürzungen

ARCIC	Anglican-Roman Catholic International Commission.
BA	Bibliothèque augustinienne, DDB, Paris.
BEM	Foi et Constitution, *Baptême, eucharistie, ministère. Convergences de la foi*, Centurion/ Presse de Taizé, 1982.
CH	Irénée de Lyon, *Contre les hérésies*, trad. A. Rousseau, Cerf, Paris, 1984.
CO	*Calvini opera quae supersunt omnia*, hrsg. von Baum, Cunitz, Reuss, „Corpus Reformatorum", Braunschweig, Schwetschke, 1863-1900.
DC	*La documentation catholique*, Paris.
DV	Konstitution *Dei Verbum*, Zweites Vatikanisches Konzil
DHGE	*Dictionnaire d'histoire et de géographie ecclésiastique*, Letouzey et Ané, Paris, 1967
DzH	H. Denzinger, *Symboles et définitions de la foi catholique*, 38. Auflage, zweisprachig, hrsg. von P. Hünermann und J. Hoffmann, Cerf, Paris, 1996.
FEgLuth.	A. Birmelé und M. Lienhardt (Hg.), *La foi des Églises luthériennes*, Labor et Fides/Cerf, Genf/Paris, 1991.
HE	*Histoire ecclésiastique* (Eusebius).
IC	Calvin, *Institution de la religion chrétienne*, neu hrsg. von „La société calviniste de France", Labor et Fides, Genf, 1955-1958.
LG	Konstitution *Lumen Gentium*, Zweites Vatikanisches Konzil.
NRT	*Nouvelle Revue théologique*, Brüssel
Œuvres	Martin Luther, Œuvres, ins Französische übersetzt, Labor et Fides, Genf, seit 1957.
PG	*Patrologia graeca* (J.-P. Migne), Paris.
PL	*Patrologia latina* (J.-P. Migne), Paris.
RSR	*Recherches de Science religieuse*, Paris.
SC	Kollektion „Sources chrétiennes", Lyon und Paris, Le Cerf.

UR Dekret *Unitatis redintegratio* über den Ökumenismus, Zweites Vatikanisches Konzil.

WA *Weimarer Ausgabe*, vollständige deutsche Ausgabe der Werke (*Œuvres*) von Martin Luther, H. Böhlaus, 1883.

Bibelstellenindex

Die angegebenen Zahlen verweisen auf die nummerierten Paragraphen und Fußnoten im Text.